LE
ROMAN COMIQUE

Paris, imp. Bry aîné, boulevart Montparnasse, 81.

LE
ROMAN COMIQUE
DE SCARRON

SUITES DE ORFRAY ET PRESCHAC

CONCLUSION PAR LOUIS BARRÉ

illustré par Édouard Frère

ÉDITION J. BRY

TOME DEUXIÈME

PARIS
J. BRY AINÉ, LIBRAIRE-ÉDITEUR
17, RUE GUÉNÉGAUD, 17
1858

LE ROMAN COMIQUE

DE SCARRON

CHAPITRE XVI.

Disgrâce de Ragotin.

Il n'y avait pas longtemps que Ragotin dormait ronflant comme une pédale d'orgue, quand un homme nu (comme on peint notre premier père), mais effroyablement barbu, sale et crasseux, s'approcha de lui, et se mit à le déshabiller. Cet homme sauvage fit de grands efforts pour ôter à Ragotin les bottes neuves que la Rancune s'était appropriées dans une hôtellerie en supposant que c'étaient les siennes, de la manière que je vous l'ai conté en quelqu'endroit de cette véritable histoire; et tous ses efforts, qui eussent éveillé Ragotin s'il n'eût pas été mort-ivre, comme on dit, et qui l'eussent fait crier comme un homme que l'on tire à quatre chevaux, ne firent d'autre effet que de le traîner à écorche-cul la longueur de sept ou huit pas. Un couteau en tomba de la poche du beau dormeur: ce vilain homme s'en saisit; et, comme s'il eût voulu écorcher Ragotin, il lui fendit sur la peau sa chemise, ses bottes, et tout ce qu'il eut de la peine à lui ôter de dessus le corps; et, ayant fait un paquet de toutes les hardes de l'ivrogne dépouillé, l'emporta, fuyant comme un loup avec sa proie. Nous laisserons courir avec son butin cet homme, qui était le même fou qui avait autrefois fait si grand'peur à Destin, quand il commença la quête de mademoiselle Angélique, et ne quitterons point Ragotin qui ne veille pas, et qui a grand besoin d'être réveillé. Son corps nu exposé au soleil, fut bientôt couvert et piqué de mouches et de moucherons de différentes espèces, dont pourtant il ne fut point éveillé; mais il le fut quelque temps après par une troupe de paysans qui conduisaient une charrette. Le corps nu de Ragotin ne leur donna pas plus tôt dans la vue, qu'ils s'écrièrent : Le voilà, et, s'approchant de lui avec le moins de bruit qu'ils purent, comme s'ils eussent eu peur de l'éveiller, ils s'assurèrent de ses pieds et de ses mains, qu'ils lièrent avec de grosses cordes; et l'ayant ainsi garotté, le portèrent dans leur charrette, qu'ils firent aussitôt partir avec autant de hâte qu'en a un galant qui enlève une maîtresse contre son gré et celui de ses parents. Ragotin était si ivre, que toutes les violences qu'on lui fit ne purent l'éveiller, non plus que les rudes cahots de la charrette que ces paysans faisaient aller fort vite et avec autant de précipitation, qu'elle versa dans un mauvais pas plein d'eau et de boue; et Ragotin par conséquent versa aussi. La fraîcheur du lieu où il tomba, dont le fond avait quelques pierres ou quelque chose d'aussi dur, et le rude branle de sa chute l'éveillèrent. L'état surprenant où il se trouva l'étonna furieusement. Il se voyait lié pieds et mains, et tombé dans la boue; il se sentait la tête étourdie de son ivresse et de sa chute, et ne savait que juger de trois ou quatre paysans qui le relevaient, et d'autres qui relevaient une charrette. Il était si effrayé de son aventure, que même il ne parla pas en si beau sujet de parler, lui qui était grand parleur de son naturel; et un moment après il n'eût pu parler à personne quand il l'eût voulu; car les paysans, ayant tenu ensemble un conseil secret, délièrent le pauvre petit homme des pieds seulement, et, au lieu de lui en dire la raison ou de lui en faire quelque civilité, observant entre eux un grand silence, tournèrent la charrette du côté qu'elle était venue, et s'en retournèrent avec autant de précipitation qu'ils en avaient eu à venir là. Le lecteur discret est peut-être en peine de savoir ce que les paysans voulaient à Ragotin, et pourquoi ils ne lui firent rien. L'affaire est assurément difficile à deviner, et ne se peut savoir à moins que d'être révélée. Et pour moi, quelque peine que j'y aie prise, et après y avoir employé tous mes amis, je ne l'ai su depuis peu de temps que par hasard, et lorsque je l'espérais le moins, de la façon que je vais vous le dire. Un prêtre du

Bas-Maine, un peu fou, mélancolique, qu'un procès avait fait venir à Paris, en attendant que son procès fût en état d'être jugé, voulut faire imprimer quelques pensées creuses qu'il avait eues sur l'Apocalypse. Il était si fécond en chimères, et si amoureux des dernières productions de son esprit, qu'il en haïssait les vieilles, et ainsi pensa faire enrager un imprimeur, à qui il faisait vingt fois refaire une même feuille. Il fut obligé par là d'en changer souvent; et enfin il s'était adressé à celui qui a imprimé le présent livre, chez qui il lut une fois quelques feuilles qui parlaient de cette même aventure que je vous raconte. Ce bon prêtre en avait plus de connaissance que moi, ayant su des mêmes paysans qui enlevèrent Ragotin de la façon que je vous l'ai dit, le motif de leur entreprise que je n'avais pu savoir. Il connut donc d'abord où l'histoire était défectueuse; et, en ayant donné connaissance à mon imprimeur qui en fut fort étonné (car il avait cru, comme beaucoup d'autres, que mon roman était un livre fait à plaisir), il ne se fit pas beaucoup prier par l'imprimeur pour me venir voir.

J'appris alors du véritable Manceau que les paysans qui lièrent Ragotin endormi étaient les proches parents du pauvre fou qui courait les champs, que Destin avait rencontré de nuit, et qui avait dépouillé Ragotin en plein jour. Ils avaient fait dessein d'enfermer leur parent, avaient souvent essayé de le faire, et avaient souvent été battus par le fou, qui était un fort et puissant homme. Quelques personnes du village, qui avaient vu de loin reluire au soleil le corps de Ragotin, le prirent pour le fou endormi; et, n'ayant osé en approcher, de peur d'être battus, ils en avaient averti ces paysans, qui vinrent avec toutes les précautions que vous avez vues, prirent Ragotin sans le reconnaître, et, l'ayant reconnu pour n'être pas celui qu'ils cherchaient, le laissèrent les mains liées, afin qu'il ne pût rien entreprendre contre eux. Les mémoires que j'eus de ce prêtre me donnèrent beaucoup de joie, et j'avoue qu'il me rendit un grand service; mais je ne lui en rendis pas un petit, en lui conseillant en ami de ne pas faire imprimer son livre plein de visions ridicules. Quelqu'un m'accusera peut-être d'avoir conté ici une particularité fort inutile: un autre louera beaucoup ma sincérité. Retournons à Ragotin, le corps crotté et meurtri, la bouche s tête pesante, et les mains liées derrière le dos. Il se leva le mieux qu'il put; et, ayant porté sa vue de part et d'autre, le plus loin qu'elle put s'étendre, sans voir ni maisons ni hommes, il prit le premier chemin battu qu'il trouva, bandant tous les ressorts de

Le fou.

son esprit, pour voir clair dans cette aventure. Ayant les mains liées, il recevait une furieuse incommodité de quelques moucherons opiniâtres, qui s'attachaient par malheur aux parties de son corps où ses mains garottées ne pouvaient aller, et l'obligeaient quelquefois à se coucher par terre pour s'en délivrer en les écrasant, ou en leur faisant quitter prise. Enfin, il attrapa un chemin creux revêtu de haies et plein d'eau, et ce chemin allait au gué d'une petite rivière. Il s'en réjouit, faisant état de se laver le corps qu'il avait plein de boue; mais, en approchant du gué, il vit un carrosse versé, d'où le cocher et un paysan tiraient, par les exhortations d'un vénérable homme d'église, cinq ou six religieuses fort mouillées. C'était la vieille abbesse d'Estival, qui revenait du Mans, où une affaire importante l'avait fait aller, et qui, par la faute de son cocher, avait fait naufrage. L'abbesse et les religieuses tirées du carrosse, aperçurent de loin la figure nue de Ragotin qui venait droit à elles, dont elles furent fort scandalisées, et encore plus qu'elles, le père Giflot, directeur discret de l'abbaye. Il fit tourner vitement le dos aux bonnes mères, de peur d'irrégularité, et cria de toute sa force à Ragotin qu'il n'approchât pas de plus près. Ragotin poussa toujours en avant, et commença d'enfiler une longue planche qui était là pour la commodité des gens de pied, et le père Giflot vint au devant de lui, suivi du cocher et du paysan, et douta d'abord s'il devait l'exorciser, tant il trouvait sa figure diabolique. Enfin, il lui demanda qui il était, d'où il venait, pourquoi il était nu, pourquoi il avait les mains liées; et lui fit toutes ces questions-là avec beaucoup d'éloquence, ajoutant à ses paroles le ton de la voix et l'action des mains. Ragotin lui répondit incivilement : Qu'en avez-vous affaire? et, voulant passer outre sur la planche, il poussa si rudement le révérend père Giflot, qu'il le fit choir dans l'eau. Le bon prêtre entraîna avec lui le cocher, le cocher le paysan; et Ragotin trouva leur manière de tomber dans l'eau si divertissante, qu'il en éclata de rire. Il continua son chemin vers les religieuses, qui, le voile baissé, lui tournèrent le dos en haie, ayant toutes le visage tourné vers la campagne : Ragotin eut beaucoup d'indifférence pour le visage des religieuses, et passait outre, pensant en être quitte, ce que ne pensait pas le père Giflot. Il suivit Ragotin, secondé du paysan et du cocher, qui, le plus en colère des trois, et déjà de mauvaise humeur à cause que madame l'abbesse l'avait grondé, se détacha du gros, joignit Ragotin, et, à grands coups de fouet, se vengea sur la peau d'autrui de l'eau qui avait mouillé la sienne. Ragotin n'attendit pas une seconde décharge : il s'enfuit comme un chien qu'on fouette;

et le cocher, qui n'était pas satisfait d'un seul coup de fouet, se hâta d'aller de plusieurs autres, qui tous tirèrent le sang de la peau du fustigé. Le père Giflot, quoique essoufflé d'avoir couru, ne se lassait pas de crier : fouettez, fouettez, de toute sa force; et le cocher de toute la sienne redoublait ses coups sur Ragotin, et commençait à s'y plaire, quand un moulin se présenta au pauvre homme comme un asile. Il y courut, ayant toujours son bourreau à ses trousses, et, trouvant la porte d'une basse-cour ouverte, y entra, et y fut reçu d'abord par un mâtin qui le prit aux fesses. Il en jeta des cris douloureux, et gagna un jardin ouvert avec tant de précipitation, qu'il renversa six ruches de mouches à miel, qui y étaient posées à l'entrée; et ce fut là le comble de ses infortunes. Ces petits éléphants ailés, pourvus de proboscides, et armés d'aiguillons, s'acharnèrent sur ce petit corps nu qui n'avait point de mains pour se défendre, et le blessèrent d'une horrible manière. Il en cria si haut, que le chien qui le mordait s'enfuit de la peur qu'il en eut, ou plutôt des mouches. Le cocher impitoyable fit comme le chien; et le père Giflot, à qui la colère avait fait oublier pour un temps la charité, se repentit d'avoir été trop vindicatif, et alla lui-même hâter le meunier et ses gens, qui, à son gré, venaient trop lentement au secours d'un homme qu'on assassinait dans le jardin. Le meunier retira Ragotin d'entre les glaives pointus et venimeux de ces ennemis volants; et, quoiqu'il fût enragé de la chute de ses ruches, il ne laissa pas d'avoir pitié du misérable. Il lui demanda où diable il se venait fourrer nu, et les mains liées, entre des paniers à mouches. Mais quand Ragotin eût voulu lui répondre, il ne l'eût pu dans l'extrême douleur qu'il sentait par tout son corps. Un petit ours nouveau-né, qui n'a point encore été léché de sa mère, est plus formé en sa figure oursine, que ne le fut Ragotin en sa figure humaine, après que les piqûres des mouches l'eurent enflé depuis les pieds jusqu'à la tête. La femme du meunier, pitoyable comme une femme, lui fit dresser un lit, et le fit coucher.

Le père Giflot, le cocher et le paysan retournèrent à l'abbesse d'Estival et à ses religieuses, qui se rembarquèrent dans leur carrosse, et, escortées du révérend père Giflot, monté sur une jument, continuèrent chemin. Il se trouva que le moulin était à l'élu du Rignon, ou à son gendre Bagottière (je n'ai pas bien su lequel). Ce du Rignon était parent de Ragotin, qui, s'étant fait connaître au meunier et à sa femme, en fut servi avec beaucoup de soin, et pansé heureusement jusqu'à son entière convalescence par le chirurgien d'un bourg voisin. Aussitôt qu'il put marcher, il retourna au Mans, où la joie de savoir que la Rancune et l'Olive avaient trouvé son mulet, et l'avaient ramené avec eux, lui fit oublier sa chute, la charrette, les coups de fouet du cocher, les morsures du chien et les piqûres des mouches.

CHAPITRE XVII.

Ce qui se passa entre le petit Ragotin et le grand Baguenodière.

Destin et l'Étoile, Léandre et Angélique, deux couples de beaux et parfaits amants, arrivèrent dans la capitale du Maine sans faire de mauvaise rencontre. Destin remit Angélique dans les bonnes grâces de sa mère, à qui il sut si bien faire valoir le mérite, la condition et l'amour de Léandre, que la bonne la Caverne commença d'approuver la passion que ce jeune homme et sa fille avaient l'un pour l'autre, autant qu'elle s'y était opposée. La pauvre troupe n'avait pas encore bien fait ses affaires dans la ville du Mans; mais un homme de condition, qui aimait fort la comédie, suppléa à l'humeur chiche des Manceaux. Il avait la plus grande partie de son bien dans le Maine, avait pris une maison dans le Mans, et y attirait souvent des personnes de condition de ses amis, tant courtisans que provinciaux, et même quelques beaux esprits de Paris, entre lesquels il se trouvait des poètes du premier ordre; enfin il était une manière de Mécénas moderne. Il aimait passionnément la comédie et tous ceux qui s'en mêlaient : c'est ce qui attirait tous les ans dans la capitale du Maine les meilleures troupes de comédiens du royaume. Ce seigneur que je vous dis arriva au Mans dans le temps que nos pauvres comédiens en voulaient sortir, mal satisfaits de l'auditoire manceau : il les pria d'y demeurer encore quinze jours pour l'amour de lui; et, pour les y obliger, il leur donna cent pistoles, et leur en promit autant quand ils s'en iraient. Il était bien aise de donner le divertissement de la comédie à plusieurs personnes de qualité de l'un et de l'autre sexe qui arrivèrent au Mans le même temps, et qui y devaient faire quelque séjour à sa prière. Ce seigneur, que j'appellerai le marquis d'Orsé, était grand chasseur, et avait fait venir au Mans son équipage de chasse, qui était un des plus beaux qui fût en France. Les landes et les forêts du Maine font un des plus agréables pays de chasse qui se puissent trouver dans tout le reste de la France, soit pour le cerf, soit pour le lièvre. En ce temps-là la ville du Mans se trouva pleine de chasseurs que le bruit de cette grande fête y attira, la plupart avec leurs femmes, qui furent ravies de voir les dames de la cour pour pouvoir en parler le reste de leurs jours auprès de leur feu. Ce n'est pas une petite ambition aux provinciaux que de pouvoir dire quelquefois qu'ils ont vu en tel lieu et en tel temps des gens de la cour dont ils prononcent toujours le nom tout sec, comme, par exemple, je perdis mon argent contre Roquelaure; Créqui a tant gagné; Coaquin court le cerf en Touraine; et, si on leur laisse quelquefois entamer un discours de politique ou de guerre, ils ne déparlent pas (si j'ose ainsi dire) jusqu'à ce qu'ils aient épuisé la matière autant qu'ils en sont capables. Finissons la digression. Le Mans donc se trouva plein de noblesse grosse et menue. Les hôtelleries furent pleines d'hôtes; et la plupart des gros bourgeois, qui logèrent des personnes de qualité ou de nobles campagnards de leurs amis, salirent en peu de jours leurs draps fins et leur linge damassé. Les comédiens ouvrirent leur théâtre, en humeur de bien faire, comme des comédiens payés par avance. Le bourgeois du Mans se réchauffa pour la comédie. Les dames de la ville et de la province étaient ravies d'y voir tous les jours des dames de la cour, de qui elles apprirent à se bien habiller, au moins mieux qu'elles ne faisaient, au grand profit de leurs tailleurs, à qui elles donnèrent à réformer quantité de vieilles robes. Le bal se donnait tous les soirs, où de très méchants danseurs de très mauvaises courantes, et plusieurs jeunes gens de la ville dansèrent en bas de drap de Hollande ou d'Usseau et en souliers cirés. Nos comédiens furent souvent appelés pour jouer en ville. L'Etoile et Angélique donnèrent de l'amour aux cavaliers et de l'envie aux dames. Inézilla, qui dansa la sarabande à la prière des comédiens, se fit admirer; Roquebrune en pensa mourir de réplétion d'amour, tant le sien augmenta tout-à-coup; et Ragotin avoua à la Rancune que s'il différait plus longtemps à le mettre bien dans l'esprit de l'Étoile, la France allait être sans Ragotin.

La Rancune lui donna de bonnes espérances; et, pour lui témoigner l'estime particulière qu'il faisait de lui, le pria de lui prêter pour vingt-cinq ou trente francs de monnaie. Ragotin pâlit à cette prière incivile, se repentit de ce qu'il venait de lui dire, et renonça presque à son amour. Mais enfin, enrageant tout vif, il fit la somme en toutes sortes d'espèces qu'il tira de différents bourson, et la donna fort tristement à la Rancune, qui lui promit que dès le jour suivant il entendrait parler de lui. Ce jour-là on joua le *Dom Japhet*, ouvrage de théâtre aussi enjoué que celui qui l'a fait a sujet de l'être peu. L'auditoire fut nombreux, la pièce fut bien représentée, et tout le monde fut satisfait, à la réserve du désastreux Ragotin. Il vint tard à la comédie; et, pour la punition de ses péchés, il se plaça derrière un gentilhomme provincial à large échine, et couvert d'une grosse casaque qui grossissait beaucoup sa figure. Il était d'une taille si haute au-dessus des plus grandes, que, quoiqu'il fût assis, Ragotin, qui n'était séparé de lui que d'un rang de siéges, crut qu'il était debout : il lui cria incessamment qu'il s'assît comme les autres, ne pouvant croire qu'un homme assis ne dût pas avoir sa tête au niveau de toutes celles de la compagnie. Ce gentilhomme, qui se nommait la Baguenodière, ignora longtemps que Ragotin parlât à lui. Enfin Ragotin l'appela monsieur à la plume verte; et comme véritablement il en avait une bien touffue, bien sale et peu fine, il tourna la tête, et vit le petit impatient qui lui dit assez rudement qu'il s'assît. La Baguenodière en fut si peu ému, qu'il se retourna vers le théâtre comme si de rien n'eût été. Ragotin lui cria une seconde fois de s'asseoir. Il tourna encore la tête vers lui, le regarda, et se retourna vers le théâtre. Ragotin recria; la Baguenodière tourna la tête pour la troisième fois, regarda son homme, et pour la troisième fois se retourna vers le théâtre. Tant que dura la comédie, Ragotin lui cria de même force qu'il s'assît; et la Baguenodière le regarda toujours d'un même flegme, capable de faire enrager tout le genre humain. On eût pu comparer la Baguenodière à un grand dogue, et Ragotin à un roquet qui aboie après lui, sans que le dogue en fasse autre chose que d'aller pisser contre une muraille. Enfin tout le monde prit garde à ce qui se passait entre le plus grand homme et le plus petit de la compagnie, et tout le monde commença d'en rire dans le temps que Ragotin commença d'en jurer d'impatience, sans que la Baguenodière fît autre chose que de le regarder froidement. Ce la Baguenodière était le plus grand homme et le plus grand brutal du monde; il demanda avec sa froideur accoutumée à deux gentilshommes qui étaient auprès de lui de quoi ils riaient. Ils lui dirent ingénument que c'était de lui et de Ragotin, et pensaient bien par là le congratuler plutôt que de lui déplaire. Ils lui déplurent pourtant, et un *vous êtes de bons sots* que la Baguenodière, d'un visage refrogné, leur lâcha assez mal à propos, leur apprit qu'il prenait assez mal la chose, et les obligea à lui repartir, chacun pour sa part, d'un grand soufflet. La Baguenodière ne put d'abord que les pousser des coudes à droite et à gauche, ses mains étant embarrassées dans sa casaque; et avant qu'il les eût libres, les gentilshommes, qui étaient frères et fort actifs de leur naturel, lui donnèrent demi-douzaine de soufflets, dont les intervalles furent par hasard si bien compensés, que ceux qui les entendirent sans les voir donner, crurent que quelqu'un avait frappé six fois des mains l'une contre l'autre à intervalles égaux. Enfin la Baguenodière tira ses mains de dessous sa lourde casaque; mais, pressé comme il était des deux frères qui le gourmaient comme des lions, ses longs bras n'eurent pas leurs mouvements libres. Il voulut reculer, et il tomba à la renverse sur un homme qui était derrière lui, et le renversa lui et son siége sur le malheureux Ragotin, qui fut renversé sur un autre, qui fut renversé sur un troisième, et ainsi de suite jusqu'où finissaient les siéges, dont une file entière fut renversée comme des quilles. Le bruit des tombants, des dames foulées, des belles qui avaient peur, des enfants qui criaient, des gens qui parlaient, de ceux qui riaient, de ceux qui se plaignaient et de ceux qui battaient des mains, fit une rumeur infernale. Jamais un aussi petit sujet ne causa de plus grands accidents; et ce qu'il y eut de merveilleux, c'est qu'il n'y eut pas une épée de tirée, quoique le principal démêlé fût entre des personnes qui en portaient, et qu'il y en eût plus de cent dans la compagnie.

Mais ce qui fut encore plus merveilleux, c'est que la Baguenodière se gourma et fut gourmé, sans s'émouvoir non plus que de l'affaire du monde la plus indifférente ; et de plus, on remarqua que, de toute l'après-dînée, il n'avait ouvert la bouche que pour dire les quatre malheureux mots qui lui attirèrent cette grêle de souffletades, et ne l'ouvrit pas jusqu'au soir, tant ce grand homme avait de flegme et une taciturnité proportionnée à sa taille. Ce hideux chaos de tant de personnes et de siéges mêlés les uns aux autres fut longtemps à se débrouiller. Tandis que l'on y travaillait, et que les plus charitables se mettaient entre la Baguenodière et ses deux ennemis, on entendit des hurlements effroyables qui sortaient comme de dessous terre. Qui pouvait-ce être que Ragotin ? En vérité, quand la fortune a commencé de persécuter un misérable, elle le persécute toujours. Le siége du pauvre petit était justement posé sur l'ais qui couvre l'égout du tripot. Cet égout est toujours au milieu, immédiatement sous la corde. Il sert à recevoir l'eau de la pluie, et l'ais qui le couvre se lève comme un dessous de boîte. Comme les ans viennent à bout de toutes choses, l'ais de ce tripot où se faisait la comédie était fort pourri, et s'était rompu sous Ragotin, quand un homme honnêtement pesant l'accabla de son corps et de son siége. Cet homme fourra une jambe dans le trou où Ragotin était tout entier ; cette jambe était bottée, et l'éperon en piquait Ragotin à la gorge ; ce qui lui faisait faire ces furieux hurlements que l'on ne pouvait deviner. Quelqu'un donna la main à cet homme, et, dans le temps que sa jambe, engagée dans le trou, changea de place, Ragotin lui mordit le pied si serré, que cet homme crut être mordu d'un serpent, et fit un cri qui fit tressaillir celui qui le secourait, qui de peur en lâcha prise. Enfin il se reconnut, redonna la main à son homme qui ne criait plus parce que Ragotin ne le mordait plus ; et tous deux ensemble déterrèrent le petit, qui ne vit pas plutôt la lumière du jour, que, menaçant tout le monde de la tête et des yeux, et principalement tous ceux qu'il vit rire en le regardant, il se fourra dans la presse de ceux qui sortaient, méditant quelque chose de bien glorieux pour lui et bien funeste pour la Baguenodière. Je n'ai pas su de quelle façon la Baguenodière fut accommodé avec les deux frères, si tant il y a qu'il le fut ; du moins n'ai-je pas entendu dire qu'ils se soient depuis rien fait les uns aux autres. Et voilà ce qui troubla en quelque façon la première représentation que firent nos comédiens devant l'illustre compagnie qui se trouvait lors dans la ville du Mans.

CHAPITRE XVIII.

Qui n'a pas besoin de titre.

On représenta le jour suivant le *Nicodème* de l'inimitable monsieur de Corneille. Cette comédie est admirable à mon jugement, et celle de cet excellent poète de théâtre en laquelle il a plus mis du sien, et a plus fait paraître la fécondité et la grandeur de son génie, donnant à tous les acteurs des caractères fiers tout différents les uns des autres. La représentation n'en fut point troublée, et ce fut peut-être à cause que Ragotin ne s'y trouva pas. Il ne se passait guère de jour qu'il ne s'attirât quelque affaire, à quoi sa mauvaise gloire et son esprit violent et présomptueux contribuaient autant que sa mauvaise fortune, qui jusqu'alors ne lui avait point fait de quartier. Le petit homme avait passé l'après-dînée dans la chambre du mari d'Inézilla, l'opérateur Ferdinando Ferdinandi, Normand, se disant Vénitien (comme je vous l'ai déjà dit), médecin spagirique de profession, et pour dire franchement ce qu'il était, grand charlatan, et encore plus grand fourbe. La Rancune, pour se donner quelque relâche des importunités que lui faisait sans cesse Ragotin, à qui il avait promis de le faire aimer de mademoiselle de l'Étoile, lui avait fait accroire que l'opérateur était un grand magicien qui pouvait faire courir en chemise après un homme la femme du monde la plus sage; mais qu'il ne faisait de semblables merveilles que pour ses amis particuliers, dont il connaissait la discrétion, à cause qu'il s'était mal trouvé d'avoir fait agir son art pour des plus grands seigneurs de l'Europe. Il conseilla à Ragotin de mettre tout en usage pour gagner ses bonnes grâces, ce qu'il lui assura ne lui devoir pas être difficile, l'opérateur étant homme d'esprit, qui devenait aisément amoureux de ceux qui en avaient, et qui, quand une fois il aimait quelqu'un, n'avait plus rien de réservé pour lui. Il n'y a qu'à louer ou respecter un homme glorieux, on lui fait faire ce que l'on veut. Il n'en est pas de même d'un homme patient, il n'est pas aisé à gouverner; et l'expérience apprend qu'une personne humble, et qui a le pouvoir sur soi de remercier quand on l'a refusée, vient plus tôt à bout de ce qu'elle entreprend, que celle qui s'offense d'un refus. La Rancune persuada à Ragotin ce qu'il voulut, et Ragotin, dès l'heure même, alla persuader à l'opérateur qu'il était un grand magicien. Je ne vous redirai point ce qu'il lui dit; il suffit que l'opérateur, qui avait été averti par la Rancune, joua bien son per-

Signor Ferdinandi.

sonnage, et nia qu'il fût magicien, d'une manière à faire croire qu'il l'était. Ragotin passa l'après-dînée auprès de lui qui avait un matras sur le feu pour quelque opération chimique; et pour ce jour-là il n'en put tirer rien d'affirmatif, dont l'impatient Manceau passa une nuit fort mauvaise. Le jour suivant il entra dans la chambre de l'opérateur, qui était encore dans le lit. Inézilla le trouva fort mauvais; car elle n'était plus d'âge à sortir de son lit aussi fraîche qu'une rose, et elle avait besoin tous les matins d'être longtemps enfermée en particulier avant d'être en état de paraître en public. Elle se coula dans un cabinet, suivie de sa servante moresque, qui lui porta toutes ses munitions d'amour; et cependant Ragotin remit le sieur Ferdinandi sur la magie, et le sieur Ferdinandi s'ouvrit plus qu'il n'avait fait, mais sans lui vouloir rien promettre. Ragotin voulut lui donner des marques de sa largesse : il fit fort bien apprêter à dîner, et y convia les comédiens et les comédiennes. Je ne vous dirai point les particularités du repas ; vous saurez seulement qu'on s'y réjouit beaucoup, et qu'on mangea de grande force. Après dîner, Inézilla fut priée par Destin et les comédiennes de leur dire quelque historiette espagnole, de celles qu'elle composait ou traduisait tous les jours, à l'aide du divin Roquebrune, qui lui avait juré par Apollon et les neuf Sœurs, qu'il lui apprendrait dans six mois toutes les grâces et les finesses de notre langue. Inézilla ne se fit point prier ; et, tandis que Ragotin fit la cour au magicien Ferdinandi, elle lut d'un ton de voix charmant la nouvelle que vous allez lire dans le chapitre suivant.

CHAPITRE XIX.

Les deux frères rivaux.

Dorothée et Féliciane de Monsalve étaient les deux plus aimables filles de Séville, et quand elles ne l'eussent pas été, leur bien et leur condition les eussent fait rechercher de tous les cavaliers qui avaient envie de se bien marier. Dom Manuel, leur père, ne s'était encore déclaré en faveur de personne ; et Dorothée sa fille, qui, comme aînée, devait être mariée avant sa sœur, avait comme elle si bien ménagé ses regards et ses actions, que le plus présomptueux de ses prétendants avait encore à douter si ses promesses amoureuses étaient bien ou mal reçues. Cependant ces belles filles n'allaient point à la messe sans un cortège d'amants bien parés ; elles ne prenaient point d'eau bénite que plusieurs mains, belles ou laides, ne leur en offrissent à la fois ; leurs beaux yeux ne pouvaient se lever de dessus leur livre de prières, qu'ils ne se trouvassent le centre de je ne sais combien de regards immodérés ; et elles ne faisaient pas un pas dans l'église qu'elles n'eussent des révérences à rendre. Mais si leur mérite leur causait tant de fatigue dans les lieux publics et dans les églises, il leur attirait souvent devant les fenêtres de la maison de leur père des divertissements qui leur rendaient supportable la sévère clôture à quoi les obligeaient leur sexe et la coutume de la nation. Il ne se passait guère de nuits qu'elles ne fussent régalées de quelque musique; et l'on courait souvent la bague devant leurs fenêtres qui donnaient sur une place publique. Un jour, entre autres, un étranger s'y fit admirer par son adresse sur tous les cavaliers de la ville, et fut remarqué pour un homme parfaitement bien fait par les deux belles sœurs. Plusieurs cavaliers de Séville, qui l'avaient connu en Flandre où il avait commandé un régiment de cavalerie, le convièrent de courir la bague avec eux, ce qu'il fit, habillé à la soldate. A quelques jours de là on fit dans Séville la cérémonie de sacrer un évêque. L'étranger, qui se faisait appeler dom Sanche de Sylva, se trouva dans l'église où se faisait la cérémonie, avec les plus galants de Séville; et les belles sœurs de Monsalve s'y trouvèrent aussi, entre plusieurs dames déguisées comme elles, à la mode de Séville, avec une mante de grosse étoffe et un petit chapeau couvert de plumes sur la tête. Dom Sanche se trouva par hasard entre les deux belles sœurs et une dame qu'il accosta, mais qui le pria civilement de ne point parler à elle, et de laisser libre la place qu'il occupait à une personne qu'elle attendait. Dom Sanche lui obéit, et, s'approchant de Dorothée de Monsalve, qui était plus près de lui que sa sœur, et qui avait vu ce qui s'était passé entre cette dame et lui : J'avais espéré, lui dit-il, qu'étant étranger, la dame à qui j'ai voulu parler ne me refuserait pas sa conversation; mais elle m'a puni d'avoir cru trop témérairement que la mienne n'était pas à mépriser. Je vous supplie, continua-t-il, de n'avoir pas tant de rigueur qu'elle pour un étranger qu'elle vient de maltraiter, et, pour la gloire des dames de Séville, de lui donner sujet de se louer de leur bonté. Vous m'en donnez un bien grand de vous traiter aussi mal qu'a fait cette dame, lui répondit Dorothée, puisque vous n'avez recours à moi qu'à son refus; mais, afin que vous n'ayez pas à vous plaindre des dames de mon pays, je veux bien ne parler qu'avec vous tant que durera la cérémonie, et par là vous jugerez que je n'ai point donné ici de rendez-vous à personne. C'est de quoi je suis étonné, faite comme vous êtes, lui dit dom Sanche; et il faut que vous soyez bien à craindre ou que les galants de cette ville soient bien timides, ou plutôt que celui dont j'occupe le poste soit absent. Et pensez-vous, lui dit Dorothée, que je sache si peu comment il faut aimer, qu'en l'absence d'un galant je ne m'empêchasse pas d'aller dans une assemblée où je le trouverais à redire? Ne faites pas une autre fois un si mauvais jugement d'une personne que vous ne connaissez pas. Vous connaîtriez bien, répliqua dom Sanche, que je juge de vous plus avantageusement que vous ne le pensez, si vous me permettiez de vous servir autant que mon inclination m'y porte. Nos premiers mouvements ne sont pas toujours bons à suivre, lui dit Dorothée; et de plus il se trouve une grande difficulté dans ce que vous me proposez. Il n'y en a point que je ne surmonte pour mériter d'être à vous, lui repartit Don Sanche. Ce n'est pas un dessein de peu de jours, lui répondit Dorothée : vous ne songez peut-être pas que vous ne faites que passer par Séville, et peut-être ne savez-vous pas aussi que je ne trouverais pas bon qu'on ne m'aimât qu'en passant. Accordez-moi seulement ce que je vous demande, lui dit-il, et je vous promets que je serai dans Séville toute ma vie. Ce que vous me dites là est bien galant, repartit Dorothée, et je m'étonne fort qu'un homme qui sait dire de pareilles choses n'ait point encore ici choisi de dames à qui il pût débiter sa galanterie. N'est-ce point qu'il ne croit pas qu'elles en valent la peine? C'est plutôt qu'il se défie de ses forces, lui dit dom Sanche. Répondez-moi précisément à ce que je vous demande, lui dit Dorothée, et m'apprenez confidemment celle de nos dames qui aurait le pouvoir de vous arrêter dans Séville. Je vous ai déjà dit que vous m'y arrêteriez si vous vouliez, lui répondit dom Sanche. Vous ne m'avez jamais vue, lui dit Dorothée; déclarez-vous donc sur quelque autre. Je vous avouerai donc, puisque vous me l'ordonnez, lui dit dom Sanche, que si Dorothée de Monsalve avait autant d'esprit que vous, je croirais un homme heureux celui dont elle estimerait le mérite et souffrirait les soins. Il se trouve dans Séville plusieurs dames qui l'égalent, et même qui la surpassent, lui dit Dorothée : mais, ajouta-t-elle, n'avez-vous point entendu dire qu'entre ses galants il s'en trouvât quelqu'un qu'elle favorisât plus que les autres? Comme je me suis vu fort éloigné de la mériter, lui dit dom Sanche, je ne me suis pas beaucoup mis en peine de m'informer de ce que vous me dites. Pourquoi ne la mériteriez-vous pas aussitôt qu'un autre? lui demanda Dorothée. Le caprice des dames est quelquefois étrange; et souvent le premier abord d'un nouveau-venu fait plus de progrès que plusieurs années de service des galants qui sont tous les jours devant leurs yeux. Vous vous défaites de moi adroitement, dit dom Sanche, en me donnant courage d'en aimer une autre que vous, et je vois bien par là que vous ne considéreriez guère les services d'un nouveau galant, au préjudice de celui avec qui il y a longtemps que vous êtes engagée. Ne vous mettez pas cela dans l'esprit, lui répondit Dorothée, et croyez plutôt que je ne suis pas assez facile à persuader par une simple cajolerie pour croire la vôtre l'effet d'une inclination naissante, et même ne m'ayant jamais vue. S'il ne manque que cela à la déclaration d'amour que je vous fais pour la rendre recevable, repartit dom Sanche, ne vous cachez pas davantage à un étranger qui est déjà charmé de votre esprit. Le vôtre ne le serait pas de mon visage, lui répondit Dorothée. Ah! vous ne pouvez être que fort belle, répliqua dom Sanche, puisque vous avouez franchement que vous ne l'êtes pas, et je ne doute plus à cette heure que vous ne vouliez vous défaire de moi parce que je vous ennuie, ou que toutes les places de votre cœur ne soient déjà prises. Il n'est donc pas juste, ajouta-t-il, que la bonté que vous avez eue à me souffrir se lasse davantage, et je ne veux pas vous laisser croire que je n'ai eu dessein que de passer mon temps lorsque je vous offrais tout celui de ma vie. Pour vous témoigner, lui dit Dorothée, que je ne veux pas avoir perdu celui que j'ai employé à m'entretenir avec vous, je serais bien aise de ne m'en point séparer que je ne sache qui vous êtes. Je ne puis faillir en vous obéissant : Sachez donc, aimable inconnue, lui dit-il, que je porte le nom de Sylva, qui est celui de ma mère; que mon père est gouverneur de Quito, dans le Pérou; que je suis dans Séville par son ordre, et que j'ai passé toute ma vie en Flandre, où j'ai mérité les plus beaux emplois de l'armée et une commanderie de Saint-Jacques. Voilà en peu de paroles ce que je suis, continua-t-il, et il ne tiendra désormais qu'à vous que je ne puisse vous faire savoir, en un lieu moins public, ce que je veux être toute ma vie. Ce sera le plus tôt que je pourrai, lui dit Dorothée; et cependant, sans vous mettre en peine de me connaître davantage, si vous ne voulez vous mettre en danger de ne me connaître jamais, contentez-vous de savoir que je suis de qualité, et que mon visage ne fait pas peur. Dom Sanche la quitta, lui faisant une profonde révérence, et alla joindre un grand nombre de galants à louer, qui s'entretenaient ensemble. Quelques dames tristes, de celles qui sont toujours en peine de la conduite des autres et fort en repos de la leur, qui se font d'elles-mêmes arbitres du mal et du bien, quoiqu'on puisse faire des gageures sur leur vertu comme sur tout ce qui n'est pas bien avéré, et qui croient qu'avec un peu de rudesse brutale et de grimace dévote elles ont de l'honneur à revendre, quoique l'enjouement de leur jeunesse ait été plus scandaleux que le chagrin de leurs rides n'a été de bon exemple; ces dames donc, le plus souvent de connaissance très courte, diront ici que mademoiselle Dorothée est pour le moins une étourdie, non-seulement d'avoir fait de si grandes avances à un homme qu'elle ne connaissait que de vue, mais aussi d'avoir souffert qu'on lui parlât d'amour; et que si une fille sur qui elles auraient du pouvoir en avait fait autant, elle ne serait pas un quart d'heure dans le monde. Mais que les ignorantes sachent que chaque pays a ses coutumes particulières, et que si en France les femmes, et même les filles qui vont partout sur leur bonne foi, s'offensent, ou du moins le doivent faire, de la moindre déclaration d'amour, en Espagne, où elles sont resserrées comme des religieuses, on ne les offense point de leur dire qu'on les aime, quand celui qui le leur dirait n'aurait pas de quoi se faire aimer. Elles font bien davantage : ce sont presque toujours les dames qui font les premières avances, et qui sont les premières prises, parce qu'elles sont les dernières à être vues des galants, qu'elles voient tous les jours dans les églises, dans le cours, et de leurs balcons et jalousies. Dorothée fit confidence à sa sœur Féliciane de la conversation qu'elle avait eue avec dom Sanche, et lui avoua que cet étranger lui plaisait plus que tous les cavaliers de Séville; et sa sœur approuva fort le dessein qu'elle avait sur sa liberté.

Les deux belles sœurs moralisèrent longtemps sur les priviléges avantageux qu'avaient les hommes par dessus les femmes, qui n'étaient presque jamais mariées qu'aux choix de leurs parents qui n'étaient pas toujours à leur gré, au lieu que les hommes pouvaient se choisir des femmes aimables. Pour moi, disait Dorothée à sa sœur, je suis bien assurée que l'amour ne me fera jamais rien faire contre mon devoir; mais je suis bien résolue aussi à ne me marier jamais avec un homme qui ne possédera pas à lui seul tout ce que j'aurais à chercher en plusieurs autres; et j'aime mieux passer ma vie dans un couvent qu'avec un mari que je ne pourrais pas aimer. Féliciane dit à sa sœur qu'elle avait pris cette résolution-là aussi bien qu'elle, et elles s'y fortifièrent l'une l'autre par tous les raisonnements que leurs beaux esprits leur fournirent sur ce sujet. Dorothée trouvait de la difficulté à tenir à dom Sanche la parole qu'elle lui avait donnée de se faire connaître à lui, et elle en témoignait beaucoup d'inquiétude à sa sœur. Mais Féliciane, qui était heureuse à trouver des expédients, fit souvenir sa sœur qu'une dame de leurs parentes, et de plus de leurs intimes amies (car toutes les parentes ne le sont pas), la servirait de tout son cœur dans une affaire où il y allait de son repos. Vous savez bien, lui disait cette bonne sœur, la plus commode du monde, que Marine, qui nous a servies si longtemps, est mariée à un chirurgien qui loue de notre parente une petite maison jointe à la sienne, et que les deux maisons ont une entrée l'une dans l'autre. Elles sont dans un quartier éloigné; et quand on remarquerait que nous irions voir notre parente plus souvent que de coutume, on ne prendra pas garde que ce dom Sanche entre chez un chirurgien, outre qu'il y peut entrer de nuit et déguisé. Pendant que Dorothée dresse, à l'aide de sa sœur, le plan de son intrigue amoureuse, qu'elle dispose sa parente à la servir, et instruit Marine de ce qu'elle a à faire, dom Sanche songe à son inconnue, ne sait si elle lui a promis de lui donner de ses nouvelles pour se moquer de lui, et la voit tous les jours sans la connaître, ou dans les églises, ou à son balcon, recevant les adorations de ses galants qui sont tous de la connaissance de dom Sanche, et les plus grands amis qu'il ait dans Séville. Il s'habillait un matin, songeant à son inconnue, quand on lui vint dire qu'une femme voilée le demandait. On la fit entrer, et il en reçut le billet que vous allez lire.

BILLET.

« Je vous aurais plus tôt fait savoir de mes nouvelles si je l'avais
« pu. Si l'envie que vous aviez de me connaître vous dure encore,

« trouvez-vous au commencement de la nuit, où celle qui vous
« a donné mon billet vous dira, et d'où elle vous conduira où je
« vous attendrai. »

Vous pouvez vous figurer la joie qu'il eut. Il embrassa avec emportement la bienheureuse ambassadrice, et lui donna une chaîne d'or qu'elle prit après quelque petite cérémonie. Elle lui donna heure au commencement de la nuit, dans un lieu écarté qu'elle lui marqua, où il devait se rendre sans suite, et prit congé de lui, le laissant l'homme du monde le plus aise et le plus impatient. Enfin la nuit vint; il se trouva à l'assignation, embelli et parfumé, où l'attendait l'ambassadrice du matin. Elle l'introduisit dans une petite maison de mauvaise mine, et ensuite dans un fort bel appartement, où il trouva trois dames, toutes le visage couvert d'un voile. Il reconnut son inconnue à sa taille, et lui fit d'abord des plaintes de ce qu'elle ne levait pas son voile. Elle ne fit point de façons, et sa sœur et elle se découvrirent au bienheureux dom Sanche pour les belles dames de Monsalve. Vous voyez, lui dit Dorothée en ôtant son voile, que je disais la vérité quand je vous assurais qu'un étranger obtenait quelquefois en un moment ce que des galants qu'on voyait tous les jours ne méritaient pas en plusieurs années; et vous seriez, ajouta-t-elle, le plus ingrat de tous les hommes, si vous n'estimiez pas la faveur que je vous fais, ou si vous en faisiez des jugements à mon désavantage. J'estimerai toujours tout ce qui me viendra de vous, comme s'il me venait du ciel, lui dit le passionné dom Sanche, et vous verrez bien, par le soin que j'aurai à me conserver le bien que vous me ferez, que si jamais je le perds, ce sera plutôt par mon malheur que par ma faute.

> Ils se dirent en peu de temps
> Tout ce que l'amour nous fait dire,
> Quand il est maître de nos sens.

La maîtresse du logis et Féliciane, qui savaient vivre, s'étaient éloignées d'une honnête distance de nos deux amants; et ainsi ils eurent toute la commodité qu'il leur fallait pour s'entredonner de l'amour encore plus qu'ils n'en avaient, quoiqu'ils en eussent déjà beaucoup, et prirent jour pour s'en donner, s'il se pouvait, encore davantage. Dorothée promit à dom Sanche de faire ce qu'elle pourrait pour se voir souvent avec lui. Il l'en remercia le plus spirituellement qu'il put. Les deux autres dames se mêlèrent en même temps dans leur conversation, et Marine les fit souvenir de se séparer quand il en fut temps. Dorothée en fut triste, dom Sanche en changea de visage; mais il fallut pourtant se dire adieu. Le brave cavalier écrivit dès le jour suivant à sa belle dame, qui lui fit une réponse telle qu'il la pouvait souhaiter. Je ne vous ferai point voir ici de leurs billets amoureux; car il ne m'en est point tombé entre les mains. Ils se virent souvent dans le même lieu et de la même façon qu'ils s'étaient vus la première fois, et vinrent à s'aimer si fort, que sans répandre leur sang comme Pyrame et Thisbé, ils ne leur en durent guère en tendresse impétueuse. On dit que l'amour, le feu et l'argent ne peuvent se cacher longtemps. Dorothée, qui avait son galant étranger dans la tête, n'en pouvait parler modérément, et elle le mettait si haut au-dessus de tous les gentilshommes de Séville, que quelques dames qui avaient leurs intérêts cachés aussi bien qu'elle, et qui l'entendaient incessamment parler de dom Sanche et l'élever au mépris de ce qu'elles aimaient, y prirent garde et s'en piquèrent. Féliciane l'avait souvent avertie en particulier d'en parler avec plus de retenue; et cent fois en compagnie, quand elle la voyait se laisser emporter au plaisir qu'elle prenait de parler de son galant, elle lui avait marché sur les pieds jusqu'à lui faire mal. Un cavalier amoureux de Dorothée en fut averti par une dame de ses intimes amies, et n'eut point de peine à croire que Dorothée aimait dom Sanche, parce qu'il se souvint que, depuis que cet étranger était dans Séville, les esclaves de cette belle, desquels il était le plus enchaîné, n'en avaient pas reçu le moindre petit regard favorable. Ce rival de dom Sanche était riche, de bonne maison, et était agréable à dom Manuel, qui ne pressait pourtant pas sa fille de l'épouser, à cause que, toutes les fois qu'il lui en parlait, elle le conjurait de ne la marier pas si jeune. Ce cavalier (je me rappelle qu'il se nommait dom Diègue) voulut s'assurer davantage de ce qu'il ne faisait encore que soupçonner. Il avait un valet de chambre, de ceux qu'on appelle braves garçons, qui ont d'aussi beau linge que leurs maîtres, ou qui portent le leur, qui font les modes entre les autres valets, et qui en sont autant enviés qu'estimés des servantes. Ce valet se nommait Gusman; et, ayant eu du ciel une demi-teinture de poésie, faisait la plupart des romances de Séville, ce qui est à Paris des chansons du Pont-Neuf; il les chantait sur sa guitare, et ne les chantait pas toutes unies, et sans y faire de la broderie des lèvres ou de la langue. Il dansait la sarabande, n'était jamais sans castagnettes, avait eu envie d'être comédien, et faisait entrer dans la composition de son mérite quelque bravoure, mais, pour vous dire les choses comme elles sont, un peu filoutière. Tous ces beaux talents, joints à quelque éloquence de mémoire que lui avait communiqué celle de son maître, l'avaient rendu sans contredit le blanc (si je l'ose ainsi dire) de tous les désirs amoureux des servantes qui se croyaient aimables. Dom Diègue lui commanda de se radoucir pour Isabelle, jeune fille qui servait les dames de Monsalve. Il obéit à son maître; Isabelle s'en aperçut, et se crut heureuse d'être aimée de Gusman, qu'elle aima en peu de temps, et qui, de son côté, vint aussi à l'aimer, et à continuer tout de bon ce qu'il n'avait commencé que pour obéir à son maître. Si Gusman éveillait la convoitise des servantes de la plus grande ambition, Isabelle était un parti avantageux pour le valet d'Espagne qui eût eu les pensées les plus hautes. Elle était aimée de ses maîtresses, qui étaient fort libérales, et avait quelque bien à attendre de son père, qui était un honnête artisan. Gusman songea donc sérieusement à être son mari; elle l'agréa pour tel; ils se donnèrent mutuellement la foi de mariage, et vécurent depuis ensemble comme s'ils eussent été mariés. Isabelle avait bien du déplaisir de ce que Marine, la femme du chirurgien chez qui Dorothée et dom Sanche se voyaient secrètement, et qui avait servi sa maîtresse avant elle, était encore sa confidente dans une affaire de cette nature, où la libéralité d'un amant se faisait toujours paraître. Elle avait eu connaissance de la chaîne d'or que dom Sanche avait donnée à Marine, de plusieurs autres présents qu'il lui avait faits, et s'imaginait qu'elle en avait reçu bien d'autres. Elle en haïssait donc Marine à la mort, et c'est ce qui m'a fait croire que la belle fille était un peu intéressée. Il ne faut donc pas s'étonner si, à la première prière que lui fit Gusman de lui avouer s'il était vrai que Dorothée aimât quelqu'un, elle fit part du secret de sa maîtresse à un homme à qui elle s'était donnée tout entière. Elle lui apprit tout ce qu'elle savait de l'intrigue de nos jeunes amants, et exagéra longtemps la bonne fortune de Marine, que dom Sanche enrichissait; ensuite pesta contre elle d'emporter ainsi des profits qui étaient mieux dus à une servante de la maison. Gusman la pria de l'avertir du jour que Dorothée se trouverait avec son galant. Elle le fit, et il ne manqua pas d'en avertir son maître, à qui il apprit tout ce qu'il avait appris de la peu fidèle Isabelle. Dom Diègue, habillé en pauvre, se posta auprès de la porte du logis de Marine la nuit que lui marqua son valet, y vit entrer son rival, et à quelque temps de là arrêter un carrosse devant la maison de la parente de Dorothée, d'où cette belle fille et sa sœur descendirent, laissant dom Diègue dans la rage que vous pouvez imaginer. Il pensa dès-lors à se délivrer d'un si redoutable rival, en l'ôtant du monde; s'assura d'assassins de louage, attendit dom Sanche plusieurs nuits de suite; et enfin le trouva et l'attaqua, secondé de deux braves bien armés aussi bien que lui. Dom Sanche, de son côté, était en état de se bien défendre, et, outre le poignard et l'épée, avait deux pistolets à sa ceinture. Il se défendit d'abord comme un lion, et connut bien que ses ennemis en voulaient à sa vie, et étaient couverts à l'épreuve des coups d'épée. Dom Diègue le pressait plus que les autres, qui n'agissaient qu'au prix de l'argent qu'ils en avaient reçu. Il lâcha quelque temps le pied devant ses ennemis, pour tirer le bruit du combat loin de la maison où était Dorothée; mais enfin, craignant de se faire tuer à force d'être discret, et se voyant trop pressé de dom Diègue, il lui tira un de ses pistolets et l'étendit par terre demi-mort, et demandant un prêtre à haute voix. Au bruit du coup de pistolet les braves disparurent; dom Sanche se sauva chez lui, et les voisins sortirent dans la rue, et trouvèrent dom Diègue, qu'ils reconnurent, tirant à sa fin, et qui accusa dom Sanche de sa mort. Notre cavalier en fut averti par ses amis, qui lui dirent que quand la justice ne le chercherait pas, les parents de dom Diègue ne laisseraient pas la mort de leur parent impunie, et tâcheraient assurément de le tuer, en quelque lieu qu'ils le trouvassent. Il se retira donc dans un couvent, d'où il fit savoir de ses nouvelles à Dorothée, et donna ordre à ses affaires pour pouvoir sortir de Séville quand il le pourrait faire sûrement. La justice cependant fit ses diligences, chercha dom Sanche, et ne le trouva point.

Après que la première ardeur des poursuites fut passée, et que tout le monde fut persuadé qu'il s'était sauvé, Dorothée et sa sœur, sous prétexte de dévotion, se firent mener par leur parente dans le couvent où s'était retiré dom Sancho ; et là, par l'entremise d'un bon père, les deux amants se virent dans une chapelle, se promirent une fidélité à toute épreuve, se séparèrent avec tant de regrets, et se dirent des choses si pitoyables, que sa sœur, sa parente et le bon religieux qui en furent témoins, en ont toujours pleuré depuis toutes les fois qu'ils y ont songé. Il sortit déguisé de Séville, et laissa, avant que de partir, des lettres au facteur de son père, pour les lui faire tenir aux Indes. Par ces lettres il lui faisait savoir l'accident qui l'obligeait à s'absenter de Séville, et qu'il se retirait à Naples. Il y arriva heureusement, et fut bien venu auprès du vice-roi, à qui il avait l'honneur d'appartenir. Quoiqu'il en reçût toutes sortes de faveurs, il s'ennuya dans la ville de Naples une année entière, n'ayant point de nouvelles de Dorothée. Le vice-roi arma six galères qu'il envoya en course contre le Turc. Le courage de dom Sanche ne lui laissa pas négliger une si belle occasion de l'exercer ; et celui qui commandait ces galères le reçut dans la sienne, et le logea dans la chambre de poupe, ravi d'avoir avec lui un homme de sa condition et de son mérite. Les six galères de Naples en trouvèrent huit turques presque à la vue de Messine, et n'hésitèrent point à les attaquer. Après un long combat les chrétiens prirent trois galères ennemies, et en coulèrent deux à fond. La patronne des galères chrétiennes s'était attachée à celle des Turcs, qui, pour être mieux armée que les autres, avait fait aussi plus de résistance. La mer cependant était devenue grosse, et l'orage était si furieusement augmenté, qu'enfin les chrétiens et les Turcs songèrent moins à s'entre-nuire qu'à se garantir de l'orage. On déprit donc de part et d'autre les crampons de fer dont les galères avaient été accrochées, et la patronne turque s'éloigna de la chrétienne dans le temps que le trop hardi dom Sanche s'y était jeté et n'avait été suivi de personne. Quand il se vit seul au pouvoir des ennemis, il préféra la mort à l'esclavage ; et, au hasard de tout ce qui pourrait en arriver, s'élança dans la mer, espérant en quelque façon, comme il était grand nageur, de gagner à la nage les galères chrétiennes ; mais le mauvais temps empêcha qu'il n'en fût aperçu, quoique le général chrétien, qui avait été témoin de l'action de dom Sanche, et qui se désespérait de sa perte qu'il croyait inévitable, fit revirer sa galère du côté qu'il s'était jeté dans la mer. Dom Sanche cependant fendait les vagues de toute la force de son bras; et, après avoir nagé quelque temps vers la terre, où le vent et la marée le portaient, il trouva heureusement une planche de galère turque, que le canon avait brisée, et se servit utilement de ce secours venu à propos, qu'il crut que le ciel lui avait envoyé. Il n'y avait pas plus d'une lieue et demie de l'endroit où le combat s'était fait, jusqu'à la côte de Sicile; et dom Sanche y aborda plus vite qu'il ne l'espérait, aidé, comme il était, du vent et de la marée. Il prit terre sans se blesser contre le rivage, et, après avoir remercié Dieu de l'avoir tiré d'un péril si évident, il alla plus avant en terre, autant que sa lassitude le put permettre; et, d'une éminence qu'il monta, il aperçut un hameau habité de pêcheurs, qu'il trouva les plus charitables du monde. Les efforts qu'il avait faits pendant le combat, lesquels l'avaient fort échauffés, et ceux qu'il avait faits dans la mer et le froid qu'il y avait souffert, et ensuite dans ses habits mouillés, lui causèrent une violente fièvre qui lui fit garder le lit longtemps; mais enfin il guérit, sans faire autre chose que de vivre de régime. Pendant sa maladie, il conçut le dessein de laisser tout le monde dans la croyance qu'on devait avoir de sa mort, pour n'avoir plus tant à se garder de ses ennemis les parents de dom Diègue, et pour éprouver la fidélité de Dorothée. Il avait fait grande amitié en Flandre avec un marquis sicilien, de la maison de Montalte, qui s'appelait Fabio. Il donna ordre à un pêcheur de s'informer s'il était à Messine, où il savait qu'il demeurait; et, ayant su qu'il y était, il y fut en habit de pêcheur, et entra la nuit chez ce marquis, qui l'avait pleuré, avec tous ceux qui avaient été affligés de sa perte.

Le marquis Fabio fut ravi de retrouver un ami qu'il avait cru perdu. Dom Sanche lui apprit de quelle façon il s'était sauvé, et lui conta son aventure de Séville, sans lui cacher la violente passion qu'il avait pour Dorothée. Le marquis sicilien s'offrit d'aller en Espagne, et même d'enlever Dorothée si elle y consentait, et de l'amener en Sicile. Dom Sanche ne voulut pas recevoir de son ami de si périlleuses marques d'amitié; mais il eut une extrême joie de ce qu'il voulait bien l'accompagner en Espagne. Sanchez, valet de dom Sanche, avait été si affligé de la perte de son maître, que quand les galères de Naples vinrent rafraîchir à Messine, il entra dans un couvent pour y passer le reste de ses jours. Le marquis Fabio l'envoya demander au supérieur qui l'avait reçu à la recommandation de ce seigneur sicilien, et qui ne lui avait pas encore donné l'habit de religieux. Sanchez pensa mourir de joie quand il revit son cher maître, et ne songea plus à retourner dans son couvent. Dom Sanche l'envoya en Espagne préparer ses voies, et pour lui faire savoir des nouvelles de Dorothée, qui cependant avait cru avec tout le monde que dom Sanche était mort. Le bruit en alla jusqu'aux Indes : le père de dom Sanche en mourut de regret, et laissa à un autre fils qu'il avait, quatre cent mille écus de bien, à condition d'en donner la moitié à son frère, si la nouvelle de sa mort se trouvait fausse. Le frère de dom Sanche se nommait dom Juan de Péralte, du nom de son père. Il s'embarqua pour l'Espagne avec tout son argent, et arriva à Séville un an après l'accident qui y était arrivé à dom Sanche. Ayant un nom différent du sien, il lui fut aisé de cacher qu'il fût son frère, ce qu'il lui était important de tenir secret, à cause du long séjour que ses affaires l'obligèrent de faire dans une ville où son frère avait des ennemis. Il vit Dorothée, et en devint amoureux comme son frère ; mais il n'en fut pas aimé comme lui. Cette belle fille affligée ne pouvait rien aimer après son cher dom Sanche : tout ce que dom Juan de Péralte faisait pour lui plaire l'importunait, et elle refusait tous les meilleurs partis de Séville, que son père dom Manuel lui proposait. Dans ce temps-là, Sanchez arriva à Séville, et, suivant les ordres que son maître lui avait donnés, il voulut s'informer de la conduite de Dorothée. Il sut du bruit de la ville qu'un cavalier fort riche, venu depuis peu des Indes, en était amoureux, et faisait pour elle toutes les galanteries d'un amant bien raffiné. Il l'écrivit à son maître, et lui fit le mal plus grand qu'il n'était ; et son maître se l'imagina encore plus grand que son valet ne le lui avait fait. Le marquis Fabio et dom Sanche s'embarquèrent à Messine sur les galères d'Espagne qui y retournaient, et arrivèrent heureusement à Saint-Lucar, où ils prirent la poste jusqu'à Séville. Ils y entrèrent la nuit, et descendirent dans le logis que Sanchez leur avait arrêté. Ils gardèrent la chambre le lendemain, et la nuit dom Sanche et le marquis Fabio allèrent faire la ronde dans le quartier de dom Manuel. Ils ouïrent accorder des instruments sous les fenêtres de Dorothée, et ensuite une excellente musique, après laquelle une voix seule, accompagnée d'un théorbe, se plaignait longtemps des rigueurs d'une tigresse déguisée en ange. Dom Sanche fut tenté de charger messieurs de la sérénade; mais le marquis Fabio l'en empêcha, lui représentant que c'était tout ce qu'il pourrait faire si Dorothée avait paru à son balcon pour obliger son rival, ou si les paroles de l'air qu'on avait chanté étaient des remercîments de faveurs reçues plutôt que des plaintes d'un amant qui n'était pas content. La sérénade se retira peut-être assez mal satisfaite, et dom Sanche et le marquis Fabio se retirèrent aussi. Cependant Dorothée commençait à se trouver importunée de l'amour du cavalier indien. Son père dom Manuel avait une extrême passion de la voir mariée; et elle ne doutait point que si cet Indien dom Juan de Péralte, riche et de bonne maison comme il était, s'offrait à lui pour gendre, il ne fût préféré à tous les autres, et elle plus pressée de son père qu'elle n'avait encore été. Le jour qui suivit la sérénade dont le marquis Fabio et dom Sanche avaient eu leur part, Dorothée s'en entretint avec sa sœur, et lui dit qu'elle ne pouvait plus souffrir les galanteries de l'Indien, et qu'elle trouvait étrange qu'il les fît si publiques avant que d'avoir fait parler à son père. C'est un procédé que je n'ai jamais approuvé, lui dit Féliciane; et, si j'étais à votre place, je le traiterais si mal la première fois que l'occasion s'en présenterait, qu'il serait bientôt désabusé de l'espérance qu'il a de vous plaire. Pour moi, il ne m'a jamais plu, ajouta-t-elle; il n'a point ce bon air qu'on ne prend qu'à la cour; et la grande dépense qu'il fait dans Séville n'a rien de poli, et rien qui ne sente son étranger. Elle s'efforça ensuite de faire une fort désagréable peinture de dom Juan de Péralte, ne se souvenait pas qu'au commencement qu'il parut dans Séville elle avait avoué à sa sœur qu'il ne lui déplaisait pas, et que toutes les fois qu'elle avait eu à en parler, elle l'avait fait en le louant avec quelque sorte d'emportement.

Dorothée, remarquant sa sœur si changée ou qui feignait de l'être dans les sentiments qu'elle avait eus autrefois pour ce cavalier, la soupçonna d'avoir de l'inclination pour lui, autant qu'elle lui voulait faire croire de n'en avoir point; et, pour s'en éclaircir, elle lui dit qu'elle n'était point offensée des galanteries de dom Juan par l'aversion qu'elle eût pour sa personne; qu'au contraire, lui trouvant dans le visage quelque air de celui de dom Sanche, il aurait été plus capable de lui plaire qu'aucun autre cavalier de Séville, outre que, sachant bien qu'étant riche et de bonne maison, il obtiendrait facilement le consentement de son père; mais, ajouta-t-elle, je ne puis rien aimer après dom Sanche; et, puisque je n'ai pu être sa femme, je ne le serai jamais d'un autre, et je passerai le reste de mes jours dans un couvent. Quand vous ne seriez pas encore bien résolue à un si grand dessein, lui dit Féliciane, vous ne pouvez m'affliger davantage que de me le dire. N'en doutez point, ma sœur, lui dit Dorothée, vous serez bientôt le plus riche parti de Séville, et c'est ce qui me faisait avoir envie de voir dom Juan, pour lui persuader d'avoir pour vous les sentiments d'amour qu'il a pour moi, après l'avoir désabusé de l'espérance qu'il a, que je puisse jamais consentir à l'épouser; mais je ne le verrai que pour le prier de ne plus m'importuner de ses galanteries, puisque je vois que vous avez tant d'aversion pour lui. Et en vérité, continua-t-elle, j'en ai du déplaisir; car je ne vois personne dans Séville avec qui vous puissiez être aussi bien mariée que vous le seriez avec lui. Il m'est plus indifférent que haïssable, lui dit Féliciane; et si je vous ai dit qu'il me déplaisait, ç'a été plutôt par quelque complaisance que j'ai voulu avoir pour vous, que par une véritable aversion que j'eusse pour lui. Avouez plutôt, ma chère sœur, lui répondit Dorothée, que vous ne me parlez pas ingénument; et quand vous m'avez témoigné peu d'estime pour dom Juan, vous ne vous êtes pas souvenue que vous me l'avez quelquefois extrêmement loué, ou que vous avez plutôt craint qu'il ne me plût trop, que découvert qu'il ne vous plaisait guère. Féliciane rougit à ces dernières paroles de Dorothée, et se déconcerta extrêmement; elle lui dit, l'esprit fort troublé, quantité de choses mal arrangées, qui la défendirent moins qu'elles ne la convainquirent de ce dont sa sœur l'accusait; et enfin elle lui confessa qu'elle aimait dom Juan. Dorothée ne désapprouva pas son amour, et lui promit de la servir de tout son pouvoir.

Dès le jour même, Isabelle, qui avait rompu tout commerce avec son Gusman depuis l'accident arrivé à dom Sanche, eut ordre de Dorothée d'aller trouver dom Juan, de lui porter la clef d'une porte du jardin de dom Manuel, et de lui dire que Dorothée et sa sœur l'y attendaient, et qu'il se rendît à l'assignation à minuit, quand leur père serait couché. Isabelle, qui avait été gagnée de dom Juan, et qui avait fait ce qu'elle avait pu pour le mettre bien dans l'esprit de sa maîtresse, sans y avoir réussi, fut fort surprise de la voir si changée, et fort aise de porter une bonne nouvelle à une personne à qui elle n'en avait encore porté que de mauvaises, et de qui déjà elle avait reçu beaucoup de présents. Elle vola chez ce cavalier, qui eût eu peine à croire à sa bonne fortune, sans la fatale clef du jardin qu'elle lui remit dans les mains. Il mit dans les siennes une petite bourse de senteur pleine de cinquante pistoles, dont elle eut pour le moins autant de joie qu'elle venait de lui en donner. Le hasard voulut que la même nuit que dom Juan devait avoir entrée dans le jardin du père de Dorothée, dom Sanche, accompagné de son ami le marquis, vînt encore faire sa ronde autour du logis de cette belle fille, pour s'assurer davantage des desseins de son rival. Le marquis et lui étaient sur les onze heures dans la rue de Dorothée, quand quatre hommes bien armés s'arrêtèrent auprès d'eux. L'amant jaloux crut que c'était son rival. Il s'approche de ces hommes, et leur dit que le poste qu'ils occupaient lui était commode pour un dessein qu'il avait, et qu'il les priait de le lui céder. Nous le ferions par civilité, lui répondirent les autres, si le même poste que vous nous demandez n'était absolument nécessaire à un dessein que nous avons aussi, et qui sera exécuté assez tôt pour ne pas retarder longtemps l'exécution du vôtre. La colère de dom Sanche était déjà au plus haut point où elle pouvait aller : mettre donc l'épée à la main, et charger ces hommes qu'il trouvait incivils, fut presque la même chose. Cette attaque imprévue de dom Sanche les surprit et les mit en désordre; et le marquis les chargeant avec autant de vigueur qu'avait fait son ami, ils se défendirent mal, et furent poussés plus vite que le pas jusqu'au bout de la rue. Là, dom Sanche reçut une légère blessure au bras, et perça celui qui l'avait blessé d'un si grand coup, qu'il fut longtemps à retirer son épée du corps de son ennemi, et crut l'avoir tué. Le marquis cependant s'était opiniâtré à poursuivre les autres, qui fuirent de toute leur force aussitôt qu'ils virent tomber leur camarade. Dom Sanche vit à l'un des bouts de la rue des gens avec de la lumière, qui venaient au bruit du combat. Il eut peur que ce ne fût la justice, et c'était elle. Il se retira en diligence dans la rue où le combat avait commencé, et de cette rue dans une autre, au milieu de laquelle il trouva tête à tête un vieux cavalier qui s'éclairait d'une lanterne, et qui avait mis l'épée à la main au bruit que faisait dom Sanche, qui venait à lui en courant. Ce vieux cavalier était dom Manuel, qui revenait de jouer chez un de ses voisins, comme il faisait tous les soirs, et allait rentrer chez lui par la porte de son jardin, qui était proche du lieu où le trouva dom Sanche. Il cria à notre amoureux cavalier : Qui va là? Un homme, lui répondit dom Sanche, à qui il importe de passer vite, si vous ne l'en empêchez. Peut-être, lui dit dom Manuel, vous est-il arrivé quelque accident qui vous oblige à chercher un asile : ma maison, qui n'est pas éloignée, vous en peut servir. Il est vrai, lui répondit dom Sanche, que je suis en peine de me cacher à la justice, qui peut-être me cherche; et puisque vous êtes assez généreux pour offrir votre maison à un étranger, il vous fie son salut en toute assurance, et vous promet de n'oublier jamais la grâce que vous lui faites, et de ne s'en servir qu'autant de temps qu'il lui en faudra pour laisser passer outre ceux qui le cherchent. Dom Manuel, là-dessus, ouvrit sa porte d'une clef qu'il avait sur lui; et ayant fait entrer dom Sanche dans son jardin, le mit dans un bois de lauriers, en attendant qu'il allât donner ordre de le cacher mieux dans sa maison, sans qu'il fût vu de personne. Il n'y avait pas longtemps que dom Sanche était caché entre ces lauriers, quand il vit venir à lui une femme qui lui dit en l'approchant : Venez, mon cavalier, ma maîtresse Dorothée vous attend. A ce nom-là, dom Sanche pensa bien qu'il pouvait être dans la maison de sa maîtresse, et que le vieux cavalier était son père. Il soupçonna Dorothée d'avoir donné assignation dans le même lieu à son rival, et suivit Isabelle, plus tourmenté de sa jalousie que de la peur de la justice. Cependant dom Juan vint à l'heure qu'on lui avait donnée, ouvrit la porte du jardin de dom Manuel avec la clef qu'Isabelle lui avait remise, et se cacha dans les mêmes lauriers d'où dom Sancho venait de sortir. Un moment après il vit venir un homme droit à lui; il se mit en état de se défendre s'il était attaqué, et fut bien surpris quand il reconnut cet homme pour dom Manuel, qui lui dit de le suivre, et qu'il l'allait mettre dans un lieu où il n'aurait pas à craindre d'être pris. Dom Juan conjectura des paroles de dom Manuel qu'il pouvait avoir fait sauver dans son jardin quelque homme poursuivi de la justice. Il ne put faire autre chose que de le suivre, en le remerciant du plaisir qu'il lui faisait; et l'on peut croire qu'il ne fut pas moins troublé du péril qu'il courait que fâché de l'obstacle qui faisait manquer son amoureux dessein. Dom Manuel le conduisit dans sa chambre, et l'y laissa pour aller se faire dresser un lit dans une autre.

Laissons-le dans la peine où il doit être, et reprenons son frère dom Sanche de Sylva. Isabelle le conduisit dans une chambre basse qui donnait sur le jardin où Dorothée et Féliciane attendaient dom Juan de Péralte, l'une comme un amant à qui elle a grande envie de plaire, l'autre pour lui déclarer qu'elle ne peut l'aimer, et qu'il ferait mieux de tâcher de plaire à sa sœur. Dom Sanche entra donc où étaient les deux belles-sœurs, qui furent bien surprises de le voir. Dorothée en demeura sans sentiment, comme une personne morte; et si sa sœur ne l'eût soutenue et mise dans une chaise, elle serait tombée de son haut. Dom Sanche demeura immobile; Isabelle pensa mourir de peur, et crut que dom Sanche mort leur apparaissait pour venger le tort que lui faisait sa maîtresse. Féliciane, quoique fort effrayée de voir dom Sanche ressuscité, était encore plus en peine de l'accident de sa sœur, qui reprit enfin ses esprits; et alors dom Sanche lui dit : Si le bruit qui a couru de ma mort, ingrate Dorothée, n'excusait en quelque façon votre inconstance, le désespoir qu'elle me cause ne me laisserait pas assez de vie pour vous en faire des reproches. J'ai voulu faire croire à tout le monde que j'étais mort, pour être oublié de mes ennemis, mais non pas de vous, qui m'avez promis de n'aimer jamais que moi, et qui avez sitôt manqué à votre promesse. Je pourrais me venger, et faire tant de bruit par mes cris et mes plaintes, que votre père s'en éveillerait, et trouverait l'amant que vous cachez dans sa maison; mais, insensé que je suis ! j'ai peur encore de vous déplaire, et je m'afflige davantage de ce que je ne dois plus vous aimer que de ce que vous en aimez un autre. Jouissez, belle infidèle, jouissez de votre cher amant; ne craignez plus rien dans vos nouvelles amours; je vous délivrerai bientôt d'un homme qui pourrait vous reprocher toute votre vie que vous l'avez trahi lorsqu'il exposait la sienne pour venir vous revoir. Dom Sanche voulut s'en aller après ces paroles; mais Dorothée l'arrêta, et allait tâcher de se justifier, quand Isabelle lui dit, fort effrayée, que dom Manuel la suivait. Dom Sanche n'eut que le temps de se mettre derrière la porte; le vieillard fit une réprimande à ses filles de ce qu'elles n'étaient pas encore couchées; et, pendant qu'il eut le dos tourné vers la porte de la chambre, dom Sanche en sortit, et, gagnant le jardin, s'alla remettre dans le même bois de lauriers où il s'était déjà mis, où, préparant son courage à tout ce qui pourrait lui arriver, il attendit une occasion de sortir quand elle se présenterait. Dom Manuel était entré dans la chambre de ses filles pour y prendre de la lumière, et aller de là ouvrir la porte de son jardin aux officiers de la justice, qui y frappaient pour la faire ouvrir, parce qu'on leur avait dit que dom Manuel avait retiré dans sa maison un homme qui pouvait être de ceux qui venaient de se battre dans la rue. Dom Manuel ne fit point de difficulté de les laisser chercher dans sa maison, croyant bien qu'ils ne feraient pas ouvrir sa chambre, et que le cavalier qu'ils cherchaient y était enfermé. Dom Sanche, voyant qu'il ne pouvait éviter d'être trouvé par le grand nombre de sergents qui s'étaient répandus dans le jardin, sortit du bois de lauriers où il était; et, s'approchant de dom Manuel, qui était fort surpris de le voir, lui dit à l'oreille qu'un cavalier d'honneur gardait sa parole, et n'abandonnait jamais une personne qu'il avait prise en sa protection. Dom Manuel pria le prévôt, qui était son ami, de lui laisser dom Sanche en sa garde; ce qui lui fut aisément accordé, et à cause de sa qualité, et parce que le blessé ne l'était pas dangereusement. La justice se retira, et dom Manuel, ayant reconnu par les mêmes discours qu'il avait tenus à dom Sanche quand il le trouva, et que ce cavalier lui rendit, que c'était véritablement celui qu'il avait reçu dans son jardin, ne douta point que l'autre ne fût quelque galant introduit dans sa maison par ses filles ou par Isabelle. Pour s'en éclaircir, il fit entrer dom Sanche de Sylva dans une chambre, et le pria d'y demeurer jusqu'à ce qu'il le vînt trouver. Il alla dans celle où il avait laissé dom Juan de Péralte, à qui il feignit que son valet était entré en même temps que les officiers de la justice, et qu'il demandait à lui parler. Dom Juan savait bien que son valet de chambre était fort malade, et peu en état de le venir trouver; outre qu'il ne l'eût pas fait sans son ordre, quand même il eût su où il était, ce qu'il ignorait. Il fut donc fort troublé de ce que lui dit dom Manuel, à qui il répondit à tout hasard que son valet n'avait qu'à l'aller attendre dans son logis. Dom Manuel le reconnut alors pour ce jeune gentilhomme indien qui faisait tant de bruit dans Séville; et, étant bien informé de sa qualité et de son mérite, il résolut de ne le laisser point sortir de sa maison qu'il n'eût épousé celle de ses filles avec qui il aurait le moindre commerce. Il s'entretint quelque temps avec lui, pour s'éclaircir davantage des doutes dont il avait l'esprit agité. Isabelle, du pas de la porte, les vit parlant ensemble, et l'alla dire à sa maîtresse. Manuel entrevit Isabelle, et crut qu'elle venait de faire quelque message à dom Juan de la part de sa fille. Il le quitta pour courir après elle, dans le temps que le flambeau qui éclairait la chambre acheva de brûler et s'éteignit de lui-même. Pendant que le vieillard ne trouve pas Isabelle où il la cherche, cette fille apprend à Dorothée et à Féliciane que dom Sanche était dans la chambre de leur père et qu'elle les avait vus parler ensemble. Les deux sœurs y coururent sur sa parole. Dorothée ne craignait point de trouver son cher dom Sanche avec son père, résolue qu'elle était de lui confesser qu'elle l'aimait et qu'elle en avait été aimée, et de lui dire à quelle intention elle avait donné assignation à dom Juan. Elle entra donc dans la chambre, qui était sans lumière; et, s'étant rencontrée avec dom Juan dans le temps qu'il en sortait, elle le prit pour dom Sanche, l'arrêta par le bras et lui parla ainsi : Pourquoi me fuis-tu, cruel dom Sanche? et pourquoi n'as-tu pas voulu entendre ce que j'aurais pu répondre aux injustes reproches que tu m'as faits? J'avoue que tu ne m'en pourrais faire d'assez grands, si j'étais aussi coupable que tu as en quelque façon sujet de le croire; mais tu sais bien qu'il y a des choses fausses qui ont quelquefois plus d'apparence de vérité que la vérité même, et qu'elle se découvre toujours avec le temps ; donne-moi donc celui de te faire voir, en débrouillant la confusion où ton malheur et le mien, et peut-être celui de plusieurs autres viennent de nous mettre. Aide-moi à me justifier, et ne hasarde pas d'être injuste pour être trop précipité à me condamner avant de m'avoir convaincue. Tu peux avoir entendu dire qu'un cavalier m'aime ; mais as-tu entendu dire que je l'aime aussi ? Tu peux l'avoir trouvé ici, car il est vrai que je l'y ai fait venir ; mais, quand tu sauras à quel dessein je l'ai fait, je suis assurée que tu auras un cruel remords de m'avoir offensée, lorsque je te donne la plus grande marque de fidélité que je te puisse donner. Que n'est-il en ta présence, ce cavalier dont l'amour m'importune ! tu connaîtrais, par ce que je lui dirais, si jamais il a pu dire qu'il m'aimât, et si j'ai jamais voulu des lettres qu'il m'a écrites. Mais mon malheur, qui me l'a toujours fait voir quand sa vue m'a pu nuire, m'empêche de le voir quand il me pourrait servir à te désabuser.

Dom Juan eut la patience de laisser parler Dorothée sans l'interrompre, pour en apprendre encore davantage qu'elle ne venait de lui en découvrir. Enfin il allait peut-être la quereller quand dom Sanche, qui cherchait de chambre en chambre le chemin du jardin qu'il avait manqué, et qui entendit la voix de Dorothée qui parlait à dom Juan, s'approcha d'elle avec le moins de bruit qu'il put, et fut pourtant entendu de dom Juan et des deux sœurs. Dans ce même temps dom Manuel entra dans la même chambre avec de la lumière que portaient devant lui quelques-uns de ses domestiques. Les deux rivaux se virent, et furent vus se regardant fièrement l'un l'autre, la main sur la garde de leurs épées. Dom Manuel se mit au milieu d'eux, et commanda à sa fille d'en choisir un pour mari, afin qu'il se battît contre l'autre. Dom Juan prit la parole, et dit que pour lui il cédait toutes ses prétentions s'il en pouvait avoir, au cavalier qu'il voyait devant lui. Dom Sanche dit la même chose, et ajouta que, puisque dom Juan avait été introduit chez don Manuel par sa fille, il y avait apparence qu'elle l'aimait et en était aimée ; que pour lui il mourrait mille fois plutôt que de se marier avec le moindre scrupule. Dorothée se jeta aux pieds de son père, et le conjura de l'entendre. Elle lui conta tout ce qui s'était passé entre elle et dom Sanche de Sylva, avant qu'il eût tué dom Diégue pour l'amour d'elle. Elle lui apprit que dom Juan de Péralte était ensuite devenu amoureux d'elle ; le dessein qu'elle avait eu de le désabuser, et de lui proposer de demander sa sœur en mariage ; et elle conclut que, si elle ne pouvait persuader son innocence à dom Sanche, elle voulait dès le jour suivant entrer dans un couvent pour n'en sortir jamais. Par sa relation les deux frères se reconnurent : dom Sanche se raccommoda avec Dorothée, qu'il demanda en mariage à dom Manuel ; don Juan demanda aussi Féliciane, et dom Manuel les reçut pour ses gendres, avec une satisfaction qui ne peut s'exprimer. Aussitôt que le jour parut, dom Sanche envoya quérir le marquis Fabio, qui vint prendre part à la joie de son ami. On tint l'affaire secrète jusqu'à tant que dom Manuel et le marquis eussent disposé un cousin, héritier de dom Diègue, à oublier la mort de son parent, et à s'accommoder avec dom Sanche. Pendant la négociation, le marquis Fabio devint amoureux de la sœur de ce cavalier, et la lui demanda en mariage. Il reçut avec beaucoup de joie une proposition si avantageuse à sa sœur, et dès lors se laissa aller à tout ce qu'on lui proposa en faveur de dom Sanche. Les trois mariages se firent en un même jour, tout y alla bien de part et d'autre, et même longtemps après ; ce qui est à considérer.

CHAPITRE XX.

De quelle façon le sommeil de Ragotin fut interrompu.

L'agréable Inézilla acheva de lire sa nouvelle, et fit regretter à tous ses auditeurs de ce qu'elle n'était pas plus longue. Tandis qu'elle la lut, Ragotin, qui, au lieu de l'écouter, s'était mis à entretenir son mari sur le sujet de la magie, s'endormit dans une chaise basse où il était ; ce que l'opérateur fit aussi. Le sommeil de Ragotin n'était pas tout-à-fait volontaire ; et, s'il eût pu résister aux vapeurs des viandes qu'il avait mangées en grande quantité, il eût été attentif par bienséance à la lecture de la nouvelle d'Inézilla. Il ne dormait donc pas de toute sa force, laissant souvent aller sa tête jusqu'à ses genoux, et la relevant tantôt demi-endormi, et tantôt se réveillant en sursaut, comme on fait plus souvent qu'ailleurs au sermon quand on s'y ennuie. Il y avait un bélier dans l'hôtellerie, à qui la canaille qui va et vient d'ordinaire en de semblables maisons, avait accoutumé de présenter la tête, les mains devant, contre lesquelles le bélier prenait sa course, et choquait rudement de sa tête, comme tous les béliers font de leur naturel. Cet animal allait sur sa bonne foi par toute l'hôtellerie, et entrait même dans les chambres, où on lui donnait souvent à manger. Il était dans celle de l'opérateur dans le temps qu'Inézilla lisait sa nouvelle. Il aperçut Ragotin, à qui le chapeau était tombé de la tête, et qui (comme je vous l'ai déjà dit) la haussait et la baissait souvent. Il crut que c'était un champion qui se présentait à lui pour exercer sa valeur contre la sienne. Il recula quatre ou cinq pas en arrière, comme on fait pour mieux sauter, et ainsi comme un cheval dans une carrière, alla heurter de sa tête armée de cornes celle de Ragotin qui était chauve par en haut. Il la lui aurait cassée comme un pot de terre, de la façon qu'il la choqua ; mais par bonheur pour Ragotin, il la prit dans le temps qu'il la haussait, et ainsi ne fit que lui froisser superficiellement le visage. L'action du bélier surprit tellement ceux qui la virent, qu'ils en demeurèrent comme en extase, sans toutefois oublier d'en rire. Si bien que le bélier qu'on faisait toujours choquer plus d'une fois, put sans empêchement reprendre autant de champ qu'il en fallait pour une seconde course, et vint inconsidérément donner dans les genoux de Ragotin, dans le temps que, tout étourdi du premier choc du bélier, et le visage écorché et sanglant en plusieurs endroits, il avait porté ses mains à ses yeux qui lui faisaient grand mal, ayant été également foulés l'un et l'autre, chacun de sa corne en particulier, parce que celles du bélier étaient entre elles à la même distance qu'étaient entre eux les yeux du malheureux Ragotin. Cette seconde attaque du bélier les lui fit ouvrir ; et il n'eut pas plus tôt reconnu l'auteur de son malheur, que, dans la colère où il était, il frappa de la main fermée le bélier par la tête, et se fit grand mal contre ses cornes. Il en enragea beaucoup, et encore plus d'entendre rire toute l'assistance qu'il querella en général, et sortit de la chambre en furie. Il sortait aussi de l'hôtellerie, mais l'hôte l'arrêta pour compter ; ce qui lui fut peut-être aussi fâcheux que les coups de cornes du bélier.

TROISIÈME PARTIE

CHAPITRE PREMIER.
Qui fait l'ouverture de cette troisième partie.

Vous avez vu, dans la seconde partie de ce roman, le petit Ragotin, le visage tout sanglant du coup que le bélier lui avait donné, quand il dormait assis sur une chaise basse dans la chambre des comédiens, d'où il était sorti si fort en colère, que l'on ne croyait pas qu'il y retournât jamais : mais il était trop piqué de mademoiselle de l'Étoile, et il avait trop d'envie de savoir le succès de la magie de l'opérateur; ce qui l'obligea, après s'être lavé la face, à retourner sur ses pas, pour voir quel effet aurait la promesse del signor Ferdinando Ferdinandi, qu'il crut avoir trouvé en la personne d'un avocat qu'il rencontra, et qui allait au palais. Il était si étourdi du coup du bélier, et avait l'esprit si troublé de celui que l'Étoile lui avait donné au cœur sans y penser, qu'il se persuada facilement que cet avocat était opérateur; aussi il l'aborda fort civilement, et lui tint ce discours : Monsieur, je suis ravi d'une si heureuse rencontre; je la cherchais avec tant d'impatience, que je m'en allais exprès à votre logis, pour apprendre de vous l'arrêt de ma vie ou de ma mort. Je ne doute pas que vous n'ayez employé tout ce que votre science magique vous a pu suggérer pour me rendre le plus fortuné de tous les hommes; aussi ne serais-je pas ingrat à le reconnaître. Dites-moi donc si cette miraculeuse Étoile me départira de ses bénignes influences. L'avocat qui n'entendait rien à tout ce beau discours, non plus que la raillerie, l'interrompit aussitôt, et lui dit fort brusquement : Monsieur Ragotin, s'il était un peu plus tard je croirais que vous êtes ivre ; mais il faut que vous soyez tout-à-fait fou. Eh! à qui pensez-vous parler? Que diable m'allez-vous dire de magie et d'influence des astres? Je ne suis ni sorcier ni astrologue : eh quoi! ne me connaissez-vous pas? Ah! monsieur, repartit Ragotin, que vous êtes cruel! vous êtes si bien informé de mon mal, et vous m'en refusez le remède? Ha! je..... Il allait poursuivre, quand l'avocat le laissa là, en lui disant : Vous êtes un grand extravagant, pour un petit homme; adieu. Ragotin le voulait suivre; mais il s'aperçut de sa méprise, dont il fut bien honteux; aussi ne s'en vanta-t-il pas; et vous ne la liriez pas ici, si je ne l'avais apprise de l'avocat même, qui s'en divertit bien avec ses amis. Ce petit fou continua son chemin et alla au logis des comédiens, où il ne fut pas plus tôt entré, qu'il entendit la proposition que la Caverne et Destin faisaient de quitter la ville du Mans, et de chercher quelque autre poste; sa chute n'eût pas été périlleuse (quand même cet accident lui serait arrivé) à cause de la modification de son individu. Mais ce qui l'acheva tout-à-fait, ce fut la résolution qui fut prise de dire adieu le lendemain à la bonne ville du Mans, c'est-à-dire à ses habitants, et notamment à ceux qui avaient été leurs plus fidèles auditeurs, et de prendre la route d'Alençon, à l'ordinaire, sur l'assurance qu'ils avaient cru que le bruit de peste qui avait couru était faux. J'ai dit à l'ordinaire, car ces sortes de gens (comme beaucoup d'autres) ont leur cours limité, comme celui du soleil dans le zodiaque. En ce pays-là ils viennent de Tours à Angers, d'Angers à la Flèche, de la Flèche au Mans, du Mans à Alençon, d'Alençon à Argentan ou Laval, selon la route qu'ils prennent de Paris ou de Bretagne. Quoiqu'il en soit, cela ne fait guère à notre roman. Cette délibération ayant été prise unanimement par les comédiens et comédiennes, ils résolurent de représenter le lendemain quelque excellente pièce pour laisser bonne bouche à l'auditoire manceau. Le sujet n'en est pas venu à ma connaissance. Ce qui les obligea de quitter si promptement, ce fut que le marquis d'Orsé, qui avait obligé la troupe à continuer la comédie, fut prêt de s'en aller en cour; tellement que, n'ayant plus de bienfaiteur, et l'auditoire du Mans diminuant tous les jours, ils se disposèrent à en sortir. Ragotin voulut s'ingérer d'y former une opposition, apportant beaucoup de mauvaises raisons dont il était toujours pourvu, mais auxquelles on ne fit nulle attention ; ce qui fâcha fort le petit homme, qui les pria de lui faire au moins la grâce de ne point sortir de la province du Maine, ce qui était très facile, en prenant le jeu de paume qui est au faubourg de Montfort, lequel en dépend, tant pour le spirituel que pour le temporel : et que de là ils pourraient aller à Laval qui est aussi du Maine, d'où ils se rendraient facilement en Bretagne, suivant la promesse qu'ils en avaient faite à monsieur de la Garouffière. Mais Destin lui rompit les chiens, en disant que ce ne serait point le moyen de faire leurs affaires ; car ce méchant tripot étant, comme il est, fort éloigné de la ville et au-deçà de la rivière, la belle compagnie ne s'y rendrait que rarement à cause de la longueur du chemin ; que le grand jeu de paume du marché aux moutons était environné de toutes les meilleures maisons d'Alençon, et au milieu de la ville ; que c'était là où il fallait se placer et payer plutôt quelque chose de plus que de ce malotru de tripot de Montfort, le bon marché duquel était une des plus fortes raisons de Ragotin : ce qui fut délibéré d'un commun accord, et qu'il fallait donner ordre d'avoir une charrette pour le bagage, et des chevaux pour les demoiselles. La charge en fut donnée à Léandre, parce qu'il avait beaucoup d'intrigue dans le Mans, où il n'est pas difficile à un honnête homme de faire en peu de temps des connaissances.

Le lendemain on représenta la comédie, tragédie pastorale, ou tragi-comédie, car je ne sais laquelle, mais qui eut pourtant le succès que vous pouvez penser. Les comédiennes furent admirées de tout le monde. Destin y réussit à merveille, surtout par le compliment dont il accompagna leur adieu ; car il témoigna tant de reconnaissance, qu'il exprima avec tant de douleur et de tendresse, qu'il charma toute la compagnie. On m'a dit que plusieurs personnes en pleurèrent, principalement les jeunes demoiselles qui avaient le cœur tendre. Ragotin en devint si immobile, que tout le monde était déjà sorti qu'il demeurait toujours dans sa chaise, où il aurait peut-être encore demeuré, si le marqueur du tripot ne l'eût averti qu'il n'y avait plus personne, ce qu'il eut bien de la peine à lui faire comprendre. Il se leva enfin et s'en alla dans sa maison, où il résolut d'aller trouver les comédiens de bon matin, pour leur découvrir ce qu'il

avait sur le cœur, et dont il s'était expliqué à la Rancune et à
l'Olive.

CHAPITRE II.

Où vous verrez le dessein de Ragotin.

Les crieurs d'eau-de-vie n'avaient pas encore réveillé ceux qui
dormaient d'un profond sommeil (qui est souvent interrompu
par cette canaille, à mon avis la plus importune engeance qui soit
dans la république humaine), que Ragotin était déjà habillé, à
dessein d'aller proposer à la troupe comique celui qu'il avait fait
d'y être admis. Il s'en alla donc au logis des comédiens et comédiennes, qui n'étaient pas encore levés, ni même éveillés : il eut
la discrétion de les laisser reposer ; mais il entra dans la chambre où l'Olive était couché avec la Rancune, lequel il pria de se
lever, pour faire une promenade jusqu'à la Cousture, qui est
une très belle abbaye située au faubourg qui porte le même
nom, et qu'après ils iraient déjeuner à la Grande Étoile d'Or, où
il l'avait fait apprêter. La Rancune, qui était du nombre de ceux
qui aiment les repues franches, fut aussitôt habillé que la proposition en fut faite ; ce qui ne vous sera pas difficile à croire, si
vous considérez que ces gens-là sont si accoutumés à s'habiller
et se déshabiller derrière les tentes du théâtre, surtout quand il
faut qu'un seul acteur représente deux personnages, que cela
est aussitôt fait que dit. Ragotin donc et la Rancune s'achemine-
rent à l'abbaye de la Cousture : il est à croire qu'ils entrèrent
dans l'église, où ils firent courte prière, car Ragotin avait bien
d'autres choses en tête. Il n'en dit pourtant rien à la Rancune
pendant le cours du chemin, jugeant bien qu'il eût trop retardé
le déjeuner, que la Rancune aimait beaucoup mieux que tous ses
compliments. Ils entrèrent dans le logis, où le petit homme commença à crier de ce que l'on n'avait pas encore apporté les petits pâtés qu'il avait commandés ; à quoi l'hôtesse, sans bouger de dessus son siége où elle était, lui repartit : Vraiment,
monsieur Ragotin, je ne suis pas devine pour savoir l'heure où
vous deviez venir ici : à présent que vous y êtes, les pâtés y seront bientôt : passez à la salle où l'on a mis la nappe ; il y a un

jambon, donnez dessus en attendant le reste. Elle dit cela d'un ton si gravement cabarétique, que la Rancune jugea qu'elle avait raison; et, s'adressant à Ragotin, lui dit : Monsieur, passons deçà, et buvons un coup en attendant; ce qui fut fait. Ils se mirent à table, qui fut couverte peu de temps après, et ils déjeunèrent à la mode du Mans, c'est-à-dire fort bien; ils burent de même à la santé de plusieurs personnes. Vous jugez bien, lecteur, que celle de l'Étoile ne fut pas oubliée : le petit Ragotin la but une douzaine de fois, tantôt sans bouger de sa place, tantôt debout et le chapeau à la main; mais, la dernière fois, il la but à genoux et tête nue, comme s'il eût fait amende honorable à la porte de quelque église. Ce fut alors qu'il supplia instamment la Rancune de lui tenir la parole qu'il lui avait donnée d'être son guide et son protecteur dans une entreprise aussi difficile que la conquête de mademoiselle de l'Étoile; sur quoi la Rancune lui répondit à demi en colère, ou feignant de l'être : Sachez, monsieur Ragotin, que je suis homme qui ne m'embarque point sans biscuit, c'est-à-dire que je n'entreprends jamais rien que je ne sois assuré d'y réussir; et soyez-le de la bonne volonté que j'ai de vous servir utilement. Je vous le dis encore, j'en sais les moyens que je mettrai en usage quand il sera temps. Mais je vois un grand obstacle à votre dessein, qui est notre départ; et je ne vois point de jour pour vous, si ce n'est en exécutant ce que je vous ai dit une autre fois, de vous résoudre à faire la comédie avec nous : vous y avez toutes les dispositions imaginables; vous avez grande mine, le ton de voix agréable, le langage fort bon, et la mémoire encore meilleure; vous ne ressentez point du tout le provincial : il semble que vous ayez passé toute votre vie à la cour; vous en avez si fort l'air, que vous le sentez d'un quart de lieue. Vous n'aurez pas représenté une douzaine de fois, que vous jetterez de la poussière aux yeux de nos jeunes godelureaux, qui font tant les entendus, et qui seront obligés de vous céder les premiers rôles, et, après cela, laissez-moi faire : car, pour le présent, je vous l'ai déjà dit, nous avons affaire à une étrange tête; il faut user avec elle de beaucoup d'adresse : je sais bien qu'il ne vous en manque pas, mais un peu d'avis ne gâte pas les choses. D'ailleurs, raisonnons un peu : si vous faisiez connaître votre dessein amoureux avant celui d'entrer dans la troupe, ce serait le moyen de vous faire refuser; il faut donc cacher votre jeu. Le petit bout d'homme avait été si attentif au discours de la Rancune, qu'il en était tout-à-fait extasié, s'imaginant de tenir déjà, comme on dit, le loup par les oreilles : quand, se réveillant comme d'un profond sommeil, il se leva de table et passa de l'autre côté, pour embrasser la Rancune, qu'il remercia en même temps, et supplia de continuer, lui protestant qu'il ne l'avait convié à déjeuner que pour lui déclarer le dessein qu'il avait de suivre son sentiment touchant la comédie, à quoi il était tellement résolu, qu'il n'y avait personne au monde qui pût l'en détourner; qu'il ne fallait que le faire savoir à la troupe, et en obtenir la faveur de l'association; ce qu'il désirait de faire à la même heure. Ils comptèrent avec l'hôtesse; Ragotin paya; et, étant sortis, ils prirent le chemin du logis des comédiens, qui n'était pas fort éloigné de celui où ils avaient déjeuné. Ils trouvèrent les demoiselles habillées; mais, comme la Rancune eut ouvert le discours du dessein de Ragotin de faire la comédie, il en fut interrompu par l'arrivée d'un des fermiers du père de Léandre qu'il lui envoyait pour l'avertir qu'il était malade à la mort, et qu'il souhaitait le voir avant de lui payer le tribut que tous les hommes lui doivent; ce qui obligea tous ceux de la troupe à conférer ensemble pour délibérer sur un événement si inopiné. Léandre tira Angélique à part, et lui dit que le temps était venu pour vivre heureux, si elle avait la bonté d'y contribuer; à quoi elle répondit qu'il ne tiendrait jamais à elle, et toutes les choses que vous verrez dans le chapitre suivant.

CHAPITRE III.

Dessein de Léandre. Harangue et réception de Ragotin dans la troupe comique.

Les jésuites de la Flèche n'ayant rien pu gagner sur l'esprit de Léandre pour lui faire continuer ses études, et voyant son assiduité à la comédie, jugèrent aussitôt qu'il était amoureux de quelqu'une des comédiennes; en quoi ils furent confirmés quand, après le départ de la troupe, ils apprirent qu'il l'avait suivie à Angers. Ils ne manquèrent pas d'en avertir son père par

un messager exprès, qui arriva en même temps que la lettre de
Léandre lui fut rendue, par laquelle il lui marquait qu'il allait à
la guerre, et lui demandait de l'argent, comme il l'avait concerté avec Destin quand il lui découvrit sa qualité dans l'hôtellerie où il était blessé. Son père, reconnaissant la fourbe, se mit
dans une furieuse colère, qui, jointe à une extrême vieillesse,
lui causa une maladie qui fut assez longue, mais qui se termina
pourtant par la mort; de laquelle se voyant proche, il commanda à un de ses fermiers de chercher son fils pour l'obliger à
se retirer auprès de lui, lui disant qu'il pourrait le trouver en
demandant où il y avait des comédiens, ce que le fermier savait
assez, car c'était lui qui lui fournissait de l'argent après qu'il eut
quitté le collège. Aussi, ayant appris qu'il y en avait une troupe
au Mans, il s'y achemina, et y trouva Léandre, comme vous l'avez vu dans le chapitre précédent. Ragotin fut prié par tous
ceux de la troupe de les laisser conférer un moment sur le sujet
du fermier nouvellement arrivé; ce qu'il fit en se retirant dans
une autre chambre, où il demeura avec l'impatience qu'on peut
s'imaginer. Aussitôt qu'il fut sorti, Léandre fit entrer le fermier
de son père, lequel leur déclara l'état où il était, et le désir qu'il
avait de voir son fils avant de mourir. Léandre demanda congé
pour y satisfaire; ce que tous ceux de la troupe jugèrent très
raisonnable. Ce fut alors que Destin déclara le secret qu'il avait
tenu caché jusqu'alors, touchant la qualité de Léandre; ce qu'il
n'avait appris qu'après le ravissement de mademoiselle Angélique, comme vous l'avez vu dans la seconde partie de cette véritable histoire, ajoutant qu'ils avaient bien pu s'apercevoir qu'il
n'agissait pas avec lui, depuis qu'il l'avait appris, comme il faisait auparavant, puisque même il avait pris un autre valet; que
si quelquefois il était contraint de lui parler en maître, c'était
pour ne le découvrir pas; mais qu'à présent il n'était plus temps
de le céler, tant pour désabuser mademoiselle la Caverne, qui
n'avait pu ôter de son esprit que Léandre ne fût complice de
l'enlèvement de sa fille, ou peut-être l'auteur, que pour l'assurer de l'amour sincère qu'il lui portait, et pour laquelle il s'était
réduit à lui servir de valet; ce qu'il aurait continué s'il n'eût été
obligé de lui déclarer le secret lorsqu'il le trouva dans l'hôtellerie quand il allait à la quête de mademoiselle Angélique. Et tant

s'en faut qu'il eût consenti à son enlèvement, qu'ayant trouvé les ravisseurs, il avait hasardé sa vie pour la secourir; mais qu'il n'avait pu résister à tant de gens, qui l'avaient furieusement blessé et laissé pour mort sur la place. Tous ceux de la troupe lui demandèrent pardon de ce qu'ils ne l'avaient pas traité selon sa qualité; mais qu'ils étaient excusables, puisqu'ils n'en avaient pas la connaissance. Mademoiselle de l'Étoile ajouta qu'elle avait remarqué beaucoup d'esprit et de mérite en sa personne; ce qui l'avait fait longtemps soupçonner quelque chose, en quoi elle avait comme été confirmée depuis son retour, joint à cela les lettres que la Caverne lui avait fait voir; que pourtant elle ne savait quel jugement en faire, le voyant si soumis au service de son frère; mais qu'à présent il n'y avait pas lieu de douter de sa qualité. Alors la Caverne prit la parole, et, s'adressant à Léandre, lui dit: Vraiment, monsieur, après avoir connu en quelque façon votre condition par le contenu des lettres que vous écriviez à ma fille, j'avais toujours un juste sujet de me défier de vous, n'y ayant point d'apparence que l'amour que vous dites avoir pour elle fût légitime, comme le dessein que vous aviez formé de la mener en Angleterre me le témoigne assez. Et en effet, monsieur, quelle apparence qu'un seigneur si relevé, comme vous espérez l'être après la mort de monsieur votre père, voulût songer à épouser une pauvre comédienne de campagne? Je loue Dieu que le temps soit venu que vous pourrez vivre content dans la possession de ces belles terres qu'il vous laisse, et moi hors de l'inquiétude qu'à la fin vous ne me jouassiez quelque mauvais tour. Léandre, qui s'était fort impatienté en écoutant ce discours de la Caverne, lui répondit: Tout ce que vous dites, mademoiselle, que je suis sur le point de posséder, ne saurait me rendre heureux, si je ne suis assuré en même temps de la possession de mademoiselle Angélique votre fille; sans elle je renonce à tous les biens que la nature ou plutôt la mort de mon père me donne, et je vous déclare que je ne m'en vais recueillir sa succession qu'à dessein de revenir aussitôt pour accomplir la promesse que je fais devant cette honorable compagnie, de n'avoir jamais pour femme que mademoiselle Angélique votre fille, pourvu qu'il vous plaise me la donner et qu'elle y consente, comme je vous en supplie très humblement toutes deux. Et ne vous imaginez pas que je veuille l'emmener chez moi; c'est à quoi je ne pense pas du tout. J'ai trouvé tant de charmes en la vie comique, que je ne saurais m'en distraire, ni me séparer de tant d'honnêtes gens qui composent cette illustre troupe. Après cette franche déclaration, les comédiens et les comédiennes, parlant tous ensemble, lui dirent qu'ils lui avaient de grandes obligations de tant de bontés, et que mademoiselle de la Caverne et sa fille seraient bien délicates si elles ne lui donnaient la satisfaction qu'il prétendait. Angélique ne répondit que comme une fille qui dépendait de sa mère, laquelle finit la conversation en disant à Léandre que, si à son retour il était dans les mêmes sentiments, il pouvait tout espérer. Ensuite il y eut de grands embrassements, et quelques larmes versées, les unes par un motif de joie, et les autres par la tendresse, qui fait ordinairement pleurer ceux qui en sont si susceptibles, qu'ils ne sauraient s'en empêcher quand ils voient ou entendent dire quelque chose de tendre. Après tous ces beaux compliments il fut conclu que Léandre s'en irait le lendemain, et qu'il prendrait un des chevaux que l'on avait loués; mais il dit qu'il monterait celui de son fermier, qui se servirait du sien qui le porterait bien chez lui. Nous ne prenons pas garde, dit Destin, que monsieur Ragotin s'impatiente; il faut le faire entrer. Mais à propos, n'y a-t-il personne qui sache quelque chose de son dessein ? La Rancune, qui n'avait point parlé, ouvrit la bouche pour dire qu'il le savait, et que le matin il lui avait donné à déjeuner pour lui déclarer qu'il désirait de s'associer à la troupe et faire la comédie, sans prétendre lui être à charge, parce qu'il avait assez de bien; qu'il aimait autant le dépenser en voyant le monde, que de demeurer au Mans; à quoi il l'avait fort porté. Aussitôt Roquebrune s'avança pour dire poétiquement qu'il n'était pas d'avis qu'on le reçût, en étant des poètes comme des femmes, quand il y en a deux dans une maison il y en a une de trop; que deux poètes dans une troupe y pourraient exciter des tempêtes, dont la source viendrait des contrariétés du Parnasse; d'ailleurs, que la taille de Ragotin était si défectueuse, qu'au lieu d'apporter de l'ornement au théâtre, il en serait déshonoré. Et puis, quel personnage pourra-t-il faire ? Il n'est pas capable des premiers rôles : monsieur Destin s'y opposerait, et l'Olive pour les seconds; il ne saurait représenter un roi, non plus qu'une confidente, car il aurait aussi mauvaise mine sous le masque qu'à visage découvert; et ainsi je conclus qu'il ne soit pas reçu. Et moi, repartit la Rancune, je soutiens qu'on doit le recevoir, et qu'il sera fort propre pour représenter un nain quand il en sera besoin, ou quelque monstre comme celui de l'Andromède; cela sera plus naturel que d'en faire d'artificiels. Et quant à la déclamation, je puis vous assurer que ce sera un autre Orphée, qui attirera tout le monde après lui. Dernièrement quand nous cherchions mademoiselle Angélique, l'Olive et moi, nous le rencontrâmes monté sur un mulet semblable à lui, c'est-à-dire petit. Comme nous marchions, il se mit à déclamer des vers de Pyrame avec tant d'emphase, que des passants qui conduisaient des ânes s'approchèrent du mulet, et l'écoutèrent avec tant d'attention, qu'ils ôtèrent leurs chapeaux de leurs têtes pour le mieux entendre, et le suivirent jusqu'au logis où nous nous arrêtâmes pour boire un coup. Si donc il a été capable d'attirer l'attention de ces âniers, jugez de ce que feront ceux qui sont capables de discerner les belles choses. Cette saillie fit rire tous ceux qui l'avaient entendue, et l'on fut d'avis de faire entrer Ragotin pour l'entendre lui-même. On l'appela, il vint, il entra; et, après avoir fait une douzaine de révérences, il commença sa harangue en cette sorte : Illustres personnages, auguste sénat du Parnasse (il s'imaginait sans doute d'être dans le barreau du présidial du Mans, où il n'était guère entré depuis qu'il y avait été reçu avocat, ou dans l'académie des puristes), l'on dit, en commun proverbe, que les mauvaises compagnies corrompent les bonnes mœurs, et, par un contraire, les bonnes compagnies dissipent les mauvaises, et rendent les personnes semblables à ceux qui les composent. Cet exorde si bien débité fit croire aux comédiennes qu'il allait faire un sermon; car elles tournèrent la tête, et eurent beaucoup de peine à s'empêcher de rire. Quelque critique glosera peut-être sur ce mot de sermon; mais pourquoi Ragotin n'eût-il pas été capable d'une telle sottise, puisqu'il avait bien fait chanter des chants d'église en sérénade avec des orgues? Mais il continua : Je me trouve si destitué de vertus que je désire m'associer à votre illustre troupe pour en apprendre, et pour m'y façonner; car vous êtes les interprètes des muses, les échos vivants de leurs chers nourrissons; et vos mérites sont si connus à toute la France, que l'on vous admire jusqu'au delà des pôles. Pour vous, mesdemoiselles, vous charmez tous ceux qui vous considèrent, et l'on ne saurait entendre l'harmonie de vos belles voix, sans être ravi en admiration : aussi, beaux anges en chair et en os, tous les plus doctes poètes ont-ils rempli leurs vers de vos louanges. Les Alexandre et les César n'ont jamais égalé la valeur de monsieur Destin et des autres héros de cette illustre troupe. Il ne faut donc pas vous étonner si je désire avec tant de passion d'en accroître le nombre, ce qui vous sera facile si vous me faites l'honneur de m'y recevoir. Au reste, je ne veux point vous être à charge, ni ne prétends participer aux émoluments du théâtre, mais seulement être votre très humble et très obéissant serviteur. On le pria de sortir pour un moment, afin que l'on pût résoudre sur le sujet de sa harangue, et y procéder dans les formes. Il sortit, et l'on commençait d'opiner quand le poète se jeta à la traverse pour former une seconde opposition; mais il fut relancé par la Rancune, qui l'eût encore poussé s'il n'eût regardé son habit neuf qu'il avait acheté de l'argent qu'il lui avait prêté. Enfin il fut conclu que Ragotin serait reçu pour être le divertissement de la compagnie. On l'appela, et quand il fut entré Destin prononça en sa faveur. On fit les cérémonies accoutumées, il fut écrit sur le registre, prêta le serment de fidélité : on lui donna le mot auquel tous les comédiens se reconnaissent, et il soupa ce soir-là avec toute la caravane.

CHAPITRE IV.

Départ de Léandre et de la troupe comique pour aller à Alençon, disgrâce de Ragotin.

Après le souper, il n'y eut personne qui ne félicitât Ragotin de l'honneur qu'on lui avait fait de le recevoir dans la troupe; de quoi il s'enfla si fort que son pourpoint s'en ouvrit en deux endroits. Cependant Léandre prit occasion d'entretenir sa chère Angélique, à laquelle il réitéra le dessein qu'il avait fait de l'épouser; mais il le dit avec tant de douceur qu'elle ne lui répondit que des deux yeux, d'où elle laissa couler quelques larmes; je ne sais si ce fut de joie des belles promesses de Léandre ou de son départ : quoi qu'il en soit, ils se firent beaucoup de caresses, la Caverne n'y apportant plus d'obstacle. La nuit étant déjà fort avancée, il fallut se retirer. Léandre prit congé de toute la compagnie, et s'en fut se coucher. Le lendemain, il se leva de bon matin, partit avec le fermier de son père, et fit tant par ses journées qu'il arriva en la maison de son père, qui était malade, lequel lui témoigna d'être bien aise de sa venue; et, selon que ses forces le lui permirent, il exprima la douleur que lui avait causée son absence, et lui dit ensuite qu'il avait bien de la joie de le revoir, pour lui donner sa dernière bénédiction, et avec elle tous ses biens, nonobstant l'affliction qu'il avait eue de sa mauvaise conduite; mais qu'il croyait qu'il en userait mieux à l'avenir : nous apprendrons la suite à son retour. Les comédiens et comédiennes étaient habillés, chacun amassa ses nippes; on remplit les coffres, on fit les balles du bagage comique, et on prépara tout pour partir. Il manquait un cheval pour une des demoiselles, parce qu'un de ceux qui les avaient loués s'était dédit; on priait l'Olive d'en chercher un autre, quand Ragotin entra, lequel, ayant entendu cette proposition, dit qu'il n'en était pas besoin, parce qu'il en avait un pour porter mademoiselle de l'Etoile ou Angélique en croupe; attendu qu'à son avis on ne pourrait pas aller en un jour à Alençon, y ayant dix grandes lieues du Mans; qu'en y mettant deux jours, comme il le fallait nécessairement, son cheval ne serait pas trop fatigué de porter deux personnes. Mais l'Etoile, l'interrompant, lui dit qu'elle ne pourrait pas se tenir en croupe; ce qui affligea fort le petit homme, qui fut un peu consolé quand Angélique dit qu'elle le ferait bien, elle. Ils déjeunèrent tous, et l'opérateur et sa femme furent de la partie. Mais, pendant qu'on apprêtait le déjeuner, Ragotin prit l'occasion pour parler au seigneur Ferdinandi, auquel il fit la même harangue qu'il avait faite à l'avocat dont nous avons parlé quand il le prenait pour lui, à laquelle il répondit qu'il n'avait rien oublié pour mettre tous les secrets de la magie en pratique, mais sans aucun effet, ce qui l'obligeait de croire que l'Etoile était plus grande magicienne qu'il n'était magicien;

qu'elle avait des charmes beaucoup plus puissants que les siens, et que c'était une dangereuse personne, qu'il avait grand sujet de craindre. Ragotin voulait repartir, mais on le pressa de se laver les mains et de se mettre à table; ce qu'ils firent tous. Après le déjeuner, Inézilla témoigna à tous ceux de la troupe, et prin-

Départ des comédiens.

cipalement aux demoiselles, le déplaisir qu'elle et son mari avaient d'un départ si prompt, leur protestant qu'ils eussent bien désiré de les suivre à Alençon, pour avoir l'honneur de leur conversation plus longtemps; mais qu'ils seraient obligés de monter sur le théâtre pour débiter leurs drogues, et par conséquent faire des farces; que, cela étant public et ne coûtant rien, le monde y va plus facilement qu'à la comédie, où il faut donner de l'argent, et qu'ainsi, au lieu de les servir, ils leur pourraient nuire, et que, pour l'éviter, ils avaient résolu de monter au Mans après leur départ. Alors ils s'embrassèrent les uns les autres, et se dirent mille douceurs. Les demoiselles pleurèrent, et enfin tous se firent de grands compliments, à la réserve du poète, qui, en d'autres occasions, eût parlé plus que quatre, et en celle-ci demeura muet, la séparation d'Inézilla lui ayant été un si furieux coup de foudre qu'il ne put jamais le parer, quoiqu'il s'estimât tout couvert des lauriers du Parnasse. La charrette était chargée et prête à partir, la Caverne y prit place au même endroit que vous l'avez vue au commencement de ce roman. L'Étoile monta sur un cheval que Destin conduisait, et Angélique se mit derrière Ragotin, qui avait pris avantage en montant à cheval, pour éviter un second accident de sa carabine qu'il n'avait pourtant pas oubliée, car il l'avait pendue à sa bandoulière; tous les autres allèrent à pied, dans le même ordre qu'ils étaient arrivés au Mans. Quand ils furent dans un petit bois qui est au bout du pavé, environ à une lieue de la ville, un cerf, qui était poursuivi par les gens de M. le marquis de Lavardin, traversa le chemin, et fit peur au cheval de Ragotin, qui allait devant; ce qui lui fit quitter l'étrier et mettre en même temps la main à sa carabine : mais, comme il le fit avec précipitation, le talon se trouva justement sous son aisselle; et, comme il avait la main à la détente, le coup partit, et, parce qu'il l'avait beaucoup chargée et à balle, elle le repoussa si furieusement, qu'elle le renversa par terre; et, en tombant, le bout de la carabine donna contre les reins d'Angélique, qui tomba aussi, mais sans se faire aucun mal, car elle se trouva sur ses pieds; pour Ragotin, il donna de la tête contre la souche d'un vieil arbre pourri, qui était environ un pied hors de terre, qui lui fit une assez grosse bosse au-dessus de la tempe; on y mit une pièce d'argent, et on lui banda la tête avec un mouchoir : ce qui excita de grands éclats de rire à tous ceux de la troupe, ce qu'ils n'eussent peut-être pas fait si le mal eût été plus grand; encore ne sait-on, car il est bien difficile de s'en empêcher en pareille occasion : aussi ils s'en régalèrent comme il faut, ce qui pensa faire enrager le petit homme, qui aussi fut remonté sur son cheval, et Angélique, qui ne lui permit pas de recharger sa carabine, comme il le voulait faire, et l'on continua de marcher jusqu'à la Guerche, où l'on fit repaître les quatre chevaux qui étaient attelés à la charrette et les deux autres porteurs. Tous les comédiens goûtèrent; pour les demoiselles, elles se mirent sur un lit, autant pour se reposer que pour considérer les hommes, qui buvaient à qui mieux mieux, surtout la Rancune et Ragotin (à qui l'on avait débandé la tête, à laquelle la pièce d'argent avait répercuté la contusion), qui se le portaient à une santé qu'ils s'imaginaient que personne n'entendait; ce qui obligea Angélique à crier : Monsieur, prenez garde à vous, et songez à bien conduire votre voiture; ce qui démonta un peu le petit avocat encomédienné, qui fit aussitôt cession d'armes, ou plutôt de verres avec la Rancune. On paya l'hôtesse, on remonta à cheval, et la caravane comique marcha. Le temps était beau, et le chemin de même, ce qui fut cause qu'ils arrivèrent de bonne heure à un bourg qu'on appelle Vivain. Ils descendirent au Coq-Hardi, qui est le meilleur logis; mais l'hôtesse, qui n'était pas la plus agréable du Maine, fit quelque difficulté de les recevoir, disant qu'elle avait beaucoup de monde, entre autres un receveur des tailles de la province, et un autre receveur des épices du présidial du Mans, avec quatre ou cinq marchands de toile. La Rancune, qui songea aussitôt à faire quelque tour de son métier, lui dit qu'ils ne demandaient qu'une chambre pour les demoiselles; que, pour les hommes, ils se coucheraient comme ils pourraient, et qu'une nuit était bientôt passée; ce qui adoucit un peu la fierté de la dame cabaretière. Ils entrèrent donc, et l'on ne déchargea point la charrette; car il y avait dans la basse-cour une remise de carrosse, où on la mit, et on la ferma à la clef; et l'on donna aux comédiennes une chambre où tous ceux de la troupe soupèrent, et quelque temps après les demoiselles se couchèrent dans deux lits qu'il y avait, savoir l'Etoile dans un, et la Caverne et sa fille Angélique dans l'autre. Vous jugez bien qu'elles ne manquèrent pas de fermer la porte, aussi bien que les deux receveurs, qui se retirèrent aussi dans une autre chambre, où ils firent porter leurs valises, qui étaient pleines d'argent sur lequel la Rancune ne put pas mettre la main, car ils se précautionnèrent bien ; mais les marchands payèrent pour eux. Ce méchant homme eut assez de prévoyance pour être logé dans la même chambre où ils avaient fait porter leurs balles. Il y avait trois lits, dont les marchands en occupaient deux, et l'Olive et la

Je suis mort, on m'a donné un coup d'épée dans les reins.

Rancune l'autre, lequel ne dormit point : mais quand il connut que les autres dormaient ou devaient dormir, il se leva doucement pour faire son coup, qui fut interrompu par un des marchands, auquel il était survenu un mal de ventre, avec une envie de le décharger ; ce qui l'obligea à se lever, et la Rancune à regagner le lit. Cependant le marchand, qui logeait ordinairement dans ce logis, et qui en savait toutes les issues, alla par la porte qui conduisait à la petite galerie au bout de laquelle étaient les lieux communs; ce qu'il fit pour ne donner pas de mauvaise odeur aux vénérables comédiens. Quand il se fut vidé, il retourna au bout de la galerie; mais, au lieu de prendre le chemin qui conduisait à la chambre d'où il était parti, il prit de l'autre côté, et descendit dans la chambre où les receveurs étaient couchés (car les deux chambres et les montées étaient disposées de la sorte); il s'approcha du premier lit qu'il rencontra, croyant que ce fût le sien, et une voix à lui inconnue, lui demanda : Qui est là? Il passa sans rien dire à l'autre lit, où on lui dit la même chose, mais d'un ton plus élevé et en criant : L'hôte! de la chandelle, il y a quelqu'un dans notre chambre. L'hôte fit lever une servante; mais, avant qu'elle fût en état de comprendre qu'il fallait de la lumière, le marchand eut le loisir de remonter et de descendre par où il était allé. La Rancune, qui entendait tout ce débat, car il n'y avait qu'une simple cloison d'ais entre les deux chambres, ne perdit pas de temps, mais dénoua habilement les cordes des deux balles, dans chacune desquelles il prit deux pièces de toile, et renoua ces cordes comme si personne n'y eût touché; car il savait le secret qui n'est connu que de ceux du métier, non plus que leur numéro et leurs chiffres. Il voulait en attaquer une autre quand le marchand entra dans la chambre, et, ayant entendu marcher, dit : Qui est là? La Rancune, qui ne manquait point de repartie, après avoir fourré les quatre pièces de toile dans le lit, dit qu'on avait oublié de mettre un pot de chambre, et qu'il cherchait la fenêtre pour pisser. Le marchand, qui n'était pas encore recouché, lui dit : Attendez, monsieur, je vais l'ouvrir, car je sais mieux où elle est que vous : il l'ouvrit et se remit au lit. La Rancune s'approcha de la fenêtre, par laquelle il pissa aussi copieusement que quand il arrosa un marchand du Bas-Maine, avec qui il était couché dans un cabaret de la ville du Mans, comme vous l'avez vu dans le sixième chapitre de la première partie de ce roman; après quoi il retourna se coucher sans fermer la fenêtre. Le marchand cria qu'il ne devait pas l'avoir laissée ouverte, et l'autre lui cria encore plus haut qu'il la fermât s'il voulait; que pour lui il n'eût pas pu retrouver son lit dans l'obscurité, ce qui n'était pas quand elle était ouverte, parce que la lune luisait bien fort dans la chambre. Le marchand, appréhendant qu'il ne lui voulût faire une querelle d'Allemand, se leva sans lui repartir, ferma la fenêtre et se remit au lit, où il ne dormit pas, dont bien lui prit, car sa balle n'eût pas eu meilleur marché que les autres. Cependant l'hôte et l'hôtesse criaient à la chambrière d'allumer vite la chandelle : elle s'en mettait en devoir; mais, comme il arrive ordinairement, que plus on s'empresse moins on avance, aussi cette misérable servante souffla des charbons plus d'une heure sans pouvoir l'allumer. L'hôte et l'hôtesse lui donnaient mille malédictions; et les receveurs criaient toujours plus fort : De la chandelle! Enfin, quand elle fut allumée, l'hôte, l'hôtesse et la servante montèrent à leur chambre, où, n'ayant trouvé personne, ils leur dirent qu'ils avaient grand tort de mettre ainsi tous ceux du logis en alarme; eux soutenaient toujours d'avoir vu et entendu un homme et de lui avoir parlé. L'hôte passa de l'autre côté, et demanda aux comédiens et aux marchands si quelqu'un d'eux était sorti. Ils dirent tous que non : à la réserve de monsieur, dit un des marchands, parlant de la Rancune, qui s'est levé pour pisser par la fenêtre, car on n'a point donné de pot de chambre. L'hôte gronda fort la servante de ce manquement, et alla retrouver les receveurs, auxquels il dit qu'il fallait qu'ils eussent fait quelque mauvais songe, car personne n'avait bougé; et, après leur avoir dit qu'ils dormissent bien, et qu'il n'était pas encore jour, ils se retirèrent. Sitôt que le jour fut venu, la Rancune se leva, et demanda la clef de la remise, où il entra pour cacher les quatre pièces de toile qu'il avait dérobées, et qu'il mit dans une des balles de la charrette.

CHAPITRE V.

Ce qui arriva aux comédiens entre Vivain et Alençon. Autre disgrâce de Ragotin.

Tous les héros et héroïnes de la troupe comique partirent de bon matin, prirent le chemin d'Alençon, et arrivèrent heureusement au Bourg-le-Roi, que le vulgaire appelle le Boulcroy, où ils dînèrent et se reposèrent quelque temps, pendant lequel on mit en avant si on passerait par Arsonnay, qui est un village à une lieue d'Alençon, ou si l'on prendrait de l'autre côté, pour éviter Barée, qui est un chemin où, pendant les plus grandes chaleurs de l'été, il y a de la boue, où les chevaux enfoncent jusqu'aux sangles. On consulta là-dessus le charretier, qui assura qu'il passerait partout, ses quatre chevaux étant les meilleurs de tous les attelages du Mans; d'ailleurs, qu'il n'y avait qu'environ cinq cents pas de mauvais chemin, et que celui des communes de Saint-Pater, où il faudrait passer, n'était guère plus beau et beaucoup plus long; qu'il n'y aurait que les chevaux et la charrette qui entreraient dans la boue, parce que les gens de pied passeraient dans les champs, quittes pour enjamber certaines fascines qui ferment les terres afin que les chevaux n'y puissent pas entrer : on les appelle en ce pays-là des éthaliers. Ils enfilèrent donc ce chemin-là. Mademoiselle de l'Etoile dit qu'on l'avertît quand on en serait près, parce qu'elle aimait mieux aller à pied en beau chemin, qu'à cheval dans la boue. Angélique en dit autant, et aussi la Caverne, qui appréhenda que la charrette ne versât. Quand ils furent sur le point d'entrer dans ce mauvais chemin, Angélique descendit de la croupe du cheval de Ragotin, Destin fit mettre pied à terre à l'Etoile, et l'on aida à la Caverne à descendre de la charrette. Roquebrune monta sur le cheval de l'Etoile, et suivit Ragotin qui allait après la charrette. Quand ils furent au plus boueux du chemin, et à un lieu où il n'y avait d'espace que pour la charrette, quoique le chemin fût fort large, ils rencontrèrent une vingtaine de chevaux de voiture que cinq ou six paysans conduisaient, et qui se mirent à crier au charretier de reculer. Le charretier leur criait encore plus fort : Reculez vous-mêmes, vous le ferez plus facilement que moi. De détourner ou à droite ou à gauche, cela ne se pouvait, car de chaque côté il n'y avait que des fondrières insondables. Les voituriers voulant faire les mauvais, s'avancèrent si brusquement contre la charrette et criant si fort, que les chevaux en prirent tant de peur qu'ils en rompirent leurs traits, et se jetèrent dans les fondrières; le timonier se détourna tant soit peu sur la gauche, ce qui fit avancer la roue du même côté, qui, pour ne point trouver de ferme, fit verser la charrette. Ragotin, tout bouffi d'orgueil et de colère, criait comme un démoniaque contre les voituriers, croyant pouvoir passer au côté droit où il voulait joindre les voituriers, qu'il menaçait de sa carabine pour les faire reculer. Il s'avança donc ; mais son cheval s'embourba si fort, que tout ce qu'il put faire ce fut de désétriver promptement, de désarçonner en même temps, et de mettre pied à terre ; mais il enfonça jusqu'aux aisselles, et s'il n'eût pas étendu les bras, il eût enfoncé jusqu'au menton. Cet accident si imprévu fit arrêter tous ceux qui passaient dans les champs, pour penser à y remédier. Le poète, qui avait bravé la fortune, s'arrêta doucement, et fit reculer son cheval jusqu'à ce qu'il eût trouvé le sec. Les voituriers, voyant tant d'hommes qui avaient tous chacun un fusil sur l'épaule et une épée au côté, reculèrent sans bruit de peur d'être battus, et prirent un autre chemin. Cependant il fallut songer à remédier à tout ce désordre, et l'on dit qu'il fallait commencer par M. Ragotin et par son cheval, car ils étaient tous deux en grand péril. L'Olive et la Rancune furent les premiers qui s'en mirent en devoir ; mais quand ils voulurent s'en approcher, ils enfoncèrent jusqu'aux cuisses, et ils auraient encore enfoncé s'ils eussent avancé davantage ; tellement qu'après avoir sondé en plusieurs endroits sans y trouver du ferme, la Rancune, qui avait toujours des expédients d'un homme de son naturel, dit sans rire qu'il n'y avait point d'autre remède, pour tirer M. Ragotin du danger où il était, que de prendre la corde de la charrette, qu'aussi bien il fallait décharger, et la lui attacher au cou, et le faire tirer par les chevaux qui s'étaient remis dans le grand chemin. Cette proposition fit rire tous ceux de la compagnie, mais non pas Ragotin, qui en eut autant de peur comme lorsque la Rancune lui voulait couper son chapeau sur le visage, quand il l'avait enfoncé dedans. Mais le charretier, qui s'était hasardé pour relever les chevaux, le fit encore pour Ragotin ; il s'approcha de lui, et à diverses reprises le sortit et le conduisit dans le champ où étaient les comédiennes, qui ne purent s'empêcher de rire le voyant en si bel équipage ; elles se contraignirent pourtant tant qu'elles purent. Cependant le charretier retourna son cheval, qui, étant assez vigoureux, sortit avec un peu d'aide, et alla trouver les autres ; ensuite de quoi l'Olive, la Rancune et le même charretier, qui étaient déjà tous pleins de boue, déchargèrent la charrette, la remuèrent et la rechargèrent. Elle fut aussitôt réattelée, et les chevaux la sortirent de ce mauvais pas. Ragotin remonta sur son cheval avec peine, car le harnais était tout rompu; mais Angélique ne voulut pas se remettre derrière lui, pour ne point gâter ses habits. La Caverne dit qu'elle irait bien à pied, ce que fit aussi l'Etoile,

Ragotin embourbé.

que Destin continua de conduire jusqu'aux Chênes-Verts, qui est le premier logis que l'on trouve en venant du Mans au faubourg de Montfort, où ils s'arrêtèrent, n'osant pas entrer dans un si étrange désordre. Après que ceux qui avaient travaillé eurent bu, ils employèrent le reste du jour à faire sécher leurs habits, après en avoir pris d'autres dans les coffres que l'on avait déchargés; car ils en avaient eu chacun un en présent de la noblesse manœlle. Les comédiennes soupèrent légèrement, lasses du chemin qu'elles avaient été contraintes de faire à pied ; ce qui les obligea aussi à se coucher de bonne heure. Les comédiens ne se couchèrent qu'après avoir bien soupé. Les uns et les autres étaient à leur premier sommeil, environ sur les onze heures, quand une troupe de cavaliers frappèrent à la porte de l'hôtellerie. L'hôte répondit que son logis était plein, et d'ailleurs qu'il était heure indue. Ils recommencèrent à frapper plus fort, en menaçant d'enfoncer. Destin, qui avait toujours Saldagne en tête, crut que c'était lui qui venait à force ouverte pour enlever l'Etoile ; mais ayant regardé par la fenêtre, il aperçut, à la faveur de la clarté de la lune, un homme qui avait les mains liées par derrière ; ce qu'ayant dit fort bas à ses compagnons, qui étaient tous ainsi que lui en état de le bien recevoir, Ragotin dit assez haut que c'était M. de la Rappinière qui avait pris quelque voleur ; car il en était à la quête. Ils furent confirmés dans cette opinion quand ils entendirent commander à l'hôte d'ouvrir de par le roi. Mais pourquoi diable, dit la Rancune, ne l'a-t-il pas mené au Mans, ou à Beaumont-le-Vicomte ou au pis-aller à Fresnay? car, quoique ce bourg soit du Maine, il n'y a point de prison ; il faut qu'il y ait là du mystère. L'hôte fut contraint d'ouvrir à la Rappinière, qui entra avec dix archers, lesquels menaient un homme attaché, comme je viens de vous le dire, et qui ne faisait que rire, surtout quand il regardait la Rappinière ; ce qu'il faisait fixement, contre l'ordinaire des criminels ; et c'est la première raison pourquoi il ne le mena pas au Mans. Or, vous saurez que la Rappinière ayant appris que l'on avait fait plusieurs voleries et pillé quelques maisons champêtres, il se mit en devoir de chercher les malfaiteurs. Comme lui et ses archers approchaient de la forêt de Persaine, ils virent un homme qui en sortait ; mais quand il aperçut cette troupe d'hommes à cheval, il reprit le chemin du bois ; ce qui fit juger à la Rappinière que ce pouvait en être un. Il piqua si fort, et ses gens aussi, qu'ils attrapèrent cet homme, qui ne répondit qu'en termes confus aux interrogats que la Rappinière lui fit ; mais il ne parut pas confus ; au contraire, il se mit à rire et à regarder fixement la Rappinière, qui plus il le considérait, plus il s'imaginait l'avoir vu autrefois, et il ne se trompait pas ; mais du temps qu'ils s'étaient vus, on portait les cheveux courts et de grandes barbes, et cet homme-là avait la chevelure fort longue et point de barbe, et d'ailleurs ses habits étaient différents; tout cela lui en ôtait la connaissance. Il le fit néanmoins attacher à un banc de la table de la cuisine, qui était à dossier antique, le laissa en la garde de deux archers, et alla se coucher après avoir fait un peu la collation.

Le lendemain, Destin se leva le premier, et, en passant par la cuisine, il vit les archers endormis sur une méchante paillasse, et un homme attaché à un des bancs de la table, lequel lui fit signe d'approcher, ce qu'il fit; mais il fut fort étonné quand le prisonnier lui dit : Vous souvient-il quand vous fûtes attaqué à Paris sur le Pont-Neuf, où vous fûtes volé, principalement d'une boîte de portrait? J'étais alors avec le sieur de la Rappinière, qui était notre capitaine; ce fut lui qui me fit avancer pour vous attaquer : vous savez tout ce qui se passa. J'ai appris que vous avez tout su de Doguin à l'heure de sa mort, et que la Rappinière vous a rendu votre boîte. Vous avez une belle occasion de vous venger de lui, car s'il me mène au Mans, comme il fera peut-être, j'y serai pendu sans doute; mais il ne tiendra qu'à vous qu'il ne soit de la danse. Il ne faudra que joindre votre déposition à la mienne; et puis, vous savez comme va la justice du Mans? Destin le quitta, et attendit que la Rappinière fût levé. Ce fut pour lors qu'il témoigna bien qu'il n'était pas vindicatif, car il l'avertit du dessein du criminel, en lui disant tout ce qu'il avait dit de lui, et ensuite lui conseilla de s'en retourner, et de laisser ce misérable. Il voulait attendre que les comédiennes fussent levées pour leur donner le bonjour; mais Destin lui dit franchement que l'Étoile ne le pourrait pas voir sans s'emporter furieusement contre lui avec justice. Il lui dit de plus que si le vi-bailli d'Alençon (qui est le prévôt de ce bailliage-là) savait tout ce manége, il le viendrait prendre. Il le crut, fit détacher le prisonnier, qu'il laissa en liberté, monta à cheval avec ses archers, et s'en alla sans payer l'hôtesse, ce qui lui était assez ordinaire, et sans remercier Destin, tant il était troublé. Après son départ, Destin appela Roquebrune, l'Olive et le décorateur, qu'il mena dans la ville; et ils allèrent directement au grand jeu de paume, où ils trouvèrent six gentilshommes qui jouaient partie. Il demanda le maître du tripot; et ceux qui étaient dans la galerie, ayant connu que c'étaient des comédiens, dirent aux joueurs que c'étaient des comédiens, et qu'il y en avait un qui avait fort bonne mine. Les joueurs achevèrent leur partie, et montèrent dans une chambre pour se faire frotter, tandis que Destin traitait avec le maître du jeu de paume. Ces gentilshommes, étant descendus à demi-vêtus, saluèrent Destin, et lui demandèrent toutes les particularités de la troupe; de quel nombre de personnes elle était composée; s'il y avait de bons acteurs; s'ils avaient de beaux habits, et si les femmes étaient belles. Destin répondit sur tous ces chefs; ensuite de quoi ces gentilshommes lui offrirent leurs services, et prièrent le maître de les accommoder, ajoutant que, s'ils avaient patience qu'ils fussent tout-à-fait habillés, ils boiraient ensemble; ce que Destin accepta pour se faire des amis, en cas que Saldagne le cherchât encore, car il en avait toujours de l'appréhension. Cependant, il convint du prix pour le louage du tripot, et ensuite le décorateur alla chercher un menuisier pour bâtir le théâtre suivant le modèle qu'il lui donna; et, les joueurs étant habillés, Destin s'approcha d'eux de si bonne grâce avec sa grande mine, et leur fit paraître tant d'esprit, qu'ils conçurent de l'amitié pour lui. Ils lui demandèrent où la troupe était logée; et lui leur ayant répondu qu'elle était aux Chênes-Verts, à Montfort, ils lui dirent: Allons boire dans un logis qui sera votre fait: nous voulons vous aider à faire le marché. Ils y allèrent, furent d'accord du prix pour trois chambres, et y déjeunèrent très bien. Vous pouvez croire que leur entretien ne fut que de vers et de pièces de théâtre, ensuite de quoi ils firent grande amitié, et allèrent avec lui voir les comédiennes qui étaient sur le point de dîner; ce qui fut cause que ces gentilshommes ne demeurèrent pas longtemps avec elles. Ils les entretinrent pourtant agréablement pendant le peu de temps qu'ils y furent, et leur offrirent leurs services et leur protection, car c'étaient des principaux de la ville. Après le dîner, on fit porter le bagage comique à la Coupe-d'Or, qui était le logis que Destin avait retenu; et, quand le théâtre fut en état, ils commencèrent à représenter. Nous les laisserons dans cet exercice, où ils firent tous voir qu'ils n'étaient point apprentis, et retournerons voir ce que fait Saldagne depuis sa chute.

CHAPITRE V.

Mort de Saldagne.

Vous avez vu, dans le douzième chapitre de la seconde partie de ce roman, comment Saldagne était demeuré au lit, malade de sa chute, dans la maison du baron d'Arques, à l'appartement de Verville, et ses valets si ivres dans son hôtellerie d'un bourg distant de deux lieues de ladite maison, que celui de Verville eut bien de la peine à leur faire comprendre que la demoiselle s'était sauvée, et que l'autre homme que son maître leur avait donné la suivait avec l'autre cheval. Après qu'ils se furent bien frotté les yeux, et qu'ils eurent bâillé chacun trois ou quatre fois, et allongé les bras en s'étirant, ils se mirent en devoir de la chercher. Ce valet leur fit prendre un chemin par lequel il savait bien qu'ils ne la trouveraient pas, suivant l'ordre que son maître lui avait donné; aussi roulèrent-ils trois jours, au bout desquels ils s'en retournèrent trouver Saldagne, qui n'était pas encore guéri de sa chute, ni même en état de quitter le lit; auquel ils dirent que la fille s'était sauvée, mais que l'homme que monsieur de Verville leur avait donné la suivait à cheval. Saldagne pensa enrager à la réception de cette nouvelle, et bien prit à ses valets qu'il était au lit et attaché par une jambe, car, s'il eût été debout, ou s'il eût pu se lever, ils n'eussent pas seulement essuyé des paroles comme ils firent, mais il les aurait roués de coups de bâton; car il pesta si furieusement contre eux, leur disant toutes les injures imaginables, et se mit si fortement en colère, que son mal augmenta : la fièvre le reprit; en sorte que, quand le chirurgien vint pour le panser, il appréhenda que la gangrène ne se mît à sa jambe, tant elle était enflammée, et même il y avait quelque lividité, ce qui l'obligea d'aller trouver Verville, à qui il conta cet accident. Verville se douta bien de ce qui l'avait causé; il alla aussitôt voir Saldagne, pour lui demander la cause de son altération, ce qu'il savait assez, car il avait été averti par son valet de tout le succès de l'affaire; et, l'ayant appris de lui-même, il lui redoubla sa douleur, en disant que c'était lui qui avait tramé cette pièce, pour lui éviter la plus mauvaise affaire qui pût jamais lui arriver; car, lui dit-il, vous voyez bien que personne n'a voulu retirer cette fille, et je vous déclare que si j'ai souffert que ma femme, votre sœur, l'ait logée céans, ce n'a été qu'à dessein de la remettre entre les mains de son frère et de ses amis. Dites-moi un peu, que seriez-vous devenu si l'on avait fait des informations contre vous pour un rapt, qui est un crime capital, et que l'on ne pardonne point? Vous croyez peut-être que la bassesse de sa naissance et sa profession vous auraient excusé de cette licence; vous vous flattez en cela, car apprenez qu'elle est fille de gentilhomme et de demoiselle, et qu'au bout vous n'y auriez pas trouvé votre compte. Et, après tout, quand les moyens de la justice auraient manqué, sachez qu'elle a un frère qui s'en serait vengé; car c'est un homme qui a du cœur, et vous l'avez éprouvé en plusieurs rencontres; ce qui vous devrait obliger à avoir de l'estime pour lui, plutôt que de le persécuter comme vous faites. Il est temps de cesser ces vaines poursuites où vous pourriez succomber à la fin; car vous savez bien que le désespoir fait tout hasarder : il vaut donc mieux pour vous le laisser en paix. Ce discours, qui devait obliger Saldagne à rentrer en lui-même, ne servit qu'à redoubler sa rage, et à lui faire prendre d'étranges résolutions, qu'il dissimula en présence de Verville, et qu'il tâcha depuis d'exécuter. Il se dépêcha de se guérir; et, sitôt qu'il fut en état de pouvoir monter à cheval, il prit congé de Verville, et en même temps il prit le chemin du Mans, où il croyait trouver la troupe; mais, ayant appris qu'elle était partie pour aller à Alençon, il résolut d'y aller. Il passa par Vivain, où il fit repaître ses gens et trois coupe-jarrets qu'il avait pris avec lui. Quand il entra au logis du Coq-Hardi, où il mit pied à terre, il entendit une grande rumeur ; c'étaient les marchands de toile, qui, étant allés au marché à Beaumont, s'étaient aperçus du larcin que leur avait fait la Rancune, et étaient revenus s'en plaindre à l'hôtesse, qui, en criant bien fort, leur soutenait qu'elle n'en était pas responsable, puisqu'ils ne lui avaient pas donné leurs malles à garder, mais les avaient fait porter dans leur chambre. Et les marchands répliquaient : Cela est vrai; mais que diable aviez-vous affaire d'y mettre coucher des bateleurs? car sans doute ce sont eux qui nous ont volé. Mais, repartit l'hôtesse, trouvâtes-vous vos balles crevées, ou les cordes défaites? Non, disaient les marchands, et c'est ce qui nous étonne, car elles étaient nouées comme si nous l'eussions fait nous-mêmes. Or, allez vous promener! dit l'hôtesse. Les marchands voulaient répliquer, quand Saldagne jura qu'il les battrait, s'ils faisaient plus de bruit. Ces pauvres marchands, voyant tant de gens et de si mauvaise mine, furent contraints de se taire, et attendirent leur départ pour recommencer leur dispute avec l'hôtesse. Après que Saldagne, ses gens et ses chevaux furent repus, il prit la route d'Alençon, où il arriva fort tard. Il ne dormit pas de toute la nuit, qu'il employa à penser aux moyens de se venger sur Destin de l'affront qu'il lui avait fait en lui ravissant sa proie; et, comme il était fort brutal, il ne prit que des résolutions brutales. Le lendemain il alla à la comédie avec ses compagnons, qu'il fit passer devant, et paya pour quatre : ils n'étaient connus de personne; ainsi il leur fut facile de passer pour étrangers; pour lui, il entra le visage couvert de son manteau, et la tête enfoncée dans son chapeau, comme un homme qui ne veut pas être connu. Il s'assit et assista à la comédie, où il s'ennuya autant que les autres s'y plurent; car tous admirèrent l'Etoile, qui représenta ce jour-là la Cléopâtre de la pompeuse tragédie du grand *Pompée*, de l'inimitable Corneille. Quand elle fut finie, Saldagne et ses gens demeurèrent dans le jeu de paume, résolus d'y attaquer Destin. Mais cette troupe avait si fort gagné les bonnes grâces de la noblesse et de tous les honnêtes bourgeois d'Alençon, que ceux et celles qui la composaient n'allaient point au théâtre, ni ne s'en retournaient point à leur logis qu'avec un grand cortége. Ce jour-là une jeune dame, veuve fort galante, qu'on appelait madame de Villefleur, convia les comédiennes à souper; ce que Saldagne put facilement entendre : elles s'en excusèrent civilement; mais, voyant qu'elle persistait de si bonne grâce à les en prier, elles lui promirent d'y aller. Ensuite elles se retirèrent, mais très bien accompagnées, et notamment de ces gentilshommes qui jouaient à la paume quand Destin vint pour louer le tripot, et d'un grand nombre d'autres; ce qui rompit le mauvais dessein de Saldagne, qui n'osa éclater devant tant d'honnêtes gens avec lesquels il n'eût pas trouvé son compte. Mais il s'avisa de la plus insigne méchanceté que l'on puisse imaginer, qui fut d'enlever l'Etoile quand elle sortirait de chez madame de Villefleur, et de tuer tous ceux qui voudraient s'y opposer à la faveur de la nuit. Les trois comédiennes y allèrent souper et passer la veillée. Or, comme je vous l'ai déjà dit, cette dame était jeune et fort galante, ce qui attirait à sa maison toute la bonne compagnie, qui augmenta ce jour-là à cause des comédiennes. Or, Saldagne s'était imaginé d'enlever l'Étoile avec autant de facilité que quand il l'avait ravie lorsque le valet de Destin la conduisait, suivant la maudite invention de la Rappinière. Il prit donc un vigoureux cheval, qu'il fit tenir par un de ses laquais, lequel il posta à la porte de la maison de ladite dame de Villefleur, qui était située dans une petite rue proche du palais, croyant qu'il lui serait facile de faire sortir l'Étoile sous quelque prétexte, et de la monter promptement sur le cheval, avec l'aide de ses trois hommes qui battraient l'estrade dans la grande place, pour la mener après où il lui plairait. Enfin, il se repaissait de ces vaines chimères, et tenait déjà la proie en idée; mais il arriva qu'un homme d'église, qui n'était pas de ceux qui se font scrupule de tout et bien souvent de rien (car il fréquentait les honorables compagnies, et aimait si fort la comédie, qu'il faisait connaissance avec tous les comédiens qui venaient à Alençon; il en avait fait une fort étroite avec ceux de notre illustre troupe), allait veiller ce soir-là chez madame de Villefleur. Ayant aperçu un laquais qu'il ne connaissait pas, non plus que la livrée qu'il portait, tenant un cheval par la bride, et s'étant enquis à qui il était et ce qu'il faisait là, et si son maître était dans la maison; et ayant trouvé beaucoup d'obscurité dans ses réponses, il monta à la salle où était la compagnie, à laquelle il raconta ce qu'il avait vu, et qu'il avait entendu marcher des personnes à l'entrée de la petite rue. Destin, qui avait observé cet homme qui se cachait le visage de son manteau, et qui avait toujours l'imagination frappée de Saldagne, ne douta point que ce ne fût lui : il n'en avait pourtant rien dit à personne, mais il avait mené tous ses compagnons chez madame de Villefleur, pour faire escorte aux demoiselles qui veillaient; mais, ayant appris de la bouche de l'ecclésiastique ce que vous venez d'entendre, il fut confirmé dans la croyance que c'était Saldagne qui voulait hasarder un second enlèvement de sa chère l'Étoile. On se consulta sur ce que l'on devait faire, et l'on conclut qu'on attendrait l'événement, et que, si personne ne paraissait avant l'heure de la retraite, on sortirait avec toute la précaution qu'on peut prendre en pareille occasion. Mais on ne demeura pas longtemps, qu'un homme inconnu entra, et demanda mademoiselle de l'Étoile, à laquelle il dit qu'une demoiselle de ses amies lui voulait dire un mot à la rue, et qu'elle la priait de descendre pour un moment. On jugea alors que c'était par ce moyen que Saldagne voulait réussir dans son dessein; ce qui obligea tous ceux de la compagnie à se mettre en état de le bien recevoir. On ne trouva pas bon qu'aucune des comédiennes descendît; mais on fit avancer une des femmes de chambre de madame de Villefleur, que Saldagne saisit aussitôt, croyant que c'était l'Étoile. Mais qu'il fut étonné quand il se trouva investi d'un grand nombre d'hommes armés! car il en était passé une partie par une porte qui est sur la grande place, et les autres par la porte ordinaire; mais, comme il n'avait du jugement qu'autant qu'un brutal peut avoir, sans considérer si ses gens s'étaient joints à lui, il tira un coup de pistolet, dont un des comédiens fut blessé légèrement, mais qui fut suivi d'une demi-douzaine qu'on déchargea sur lui. Ses gens, qui entendirent le bruit, au lieu de s'approcher pour le secourir, firent comme font ordinairement ces canailles que l'on emploie pour assassiner quelqu'un, qui s'enfuient quand ils trouvent de la résistance : autant en firent les compagnons de Saldagne, qui était tombé, car il avait un coup de pistolet à la tête et deux dans le corps. On apporta de la lumière pour le regarder, mais personne ne le reconnut que les comédiens et les comédiennes qui assurèrent que c'était Saldagne. On le crut mort, quoiqu'il ne le fût pas, ce qui fut cause que l'on aida à son laquais à le mettre de travers sur son cheval. Il le mena à son logis, où on lui reconnut encore quelques signes de vie, ce qui obligea l'hôte à le faire panser; mais ce fut inutilement, car il mourut le lendemain. Son corps fut porté en son pays, où il fut reçu par ses sœurs et leurs maris : elles le pleurèrent par contenance, mais dans leur cœur elles furent très aises de sa mort. J'oserai croire même que madame de Saint-Far eût bien voulu que son brutal de mari eût eu un pareil sort, et il devait l'avoir à cause de la sympathie; je ne voudrais pourtant pas faire un jugement téméraire. La justice se mit en devoir de faire quelques formalités;

mais, n'ayant trouvé personne qui se plaignît, et d'ailleurs ceux qui pouvaient être soupçonnés étant des principaux gentilshommes de la ville, cela demeura dans le silence. Les comédiennes furent conduites à leur logis, où elles apprirent le lendemain la mort de Saldagne, dont elles se réjouirent fort, étant alors en assurance; car partout elles n'avaient que des amis, et partout ce seul ennemi, parce qu'il les suivait partout.

CHAPITRE VII.

Suite de l'histoire de la Caverne.

Destin avec l'Olive allèrent le lendemain chez le prêtre, que l'on appelait M. le prieur de Saint-Louis (qui est un titre plutôt honorable que lucratif, d'une petite église située dans une île que fait la rivière de Sarthe entre les ponts d'Alençon), pour le remercier de ce que, par son moyen, ils avaient évité le plus grand malheur qui leur pût jamais arriver, et qui ensuite les mis dans un parfait repos, puisqu'ils n'avaient plus rien à craindre après la mort funeste du misérable Saldagne, qui continuait toujours à les troubler. Vous ne devez pas vous étonner si les comédiens et comédiennes de cette troupe avaient reçu ce bienfait d'un prêtre, puisque vous avez pu voir, dans les aventures comiques de cette illustre histoire, les bons offices que trois ou quatre curés leur avaient rendus dans le logis où l'on se battait la nuit, et le soin qu'ils avaient eu de loger et de garder Angélique après qu'elle fut retrouvée, et autres que vous avez pu remarquer et que vous verrez encore dans la suite. Ce prieur, qui n'avait fait que simplement connaissance avec eux, lia alors une fort étroite amitié, en sorte qu'ils se visitèrent depuis et mangèrent souvent ensemble. Or, un jour que M. de Saint-Louis était dans la chambre des comédiens (c'était un vendredi que l'on ne représentait pas), Destin et l'Étoile prièrent la Caverne d'achever son histoire. Elle eut un peu de peine à s'y résoudre; mais enfin elle toussa et cracha trois ou quatre fois, on dit même qu'elle se moucha aussi, et se mit en état de parler, quand M. de Saint-Louis voulut sortir, croyant qu'il y eût quelque mystère qu'elle n'eût pas voulu que tout le monde eût entendu; mais il fut arrêté par tous ceux de la troupe, qui l'assurèrent qu'ils seraient très aises qu'il apprît leurs aventures; et j'ose croire, dit l'Étoile qui avait l'esprit fort éclairé, que vous n'êtes pas venu à l'âge où vous êtes sans en avoir éprouvé quelques-unes; car vous n'avez pas la mine d'avoir toujours porté la soutane. Ces paroles démontèrent un peu le prieur, qui leur avoua franchement que ses aventures ne rempliraient pas mal une petite partie de roman, au lieu des histoires fabuleuses que l'on y met le plus souvent. L'Étoile lui repartit qu'elle jugeait bien qu'elles étaient dignes d'être entendues, et l'engagea à les raconter à la première réquisition qui lui en serait faite, ce qu'il promit fort agréablement. Alors la Caverne reprit son histoire de cette sorte:

Le lévrier qui nous fit peur interrompit ce que vous allez apprendre. La proposition que le baron de Sigognac fit faire à ma mère, par le curé, de l'épouser, la rendit aussi affligée que j'en étais joyeuse, comme je vous l'ai dit; et ce qui augmentait son affliction, c'était de ne savoir par quel moyen sortir de son château. De le faire seules, nous n'eussions pu aller guère loin qu'il ne nous eût fait suivre et reprendre, et ensuite peut-être maltraiter. D'ailleurs, c'était hasarder de perdre nos nippes, qui étaient le seul moyen qui nous restât pour subsister; mais le bonheur nous en fournit un tout-à-fait plausible. Ce baron, qui avait toujours été un homme farouche et sans humanité, ayant passé de l'excès de l'insensibilité brutale à la plus belle de toutes les passions, qui est l'amour, qu'il n'avait jamais ressentie, ce fut avec tant de violence qu'il en fut malade, et malade à la mort. Au commencement de sa maladie, ma mère s'entremit de le servir; mais son mal augmentait toutes les fois qu'elle approchait de son lit; ce qu'ayant aperçu, comme elle était femme d'esprit, elle dit à ses domestiques qu'elle et sa fille leur étaient plutôt des sujets d'empêchements que nécessaires, et par cette raison, qu'elle les priait de leur procurer des montures pour nous porter et une charrette pour le bagage. Ils eurent un peu de peine à s'y résoudre; mais le curé survenant, et ayant reconnu que le baron était en rêverie, se mit en devoir d'en chercher; enfin, il trouva tout ce qui nous était nécessaire.

Le lendemain, nous fîmes charger notre équipage; et, après avoir pris congé des domestiques, et principalement de cet obligeant curé, nous allâmes coucher à une petite ville de Périgord, dont je n'ai pas retenu le nom; mais je sais bien que c'était celle où l'on alla quérir un chirurgien pour panser ma mère, qui avait été blessée quand les gens du baron de Sigognac nous prirent pour des bohémiens. Nous descendîmes dans un logis, où l'on nous prit aussitôt pour ce que nous étions, car une chambrière dit assez haut : Courage! on fera la comédie, puisque voici l'autre partie de la troupe arrivée; ce qui nous fit connaître qu'il y avait là déjà quelques débris de caravane comique, dont nous fûmes très aises, parce que nous pourrions faire troupe, et ainsi gagner notre vie. Nous ne nous trompâmes point; car le lendemain, après que nous eûmes congédié la charrette et les chevaux, deux comédiens qui avaient appris notre arrivée nous vinrent voir, et nous apprirent qu'un de leurs compagnons avec sa femme les avaient quittés, et que, si nous voulions nous joindre à eux, nous pourrions faire affaire. Ma mère, qui était encore fort belle, accepta l'offre qu'ils nous firent, et l'on fut d'accord qu'elle aurait les premiers rôles, et l'autre femme qui était restée, les seconds, et moi je ferais ce que l'on voudrait, car je n'avais pas plus de treize ou quatorze ans. Nous représentâmes environ quinze jours; cette ville-là n'étant pas capable de nous entretenir davantage. D'ailleurs, ma mère pressa d'en sortir et de nous éloigner de ce pays-là, de crainte que ce baron, étant guéri, ne nous cherchât et nous fît quelque insulte. Nous fîmes environ quarante lieues sans nous arrêter; et, à la première ville où nous représentâmes, le maître de la troupe, que l'on appelait Bellefleur, parla de mariage à ma mère; mais elle le remercia, et le conjura de ne prendre pas la peine d'être son galant, parce qu'elle était déjà avancée en âge, et qu'elle avait résolu de ne se marier jamais. Bellefleur ayant appris une si ferme résolution, ne lui en parla plus depuis. Nous roulâmes trois ou quatre années avec succès; je devins grande, et ma mère si valétudinaire qu'elle ne pouvait plus représenter. Comme j'avais exercé avec la satisfaction des auditeurs et l'approbation de la troupe, je fus subrogée en sa place. Bellefleur, qui n'avait pu l'avoir en mariage, me demanda à elle pour être sa femme ; mais ma mère ne lui répondit pas selon son désir, car elle aurait bien voulu trouver quelque occasion pour se retirer à Marseille. Étant tombée malade à Troyes en Champagne, et appréhendant de me laisser seule, elle me communiqua le dessein de Bellefleur. La nécessité présente m'obligea de l'accepter. D'ailleurs, c'était un fort honnête homme. Il est vrai qu'il eût pu être mon père. Ma mère eut donc la satisfaction de me voir mariée, et de mourir quelques jours après. J'en fus affligée autant qu'une fille peut l'être ; mais comme le temps guérit tout, nous reprîmes notre exercice, et quelque temps après je devins grosse. Celui de mon accouchement étant venu, je mis au monde cette fille que vous voyez, Angélique qui m'a tant coûté de larmes, et qui m'en fera bien verser si je demeure encore quelque temps dans ce monde. Comme elle allait poursuivre, Destin l'interrompit, disant qu'elle ne pouvait espérer à l'avenir que toute sorte de satisfaction, puisqu'un seigneur tel qu'était Léandre la voulait pour femme. On dit en commun proverbe, que *Lupus in fabulâ* : excusez ces trois mots de latin assez faciles à entendre ; aussi, comme la Caverne allait achever son histoire, Léandre entra et salua tous ceux de la compagnie. Il était vêtu de noir et suivi de trois laquais aussi vêtus de noir ; ce qui donna assez à connaître que son père était mort. Le prieur de Saint-Louis sortit et s'en alla ; et je finis ici ce chapitre.

CHAPITRE VIII.

Fin de l'histoire de la Caverne.

Après que Léandre eut fait toutes les cérémonies de son arrivée, Destin lui dit qu'il fallait se consoler de la mort de son père, et le féliciter des grands biens qu'il lui avait laissés. Léandre le remercia du premier, avouant que pour la mort de son père il y avait longtemps qu'il l'attendait avec impatience. Toutefois, leur dit-il, il ne serait pas séant que je parusse sur le théâtre si tôt et si près de mon pays natal ; il faut donc, s'il vous plaît, que je demeure dans la troupe, sans représenter, jusqu'à ce que nous soyons éloignés d'ici. Cette proposition fut acceptée de tous. Ensuite de quoi l'Étoile lui dit : Monsieur, vous agréerez donc que je vous demande vos titres, et comment il vous plaît que nous vous appelions à présent. Sur quoi Léandre lui répondit : Le titre de mon père était le baron de Rochepierre, lequel je pourrais porter ; mais je ne veux point que l'on m'appelle autrement que Léandre, nom sous lequel j'ai été si heureux que d'agréer ma chère Angélique. C'est donc ce nom-là que je veux porter jusqu'à la mort, tant pour cette raison, que pour vous faire voir que je veux exécuter ponctuellement la résolution que je pris à mon départ, et que je communiquai à tous ceux de la troupe. Ensuite de cette déclaration, les embrassades redoublèrent, beaucoup de soupirs furent poussés, quelques larmes coulèrent des plus beaux yeux, et tous approuvèrent la résolution de Léandre, qui, s'étant approché d'Angélique, lui conta mille douceurs, auxquelles elle répondit avec tant d'esprit que Léandre en fut d'autant plus confirmé dans sa résolution. Je vous aurais volontiers fait le récit de leur entretien et de la manière qu'il se passa ; mais je ne suis pas amoureux comme eux. Léandre leur dit de plus qu'il avait donné ordre à toutes ses affaires, qu'il avait mis des fermiers dans toutes ses terres, et qu'il leur avait fait avancer à chacun six mois, ce qui pouvait monter à six mille livres qu'il avait apportées, afin que la troupe ne manquât de rien. A ce discours, grands remercîments. Alors Ragotin, qui n'avait point paru en tout ce que nous avons dit dans ces deux derniers chapitres, s'avança pour dire que, puisque M. Léandre ne voulait pas représenter en ce pays, on pouvait bien lui donner ses rôles, et qu'il s'en acquitterait comme il faut. Mais Roquebrune, qui était son antipode, dit que cela lui appartenait bien mieux qu'à un petit bout de flambeau. Cette épithète fit rire toute la compagnie ; ensuite de quoi Destin dit que l'on y aviserait, et qu'en attendant, la Caverne pourrait achever son histoire, et qu'il serait bon d'envoyer quérir le prieur de Saint-Louis, afin qu'il en entendît la fin, comme il avait fait la suite, et afin qu'il débitât plus facilement la sienne ; mais la Caverne répondit qu'il n'était pas nécessaire, parce qu'elle aurait achevé en deux mots. On lui donna audience, et elle continua ainsi :

Je suis demeurée à mon accouchement d'Angélique. Je vous

ai dit aussi que deux comédiens nous vinrent trouver pour nous persuader de faire troupe avec eux ; mais je ne vous ai pas dit aussi que c'était l'Olive, et un autre qui nous quitta depuis, en la place duquel nous reçûmes notre poëte ; mais me voici au lieu de mes plus sensibles malheurs. Un jour que nous allions représenter la comédie du *Menteur* de l'incomparable monsieur Corneille, dans une ville de Flandre où nous étions alors, un laquais d'une dame qui avait charge de garder sa chaise, la quitta pour aller ivrogner, et aussitôt une autre dame prit sa place. Quand celle à qui elle appartenait vint pour s'y asseoir, la trouva prise, elle dit civilement à celle qui l'occupait que c'était là sa chaise, et qu'elle la priait de la lui laisser. L'autre répondit que si cette chaise était la sienne elle la pourrait prendre, mais qu'elle ne bougerait pas de cette place-là. Les paroles augmentèrent, et des paroles on en vint aux mains. Les dames se tiraient les unes les autres, ce qui aurait été peu ; mais les hommes s'en mêlèrent, les parents de chaque parti en formèrent un chacun : on criait, on se poussait et nous regardions le jeu par les ouvertures des tentes du théâtre. Mon mari, qui devait faire le personnage de Dorante, avait son épée au côté : quand il en vit une vingtaine de tirées hors du fourreau, il ne marchanda point, il sauta du théâtre en bas et se jeta dans la mêlée, ayant aussi l'épée à la main, tâchant d'apaiser le tumulte, quand quelqu'un de l'un des partis, le prenant sans doute pour être du contraire au sien, lui porta un grand coup d'épée que mon mari ne put parer ; car s'il s'en fût aperçu, il lui eût bien donné le change, car il était fort adroit aux armes. Ce coup lui perça le cœur ; il tomba et tout le monde s'enfuit. Je me jetai en bas du théâtre, et m'approchai de mon mari que je trouvai sans vie. Angélique, qui pouvait avoir alors treize ou quatorze ans, se joignit à moi, avec tous ceux de la troupe : notre recours fut de verser des larmes, mais inutilement. Je fis enterrer le corps de mon mari, après qu'il eût été visité par la justice, qui me demanda si je voulais faire partie, à quoi je répondis que je n'en avais pas le moyen. Nous sortîmes de la ville, et la nécessité nous contraignit de représenter pour gagner notre vie, quoique notre troupe ne fût guère bonne, le principal acteur nous manquant. D'ailleurs, j'étais si affligée que je n'avais pas le courage d'étudier mes rôles ; mais Angélique, qui se faisait grande, suppléa à mon défaut. Enfin, nous étions dans une ville de Hollande, où vous nous vîntes trouver, vous, monsieur Destin, mademoiselle votre sœur et la Rancune. Vous vous offrîtes de représenter avec nous, et nous fûmes ravis de vous recevoir et d'avoir le bonheur de votre compagnie. Le reste de mes aventures a été commun entre nous, comme vous ne le savez que trop; au moins depuis Tours, où notre portier tua un des fusiliers de l'intendant, jusqu'en cette ville d'Alençon. La Caverne finit ainsi son histoire en versant beaucoup de larmes, ce que fit l'Étoile en l'embrassant et la consolant du mieux qu'elle put de ses malheurs, qui véritablement n'étaient pas médiocres. Mais elle lui dit qu'elle avait sujet de se consoler, vu l'alliance de Léandre. La Caverne sanglotait si fort qu'elle ne put lui repartir non plus que moi continuer ce chapitre.

CHAPITRE IX.

La Rancune désabuse Ragotin sur le sujet de l'Étoile. L'arrivée d'un carrosse plein de noblesse, et autres aventures de Ragotin.

La comédie allait son train, et l'on représentait tous les jours avec une grande satisfaction de l'auditoire, qui était toujours beau et fort nombreux; il n'y arrivait aucun désordre, parce que Ragotin tenait son rang derrière la scène, lequel n'était pourtant pas content de ce qu'on ne lui donnait point de rôle, et dont il grondait souvent; mais on lui donnait espérance que, quand il serait temps, on le ferait représenter. Il s'en plaignait presque tous les jours à la Rancune, en qui il avait une grande confiance, quoique ce fût le plus défiant de tous les hommes. Mais comme il l'en pressait une fois extraordinairement, la Rancune lui dit : Monsieur Ragotin, ne vous ennuyez pas encore, et apprenez qu'il y a grande différence du barreau au théâtre ; si l'on n'y est bien hardi, on s'interrompt facilement ; et puis la déclamation des vers est plus difficile que vous ne pensez. Il faut observer la ponctuation des périodes, et ne pas faire paraître que ce soit de la poésie, mais les prononcer comme si c'était de la prose : il ne faut pas les chanter, ni s'arrêter à la moitié ni à la fin des vers, comme fait le vulgaire, ce qui a très-mauvaise grâce; il y faut encore être bien assuré; en un mot, il faut les animer par l'action. Croyez-moi donc, attendez encore quelque temps; et, pour vous accoutumer au théâtre, représentez sous le masque à la farce, vous y pourrez faire le second Zani : nous avons un habit qui vous sera fort propre (c'était celui d'un petit garçon qui faisait quelquefois ce personnage-là, et que l'on appelait Godenot) : il en faut parler à M. Destin et à mademoiselle de l'Étoile : ce qu'ils firent le jour même, et il fut arrêté que le lendemain Ragotin ferait ce personnage-là. Il fut instruit par la Rancune (qui, comme vous l'avez vu au premier tome de ce roman, s'enfarinait à la farce) de ce qu'il devait dire. Le sujet de celle qu'ils jouèrent fut une intrigue amoureuse que la Rancune démêlait en faveur de Destin. Comme il se préparait à exécuter ce négoce, Ragotin parut sur la scène, auquel la Rancune demanda en ces termes : Petit garçon, mon petit Godenot, où vas-tu si empressé? Puis s'adressant à la compagnie, après lui avoir passé la main sous le menton et trouvé sa barbe : Messieurs, j'avais toujours cru que ce que dit Ovide de la métamorphose des fourmis en pygmées, auxquelles les grues font la guerre, était une fable; mais à présent je change de sentiment, car sans doute en voici un de race, ou bien ce petit homme ressuscité, pour qui l'on a fait, il y a environ sept ou huit cents ans, une chanson que je suis résolu de vous dire : écoutez bien.

CHANSON.

Mon père m'a donné mari,
Qu'est-ce que d'un homme si petit?
Il n'est pas plus grand qu'un fourmi.
Hé! qu'est-ce? qu'est-ce? qu'est-ce? qu'est-ce?
Qu'est-ce que d'un homme,
S'il n'est, s'il n'est homme!
Qu'est-ce que d'un homme si petit?

A chaque vers la Rancune tournait et retournait le pauvre Ragotin, et faisait des postures qui faisaient rire la compagnie. On n'a pas mis le reste de la chanson, comme chose superflue à notre roman.

Après que la Rancune eut achevé sa chanson, il montra Ragotin, et dit : Le voici ressuscité; et en disant cela il dénoua le cordon avec lequel son masque était attaché; de sorte qu'il parut à visage découvert, non pas sans rougir de honte et de colère tout ensemble. Il fit pourtant de nécessité vertu, et pour se venger il dit à la Rancune qu'il était un franc ignorant, d'avoir terminé tous les vers de sa chanson en *i*, *cribli*, *trouvi*, etc., et que c'était très mal parler; qu'il fallait dire *trouva* ou *trouvai*. Mais la Rancune lui repartit : C'est vous, monsieur, qui êtes un grand ignorant pour un petit homme; car vous n'avez pas compris ce que j'ai dit, que c'était une chanson si vieille, que si l'on faisait un rôle de toutes les chansons que l'on a faites en France depuis que l'on y fait des chansons, la mienne serait en chef. D'ailleurs, ne voyez-vous pas que c'est l'idiome de cette province de Normandie, où cette chanson a été faite, et qui n'est pas si mal à propos que vous vous l'imaginez? Car puisque, selon ce fameux Savoyard, monsieur de Vaugelas, qui a réformé la langue française, on ne saurait donner de raison pourquoi l'on prononce certains termes, et qu'il n'y a que l'usage qui les fait approuver, ceux du temps que l'on fit cette chanson étaient en usage; et comme ce qui est le plus ancien est toujours le meilleur, ma chanson doit passer puisqu'elle est la plus ancienne. Je vous demande, monsieur Ragotin, pourquoi, puisque l'on dit de quelqu'un, *il monta* à cheval et *il entra* dans sa maison, l'on ne dit pas *il descenda* et *il sorta*, mais *il descendit* et *il sortit*? Il s'ensuit donc que l'on peut dire *il entrit* et *il montit*, et ainsi de tous les autres termes semblables. Or, puisqu'il n'y a que l'usage qui leur donne cours, c'est aussi l'usage qui fait passer ma chanson. Comme Ragotin voulait repartir, Destin entra sur la scène, se plaignant de la longueur de son valet la Rancune; et l'ayant trouvé en différend avec Ragotin, il leur demanda le sujet de leur dispute, qu'il ne put jamais apprendre; car ils se mirent à parler tous à la fois, et si haut, qu'il s'impatienta, et poussa Ragotin contre la Rancune, qui le lui renvoya de même; en telle sorte qu'ils le ballotèrent longtemps du bout du théâtre à l'autre, jusqu'à ce que Ragotin tomba sur les mains, et marcha ainsi jusqu'aux tentes du théâtre, sous lesquelles il passa. Tous les auditeurs se levèrent pour voir cette badinerie, et sortirent de leurs places, protestant aux comédiens que cette saillie valait mieux que leur farce, qu'aussi bien ils n'auraient pu achever; car les demoiselles et les autres acteurs qui regardaient par les ouvertures des tentes du théâtre, riaient si fort qu'il leur eût été impossible de réciter leur rôle. Nonobstant cette boutade, Ragotin persécutait sans cesse la Rancune de le mettre dans les bonnes grâces de l'Étoile, et pour ce sujet il leur donnait souvent des repas; ce qui ne déplaisait pas à la Rancune, qui tenait toujours le bec dans l'eau au petit homme, mais comme il était frappé du même trait, il n'osait parler à cette belle, ni pour lui, ni pour Ragotin, lequel le pressa une fois si fort, qu'il fut obligé de lui dire : Monsieur Ragotin, cette Étoile est sans doute de la nature de celles du ciel que les astrologues appellent errantes; car aussitôt que je lui ouvre le discours de votre passion, elle me laisse sans me répondre. Mais comment me répondrait-elle, puisqu'elle ne m'écoute pas? Mais je crois avoir découvert le sujet qui la rend de si difficile abord. Ceci vous surprendra sans doute; mais il faut être préparé à tout événement. Ce monsieur Destin qu'elle appelle son frère ne lui est rien moins que cela : je les surpris, il y a quelques jours, se faisant des caresses fort éloignées d'un frère et d'une sœur, ce qui m'a depuis fait conjecturer que c'était plutôt son galant; et je suis le plus trompé du monde si, quand Léandre et Angélique se marieront, ils n'en font de même. Sans cela elle serait bien dégoûtée de mépriser votre recherche, vous qui êtes un homme de qualité et de mérite, sans compter la bonne mine. Je vous dis ceci afin que vous tâchiez de chasser de votre cœur cette passion, puisqu'elle ne peut servir qu'à vous tourmenter comme un damné. Le petit poëte et avocat fut si assommé de ce discours, qu'il quitta la Rancune en branlant la tête, et disant sept ou huit fois à son ordinaire : Serviteur, serviteur, etc. Ensuite Ragotin s'avisa d'aller faire un voyage à Beaumont-le-Vicomte, petite ville distante d'environ cinq lieues d'Alençon, et où l'on tient un beau marché tous les lundis de chaque semaine. Il voulut choisir ce jour-là pour y aller; ce qu'il fit savoir à tous ceux de la troupe, leur disant que c'était pour retirer quelque somme d'argent que l'un des marchands de cette ville lui devait; ce que tous trouvèrent bon. Mais, lui dit la Rancune, comment pensez-vous faire, car votre cheval est encloué? Il ne pourra pas vous porter. Il n'importe, dit Ragotin; j'en prendrai un de louage; et si je n'en puis trouver, j'irai à pied, il n'y a pas si loin; je profiterai de la compagnie de quelqu'un des marchands de cette ville, qui y vont presque tous de la sorte. Il en chercha un partout sans en pouvoir trouver; ce qui l'obligea de demander à un marchand de toiles, voisin de leur logis, s'il irait le lundi prochain au marché à Beaumont; et ayant appris que c'était sa résolution, il le pria d'agréer qu'il l'accompagnât; ce que le marchand accepta, à condition qu'ils partiraient aussitôt que la lune serait levée, qui était environ une heure avant minuit; ce qui fut exécuté.

Or, un peu avant qu'ils se missent en chemin, il était parti un pauvre cloutier qui avait accoutumé de suivre les marchés pour débiter ses clous et ses fers de cheval quand il les avait faits, et qu'il portait sur son dos dans une besace. Ce cloutier étant en chemin, et n'entendant ni voyant personne devant ni derrière lui, jugea qu'il était encore trop tôt pour partir. D'ailleurs, une certaine frayeur le saisit quand il pensa qu'il lui fallait passer tout près des fourches patibulaires, où il y avait alors un grand nombre de pendus; ce qui l'obligea à s'écarter un peu du chemin, et à se coucher sur une petite motte de terre où était une haie, en attendant que quelqu'un passât, et où il s'endormit. Peu de temps après le marchand et Ragotin passèrent; ils allaient au petit pas et ne disaient mot, car Ragotin rêvait au discours que lui avait tenu la Rancune. Comme ils furent proche du gibet, Ragotin dit qu'il fallait compter les pendus; à quoi le marchand s'accorda par complaisance.

Ils avancèrent jusqu'au milieu des piliers pour compter, et aussitôt ils aperçurent qu'il en était tombé un qui était fort sec. Ragotin, qui avait toujours des pensées dignes de son esprit, dit au marchand qu'il lui aidât à le relever, et qu'il voulait l'appuyer tout droit contre un des piliers; ce qu'ils firent facilement avec un bâton, car, comme je l'ai dit, il était raide et fort sec; et après avoir vu qu'il y en avait quatorze de pendus, sans celui qu'ils avaient relevé, ils continuèrent leur chemin. Ils n'avaient pas fait vingt pas quand Ragotin arrêta le marchand pour lui dire qu'il fallait appeler ce mort pour voir s'il voudrait venir avec eux, et se mirent à crier avec eux : Holà! oh! veux-tu venir avec nous? Le cloutier, qui ne dormait pas ferme, se leva aussitôt de son poste, et en se levant cria aussi bien fort : J'y vais, j'y vais, attendez-moi, et se mit à les suivre. Alors le marchand et Ragotin, croyant que ce fût effectivement le pendu, se mirent à courir bien fort ; et le cloutier se mit aussi à courir, en criant toujours plus fort : J'y vais, j'y vais, attendez-moi ; et, comme il courait, les fers et les clous qu'il portait, faisaient grand bruit ; ce qui redoubla la peur de Ragotin et du marchand ; car ils crurent pour lors que c'était véritablement le mort qu'ils avaient relevé, ou l'ombre de quelqu'autre qui traînait des chaînes (car le vulgaire croit qu'il n'apparaît jamais de spectre qui n'en traîne après soi) ; ce qui les mit en état de ne plus fuir, un tremblement les ayant saisis ; de façon que leurs jambes ne les pouvant plus soutenir, ils furent contraints de se coucher par terre, où le cloutier les trouva, et qui fit déloger la peur de leur cœur par un bonjour qu'il leur donna, ajoutant qu'ils l'avaient bien fait courir. Ils eurent de la peine à se rassurer, mais après avoir reconnu le cloutier, ils se levèrent et continuèrent leur chemin jusqu'à Beaumont, où Ragotin fit ce qu'il avait à faire, et le lendemain s'en retourna à Alençon. Il trouva tous ceux de la troupe qui sortaient de table, auxquels il raconta son aventure, qui pensa les faire mourir de rire : les demoiselles en faisaient de si grands éclats, qu'on les entendait de l'autre bout de la rue, et qui furent interrompus par l'arrivée d'un carrosse rempli de noblesse campagnarde. C'était un gentilhomme qu'on appelait monsieur de la Fresnaye. Il mariait sa fille unique, et il venait prier les comédiens de représenter chez lui le jour de ses noces. Cette fille, qui n'était pas des plus spirituelles du monde, leur dit qu'elle désirait que l'on jouât la *Sylvie* de Mairet. Les comédiennes se contraignirent beaucoup pour ne pas rire et lui dirent qu'il fallait donc leur en procurer une, car ils ne l'avaient plus. La demoiselle répondit qu'elle leur en donnerait une, ajoutant qu'elle avait toutes les pastorales : celles de Racan, la *belle Pêcheuse*, le *Contraire en amour*, *Ploncidon*, le *Mercier*, et un grand nombre d'autres dont je n'ai pas retenu les titres ; car, disait-elle, cela est propre à ceux qui, comme nous, demeurent dans des maisons aux champs. Et d'ailleurs les habits ne coûtent guère : il ne faut point se mettre en peine d'en avoir de somptueux, comme quand il faut représenter la *Mort de Pompée*, le

Cinna, *Héraclius*, la *Rodogune*. Et puis, les vers des pastorales ne sont pas si ampoulés que ceux des poëmes graves; et ce genre pastoral est plus conforme à la simplicité de nos premiers parents, qui n'étaient habillés que de feuilles de figuier, même après leur péché. Son père et sa mère écoutaient ce discours avec admiration, s'imaginant que les plus excellents orateurs du royaume n'auraient su débiter de si riches pensées, ni en termes si relevés. Les comédiens demandèrent du temps pour se préparer, et on leur donna huit jours. La compagnie s'en alla après avoir dîné, quand le prieur de Saint-Louis entra. L'Étoile lui dit qu'il avait bien fait de venir, car il avait ôté la peine à l'Olive de l'aller quérir, pour s'acquitter de sa promesse; à quoi il ne fallait guère le porter, puisqu'il venait pour ce sujet. Les comédiennes s'assirent sur un lit, et les comédiens dans des chaises. On ferma la porte avec commandement au portier de dire qu'il n'y avait personne s'il survenait quelqu'un. On fit silence, et le prieur débuta comme vous l'allez voir dans le chapitre suivant, si vous prenez la peine de le lire.

CHAPITRE X.

Histoire du prieur de Saint-Louis, et arrivée de M. de Verville.

Le commencement de cette histoire ne peut vous être qu'ennuyeux, puisqu'il est généalogique; mais cet exorde est, ce me semble, nécessaire pour une plus parfaite intelligence de ce que vous y entendrez. Je ne veux point déguiser ma condition, puisque je suis dans ma patrie; peut-être qu'ailleurs j'aurais pu passer pour autre que je ne suis, quoique je ne l'aie jamais fait; j'ai toujours été fort sincère sur ce point-là. Je suis donc natif de cette ville. Les femmes de mes deux grands-pères étaient demoiselles, et il y avait du *de* à leur surnom. Mais comme vous savez que les fils aînés emportent presque tout le bien, et qu'il en reste fort peu pour les autres garçons et pour les filles, suivant l'ordre du coutumier de cette province, on les place comme on peut, ou en les mettant dans l'ordre ecclésiastique ou religieux, ou en les mariant à des personnes de moindre condition, pourvu qu'ils soient honnêtes gens, et qu'ils aient du bien, suivant le proverbe qui court en ce pays, *plus de profit et moins d'honneur*; proverbe qui depuis longtemps a passé les limites de cette province, et s'est répandu par tout le royaume. Aussi mes grand'mères furent-elles mariées à de riches marchands, l'un de draps de laine, et l'autre de toiles.

Mon grand-père paternel avait quatre fils, dont mon père n'était pas l'aîné. Celui de ma mère avait deux fils et deux filles, dont elle en était une. Elle fut mariée au second fils de ce marchand drapier, qui avait quitté le commerce pour s'adonner à la chicane, ce qui est cause que je n'ai pas eu tant de bien que j'eusse pu en avoir. Mon père, qui avait beaucoup gagné au commerce, et qui avait épousé en premières noces une femme fort riche qui mourut sans enfants, était déjà fort avancé en âge quand il épousa ma mère, qui consentit à ce mariage plutôt par obéissance que par inclination : aussi y avait-il plutôt de l'aversion de son côté que de l'amour; ce qui fut sans doute la cause qu'ils demeurèrent treize ans mariés, et presque hors d'espérance d'avoir des enfants : mais enfin ma mère devint enceinte. Quand le terme fut venu de produire son fruit, ce fut avec une peine extrême; car elle fut quatre jours en travail : à la fin elle accoucha de moi sur le soir du quatrième jour. Mon père, qui avait été occupé pendant ce temps-là à faire condamner un homme à être pendu, parce qu'il avait tué un sien frère, et quatorze faux témoins au fouet, fut ravi de joie quand les femmes qu'il avait laissées dans sa maison pour secourir ma mère le félicitèrent de la naissance de son fils. Il les régala du mieux qu'il put, en enivra quelques-unes auxquelles il fit boire du vin blanc en guise de cidre-poiré : lui-même me l'a raconté plusieurs fois. Je fus baptisé deux jours après ma naissance ; le nom que l'on m'imposa ne fait rien à mon histoire. J'eus pour parrain un seigneur de place fort riche, dont mon père était voisin, lequel ayant appris de madame sa femme la grossesse de ma mère, après un si long temps de mariage, comme je l'ai dit, lui demanda son fruit pour le présenter au baptême : ce qui lui fut accordé fort agréablement. Comme ma mère n'avait que moi, elle m'éleva avec grand soin, et un peu trop délicatement pour un enfant de ma condition. Quand je fus un peu grand, je fis paraître que je ne serais pas sot ; ce qui me fit aimer de tous ceux de qui j'étais connu, et principalement de mon parrain, qui n'avait qu'une fille unique, mariée à un gentilhomme parent de ma mère. Elle avait deux fils, un plus âgé d'un an que moi, et l'autre moins âgé d'un an, qui étaient aussi brutaux que je faisais paraître d'esprit ; ce qui obligeait mon parrain à m'envoyer quérir quand il avait quelque illustre compagnie ; car c'était un homme splendide, et qui traitait tous les princes et grands seigneurs qui passaient par cette ville. Il me faisait chanter, danser et caqueter pour les divertir, et j'étais toujours assez bien vêtu pour avoir entrée partout. J'aurais fait fortune avec lui si la mort ne me l'eût ravi trop tôt, dans un voyage qu'il fit à Paris. Je ne ressentis point alors cette mort, comme j'ai fait depuis. Ma mère me fit étudier, et je profitais beaucoup ; mais quand elle aperçut que j'avais de l'inclination à être d'église, elle me retira du collége et me jeta dans le monde, où je pensai me perdre, malgré le vœu qu'elle avait fait à Dieu de lui consacrer le fruit qu'elle produirait, s'il lui accordait la prière qu'elle lui faisait de lui en donner. Elle était tout au contraire des autres mères, qui ôtent à leurs enfants les moyens de se débaucher ; car elle me donnait tous les dimanches et fêtes de l'argent pour jouer et aller au cabaret. Néanmoins comme j'avais le naturel bon, je ne faisais point d'excès, et tout se terminait à me réjouir avec mes voisins. J'avais fait grande amitié avec un jeune garçon âgé de quelques années plus que moi, fils d'un officier de la reine-mère du roi Louis XIII de glorieuse mémoire, lequel avait aussi deux filles. Il faisait sa résidence dans une maison située dans ce beau parc, lequel, comme vous pouvez le savoir, a été autrefois le lieu de délices des anciens ducs d'Alençon. Cette maison lui avait été donnée avec un grand enclos, par la reine, sa maîtresse, qui jouissait alors en apanage de ce duché. Nous passions agréablement le temps dans ce parc, mais comme des enfants, sans penser à ce qui arriva depuis. Cet officier de la reine, que l'on appelait monsieur du Fresne, avait un frère aussi officier dans la maison du roi, qui lui demanda son fils, ce que du Fresne n'osa refuser. Avant de partir pour la cour, il me vint dire adieu ; et j'avoue que ce fut la première douleur que je ressentis en ma vie. Nous pleurâmes fort en nous séparant ; mais je pleurai bien davantage quand, trois mois après son départ, sa mère m'apprit sa mort. Je ressentis cette affliction autant que j'en étais capable, et je fus le pleurer avec ses sœurs, qui en étaient sensiblement touchées. Mais comme le temps modère tout, quand ce triste souvenir fut un peu passé, mademoiselle du Fresne vint un jour prier ma mère d'agréer que j'allasse donner quelques exemples d'écriture à sa jeune fille, que l'on appelait mademoiselle du Lis, pour la distinguer de son aînée qui portait le nom de la maison, parce, lui dit-elle, que l'écrivain qui l'enseignait s'en était allé; ajoutant qu'il y en avait beaucoup d'autres, mais qu'ils ne voulaient pas aller montrer en ville, et que sa fille n'était pas de condition à rouler dans les écoles. Elle s'excusa fort de cette liberté; mais elle dit qu'on en use librement avec ses amis. Elle ajouta que cela pourrait se terminer à quelque chose de plus important, sous-entendant notre mariage, qu'elles conclurent depuis secrètement entre elles. Ma mère ne m'eut pas plus tôt proposé cet emploi, que j'y fus l'après-dînée, ressentant déjà quelque secrète cause qui me faisait agir, sans y faire pourtant guère de réflexion. Mais je n'eus pas été huit jours dans cet exercice, que la du Lis, qui était la plus jolie des deux filles, se rendit fort familière avec moi, et souvent par raillerie m'appelait *mon petit maître*. Ce fut alors que je commençai à ressentir quelque chose dans mon cœur, qu'il avait ignoré jusque-là, et il en fut de même de la du Lis. Nous étions inséparables, et nous n'avions point de plus grande satisfaction que quand on nous laissait seuls, ce qui arrivait assez souvent. Ce commerce dura environ six mois, sans que nous parlassions de ce qui nous possédait; mais nos yeux en disaient assez. Je voulus un jour essayer à faire des vers à sa louange, pour voir si elle les recevrait agréablement; mais comme je n'en avais pas encore composé, je ne pus pas y réussir. Je commençais à lire les bons romans et les bons poètes, ayant laissé les *Mélusiens*, *Robert-le Diable*, les *Quatre Fils Aymon*, la *belle Maguelone*, *Jean de Paris*, etc., qui sont les romans des enfants. Or, en lisant les Œuvres de Marot, j'y trouvai un triolet qui convenait merveilleusement bien à mon dessein. Je le transcrivis mot à mot. Le voici :

Votre bouche petite et belle
Est de gracieux entretien ;

Puis parfois son maître m'appelle,
Et l'alliance j'en retien :
Car ce m'est honneur et grand bien.
Mais quand vous me prîtes pour maître,
Que ne disiez-vous aussi bien :
Votre maîtresse je veux être !

Je lui donnai ces vers, qu'elle lut avec joie, comme je le vis à son air. Après quoi elle les mit dans son sein, d'où elle les laissa tomber un moment après ; sa sœur aînée les releva sans qu'elle s'en aperçût, un petit laquais l'en avertit. Elle les lui demanda, et voyant qu'elle faisait quelque difficulté de les lui rendre, elle se mit furieusement en colère, et s'en plaignit à sa mère, qui commanda à sa fille de les lui donner ; ce qu'elle fit. Ce procédé me fit concevoir de bonnes espérances, quoique ma condition me rebutât. Et pendant que nous passions ainsi agréablement le temps, mon père et ma mère, qui étaient fort avancés en âge, délibérèrent de me marier, et m'en firent un jour la proposition. Ma mère découvrit à mon père le projet qu'elle avait fait avec mademoiselle du Fresne, comme je vous l'ai dit ; mais comme c'était un homme fort intéressé, il lui répondit que c'était une fille d'une condition trop relevée pour moi, et d'ailleurs qu'elle avait trop peu de bien, et qu'elle voudrait trop trancher de la dame. Comme j'étais fils unique, et que mon père était fort riche pour sa condition, et semblablement un mien oncle qui n'avait point d'enfants, et duquel il n'y avait que moi qui en pût hériter selon la coutume de Normandie, plusieurs familles me regardaient comme un objet digne de leur alliance, et même on me fit porter trois ou quatre enfants au baptême avec des filles des meilleures maisons de notre voisinage (qui est ordinairement par où l'on commence pour réussir en fait de mariage) ; mais je n'avais dans la pensée que ma chère du Lis. J'en étais néanmoins si persécuté de tous mes parents, que je résolus de m'en aller à la guerre, quoique je n'eusse que seize ou dix-sept ans.

On fit des levées en cette ville pour aller en Danemark sous la conduite de M. le comte de Montgommery. Je me fis enrôler secrètement avec trois cadets de mes voisins, et nous partîmes de même en fort bon équipage. Mon père et ma mère en furent fort affligés, et ma mère en pensa mourir de douleur. Je ne pus savoir alors l'effet que ce départ inopiné fit sur l'esprit de la du Lis, car je ne lui dis rien; mais je l'ai su depuis par elle-même. Nous nous embarquâmes au Havre-de-Grâce, et voguâmes assez heureusement jusqu'à ce que nous fussions près du Sund; mais alors il s'éleva la plus furieuse tempête que l'on ait jamais vue sur l'Océan; nos vaisseaux furent jetés par la tourmente en divers endroits, et celui de M. de Montgommery, dans lequel j'étais, aborda heureusement à l'embouchure de la Tamise, par laquelle nous montâmes, à l'aide du reflux, jusqu'à Londres, capitale d'Angleterre, où nous séjournâmes environ six semaines, pendant lesquelles j'eus le loisir de voir une partie des raretés de cette superbe ville, et l'illustre cour de son roi, qui était alors Charles Stuart, premier du nom. M. de Montgommery s'en retourna dans sa maison de Pontorson, en Basse-Normandie, où je ne voulus pas le suivre : je le suppliai de me permettre de prendre la route de Paris, ce qu'il m'accorda. Je m'embarquai dans un vaisseau qui allait à Rouen, où j'arrivai heureusement; et de là je me mis sur un bateau qui me remonta jusqu'à Paris, où je trouvai un parent fort proche, qui était ciergier du roi. Je le priai que par son moyen je pusse entrer dans le régiment aux Gardes. Il s'y employa, et fut mon répondant; car en ce temps-là il en fallait avoir pour y être reçu. Je fus dans la compagnie de M. de la Rauderie. Mon parent me donna de quoi me remettre en équipage, car en ce voyage de mer j'avais gâté mes habits, et de l'argent, ce qui me faisait faire paroli à une trentaine de cadets de grande maison, qui portaient tous le mousquet aussi bien que moi. En ce temps-là, les princes et grands seigneurs de France se soulevèrent contre le roi, et même monseigneur le duc d'Orléans son frère; mais Sa Majesté, par l'adresse ordinaire du grand cardinal de Richelieu, rompit leurs mauvais desseins; ce qui obligea Sa Majesté de faire un voyage en Bretagne avec une puissante armée. Nous arrivâmes à Nantes, où l'on fit la première exécution des rebelles sur la personne du comte de Chalais, qui eut la tête tranchée; ce qui donna la terreur à tous les autres, qui moyennèrent leur paix avec le roi qui s'en retourna à Paris. Il passa par la ville du Mans, où mon père me vint trouver tout vieux qu'il était, car il avait été averti par mon cousin, ce ciergier du roi, que j'étais dans le régiment aux Gardes : il me demanda à mon capitaine, qui lui accorda mon congé. Nous nous en revînmes en cette ville, où mes parents résolurent que, pour m'arrêter, il fallait me lier avec une femme. Celle d'un chirurgien, voisin d'une de mes cousines-germaines, fit venir pendant le carême, sous prétexte d'entendre les prédications, la fille d'un lieutenant de bailli d'un bourg distant de trois lieues d'ici : ma cousine me vint quérir à notre maison pour me la faire voir ; mais, après une heure de conversation que j'eus avec elle dans la maison de madite cousine, où elle était venue, elle se retira ; et l'on me dit après que c'était une maîtresse pour moi : à quoi je répondis froidement qu'elle ne m'agréait pas. Ce n'est pas qu'elle ne fût assez belle et riche ; mais toutes les beautés me semblaient laides en comparaison de ma chère du Lis, qui seule occupait toutes mes pensées. J'avais un oncle, frère de ma mère, homme de justice, et que je craignais beaucoup, lequel s'en vint un soir à notre maison, et, après m'avoir fort bravé sur le mépris que j'avais témoigné faire de cette fille, me dit qu'il fallait me résoudre à l'aller voir chez elle aux prochaines fêtes de Pâques, et qu'il y avait des personnes qui valaient mieux que moi qui se tiendraient bien honorées de cette alliance. Je ne répondis ni oui ni non ; mais les fêtes suivantes il fallut y aller avec ma cousine cette chirurgienne, et un de ses fils. Nous fûmes agréablement reçus, et l'on nous régala trois jours durant. On nous mena aussi à toutes les métairies de ce lieutenant, dans toutes lesquelles il y avait festin. Nous fûmes encore à un gros bourg distant d'une lieue de cette maison, voir le curé du lieu, qui était frère de la mère de cette fille, lequel nous fit un fort gracieux accueil. Enfin nous nous en retournâmes comme nous étions venus, c'est-à-dire, pour ce qui me regardait, aussi peu amoureux qu'avant. Il fut pourtant résolu que, dans une quinzaine de jours, on parlerait à fond de ce mariage. Le terme étant expiré, j'y retournai avec trois de mes cousins-germains, deux avocats et un procureur en ce présidial ; mais par bonheur on ne conclut rien, et l'affaire fut remise aux fêtes de mai prochaines. Mais le proverbe est bien véritable, *que l'homme propose et Dieu dispose* ; car ma mère tomba malade quelques jours avant lesdites fêtes, et mon père quatre jours après : l'une et l'autre maladie se terminèrent par la mort. Celle de ma mère arriva un mardi, et celle de mon père le jeudi de la même semaine ; et je fus aussi fort malade ; mais je me levai pour aller voir cet oncle sévère qui était aussi fort malade, et qui mourut quinze jours après. A quelque temps de là on me reparla de cette fille du lieutenant que j'étais allé voir ; mais je n'y voulus pas entendre, car je n'avais plus de parents qui eussent droit de me commander. D'ailleurs, mon cœur était toujours dans ce parc, où je me promenais ordinairement, mais bien plus souvent en idée. Un matin que je ne croyais pas qu'il y eût encore personne de levé dans la maison du sieur du Fresne, je passai devant, et je fus bien étonné quand j'entendis la du Lis qui chantait sur un balcon cette vieille chanson qui a pour reprise : *Que n'est-il près de moi, celui que mon cœur aime !* ce qui m'obligea de m'approcher d'elle, et de lui faire une profonde révérence que j'accompagnai de telles ou de semblables paroles : Je souhaiterais de tout mon cœur, mademoiselle, que vous eussiez la satisfaction que vous désirez, et je voudrais pouvoir y contribuer ; ce serait avec la même passion que j'ai toujours été votre très humble serviteur. Elle me rendit bien mon salut ; mais elle ne me répondit pas, et, continuant à chanter, elle me changea la reprise de la chanson en ces termes : *Le voici près de moi, celui que mon cœur aime.* Je ne demeurai pas court, car je m'étais un peu ouvert à la guerre et à la cour ; et quoique le procédé fût capable de me démonter, je lui dis : J'aurai sujet de le croire si vous me faites ouvrir la porte. En même temps elle appela le petit laquais dont j'ai déjà parlé, à qui elle commanda de me l'ouvrir ; ce qu'il fit. J'entrai, et je fus reçu avec tous les témoignages de bienveillance du père, de la mère et de la sœur aînée, mais encore plus de la du Lis.

La mère me demanda pourquoi j'étais si sauvage et que je ne les visitais pas si souvent que j'avais accoutumé ; qu'il ne fallait pas que le deuil de mes parents m'en empêchât ; qu'il fallait se divertir comme auparavant ; en un mot, que je serais toujours le bien-venu dans leur maison. Ma réponse ne fut que pour faire paraître mon peu de mérite, en disant quelque peu de paroles aussi mal rangées que celles que je vous débite. Mais enfin tout se termina à un déjeuner de laitage, qui est en ce pays un grand régal, comme vous le savez. Et qui n'est pas désagréable, répondit l'Étoile; mais poursuivez.

— Quand je pris congé pour sortir, la mère me demanda si je ne m'incommoderais point de les accompagner, elle et ses filles, chez un vieux gentilhomme leur parent, qui demeurait à deux lieues d'ici. Je lui répondis qu'elle me faisait tort de me le demander, et qu'un commandement absolu m'eût été plus agréable. Le voyage fut conclu pour le lendemain. La mère monta sur un petit mulet qui était dans la maison; la fille aînée monta sur le cheval de son père, et je portai en croupe sur le mien, qui était fort, ma chère du Lis. Je vous laisse à penser quel fut notre entretien le long du chemin, car pour moi je ne m'en souviens plus. Tout ce que je puis vous dire, c'est que nous nous séparâmes, la du Lis et moi, fort amoureux. Depuis ce temps-là, mes visites furent fort fréquentes; ce qui dura tout le long de l'été et de l'automne. De vous dire tout ce qui se passa, je serais trop ennuyeux. Je vous dirai seulement que nous nous dérobions souvent de la compagnie, et nous allions demeurer seuls à l'ombrage de ce bois de haute futaie, toujours sur le bord de la belle petite rivière qui passe au milieu, où nous avions la satisfaction d'ouïr le ramage des oiseaux, qu'ils accordaient au doux murmure de l'eau, parmi lequel nous mêlions mille douceurs que nous nous disions, et nous nous faisions ensuite autant d'innocentes caresses. Ce fut là où nous résolûmes de nous bien divertir le carnaval prochain. Un jour que j'étais occupé à faire du cidre à un pressoir du faubourg de la Barre, qui est tout joignant le parc, la du Lis m'y vint trouver. A son abord je connus qu'elle avait quelque chose sur le cœur, en quoi je ne me trompais pas; car, après qu'elle m'eut un peu raillé sur l'équipage où j'étais, elle me tira à part, et me dit que le gentilhomme dont la fille était chez M. Planche-Panète, son beau-frère, en avait amené un autre qu'il prétendait lui faire donner pour mari, et qu'ils étaient à la maison dont elle s'était dérobée pour venir m'en avertir. Ce n'est pas, ajouta-t-elle, que je favorise jamais sa recherche, et que je consente jamais à quoi que ce soit; mais j'aimerais mieux que tu trouvasses quelque moyen de le renvoyer que s'il venait de moi. Je lui dis alors : Va-t'en, et lui fais bonne mine, pour ne rien altérer; mais sache qu'il ne sera pas ici demain à midi. Elle s'en alla plus joyeuse, attendant l'événement. Cependant je quittai tout, et abandonnai mon cidre à la discrétion des valets, et m'en allai à ma maison, où je pris du linge et un autre habit, et m'en allai chercher mes camarades; car vous devez savoir que nous étions une quinzaine de jeunes hommes qui avions tous chacun notre maîtresse, et tellement unis, que qui en offensait un avait offensé tous les autres, et nous étions tous résolus que, si quelque étranger venait pour nous la ravir, de le mettre en état de n'y réussir jamais.

Je leur proposai ce que vous venez d'ouïr, et aussitôt tous conclurent qu'il fallait aller trouver ce galant, qui était un gentilhomme de la plus petite noblesse du Bas-Maine, et l'obliger à s'en retourner comme il était venu. Nous allâmes donc à son logis, où il soupait avec l'autre gentilhomme, son conducteur. Nous ne marchandâmes point à lui dire qu'il pouvait se retirer, et qu'il n'y avait rien à gagner pour lui en ce pays. Le conducteur repartit que nous ne savions pas leur dessein, et que, quand nous le saurions, nous n'y avions aucun intérêt. Alors je m'avançai, et, mettant la main sur la garde de mon épée, je lui dis : J'y en ai bien, moi; j'y en ai, et, si vous ne le quittez, je vous mettrai en état de n'en faire plus. L'un d'eux repartit que la partie n'était pas égale, et que, si j'étais seul, je ne parlerais pas ainsi; je lui répliquai : Vous êtes deux, et je sors avec celui-ci, en prenant un de mes camarades; suivez-nous. Ils s'en mirent en devoir; mais l'hôte et un de ses fils les empêchèrent, et leur firent connaître que le meilleur pour eux était de se retirer, et qu'il ne faisait pas bon de se frotter à nous. Ils profitèrent de l'avis, et l'on n'en entendit plus parler depuis. Le lendemain j'allai voir la du Lis, à qui je racontai l'action que j'avais faite, dont elle fut très contente, et m'en remercia en des termes fort obligeants. L'hiver approchait, les veillées étaient fort longues, et nous les passions à jouer à de petits jeux d'esprit, ce qui, étant souvent réitéré, ennuya et me fit résoudre à lui donner le bal. J'en conférai avec elle, et elle s'y accorda. J'en demandai la permission à M. du Fresne, son père, et il me la donna.

Le dimanche suivant, nous dansâmes et continuâmes plusieurs fois; mais il y avait toujours une si grande foule de monde, que la du Lis me conseilla de ne plus danser, mais de penser à quelque autre divertissement. Il fut donc résolu d'étudier une comédie ; ce qui fut exécuté. L'Étoile l'interrompit en lui disant : Puisque vous en êtes à la comédie, dites-moi si cette histoire est encore bien longue, car il se fait tard, et l'heure du souper approche. Ah! dit le prieur, il y en a encore deux fois autant pour le moins. On jugea donc qu'il fallait la remettre à une autre fois, pour donner du temps aux acteurs d'étudier leurs rôles ; et, quand ce n'eût pas été pour cette raison, il eût fallu cesser à cause de l'arrivée de M. de Verville, qui entra dans la chambre sans que personne s'y opposât, car le portier s'était endormi. Sa venue surprit fort toute la compagnie. Il fit de grandes caresses à tous les comédiens et comédiennes, et principalement à Destin, qui l'embrassa à diverses reprises, et leur dit le sujet de son voyage, comme vous le verrez dans le chapitre suivant, qui est fort court.

CHAPITRE XI.

Résolution des mariages de Destin avec l'Étoile, et de Léandre avec Angélique.

Le prieur de Saint-Louis voulut prendre congé ; mais Destin l'arrêta, lui disant que dans peu de temps il faudrait souper, et qu'il tiendrait compagnie à M. de Verville, qu'il pria de leur faire l'honneur de souper avec eux. On demanda à l'hôtesse si elle avait quelque chose d'extraordinaire ; elle dit que oui. On mit du linge blanc, et l'on servit peu de temps après. On fit bonne chère, on but à la santé de plusieurs personnes, et l'on parla beaucoup. Après le dessert, Destin demanda à Verville le sujet de son voyage en ces quartiers ; il lui répondit que ce n'était pas la mort de son beau-frère Saldagne, que ses sœurs ne plaignaient guère, non plus que lui ; mais qu'ayant une affaire d'importance à Rennes en Bretagne, il s'était détourné exprès pour avoir le bien de les voir, dont on le remercia fort. Ensuite il fut informé du mauvais dessein de Saldagne et du succès, et enfin de tout ce que vous avez vu au sixième chapitre. Verville plia les épaules, en disant qu'il avait trouvé ce qu'il cherchait avec trop de soin. Après souper, Verville fit connaissance avec le prieur, de qui tous ceux de la troupe dirent beaucoup de bien, et, après avoir un peu veillé, il se retira. Alors Verville tira Destin à part, et lui demanda pourquoi Léandre était vêtu de noir, et pourquoi tant de laquais vêtus de même? Il lui en apprit le sujet, et le dessein qu'il avait fait d'épouser Angélique. Et vous, dit Verville, quand vous mariez-vous? Il est, ce me semble, temps de faire connaître au monde qui vous êtes, ce qui ne se peut que par un mariage; ajoutant que s'il n'était pressé, il demeurerait pour assister à l'un et à l'autre. Destin dit qu'il fallait savoir le sentiment de l'Étoile; ils l'appelèrent, et lui proposèrent le mariage; à quoi elle répondit qu'elle suivrait toujours le sentiment de ses amis. Enfin il fut conclu que, quand Verville aurait mis fin aux affaires qu'il avait à Rennes, ce qui serait dans une quinzaine de jours au plus tard, il repasserait par Alençon, et que l'on exécuterait la proposition. Il en fut autant conclu entre eux et la Caverne pour Léandre et Angélique. Verville donna le bonsoir à la compagnie, et se retira à son logis. Le lendemain il partit pour la Bretagne, et arriva à Rennes, où il alla voir M. de la Garouffière, qui, après les compliments accoutumés, lui dit qu'il y avait dans la ville une troupe de comédiens, l'un desquels avait beaucoup de traits du visage de la Caverne; ce qui l'obligea d'aller le lendemain à la comédie, où, ayant vu le personnage, il fut persuadé que c'était son parent (je dis de la Caverne). Après la comédie il l'aborda, et s'enquit de lui d'où il était, s'il y avait longtemps qu'il était dans la troupe, et par quels moyens il y était venu? Il répondit sur tous ces chefs, en sorte qu'il fut facile à Verville de connaître qu'il était le frère de la Caverne, qui s'était perdu quand son père fut tué en Périgord par le page du baron de Sigognac; ce qu'il avoua franchement, en ajoutant qu'il n'avait jamais pu savoir ce que sa sœur était devenue. Verville lui apprit qu'elle était dans une troupe de comédiens qui était alors à Alençon; qu'elle avait eu beaucoup de disgrâces, mais qu'elle avait sujet d'en être consolée, parce qu'elle avait une très belle fille; qu'un seigneur de douze mille livres de rente était sur le point d'épouser, et qu'il faisait la comédie avec eux; qu'à son retour il assisterait au mariage, et qu'il ne tiendrait qu'à lui de s'y trouver pour réjouir sa sœur, qui était fort en peine de lui, n'en ayant eu aucunes nouvelles depuis sa fuite. Non-seulement le comédien accepta cette offre, mais il supplia instamment M. de Verville de souffrir qu'il l'accompagnât; ce qu'il agréa. Cependant il mit ordre à ses affaires, que nous lui laisserons négocier, et retournerons à Alençon. Le prieur de Saint-Louis alla, le même jour que partit Verville, trouver les comédiens et comédiennes, pour leur dire que monseigneur l'évêque de Séez l'avait envoyé quérir pour lui communiquer une affaire d'importance, et qu'il était bien marri de ne pouvoir s'acquitter de sa promesse; mais qu'il n'y avait rien de perdu; que, pendant qu'il serait à Séez, ils iraient à la Fresnaye représenter *Sylvie* aux noces de la fille du seigneur du lieu, et qu'à leur retour et au sien il achèverait ce qu'il avait commencé. Il s'en alla, et les comédiens se disposèrent à partir.

CHAPITRE XII.

Ce qui se passa pendant le voyage de la Fresnaye. Autre disgrâce de Ragotin.

La veille de la noce on envoya un carrosse et deux chevaux de selle aux comédiens. Les comédiennes s'y placèrent avec Destin, Léandre et l'Olive; les autres montèrent les chevaux, et Ragotin le sien, qu'il avait encore pour n'avoir pu le vendre, et qui était guéri de son enclouure. Il voulut persuader à l'Étoile ou à Angélique de se mettre en croupe derrière lui, disant qu'elles seraient plus à leur aise que dans le carrosse, qui ébranle beaucoup; mais ni l'une ni l'autre n'en voulurent rien faire. Pour aller d'Alençon à la Fresnaye, il faut passer une partie de la forêt de Persaine, qui est dans le pays du Maine. Ils n'eurent pas fait mille pas dans cette forêt, que Ragotin, qui allait devant, cria au cocher d'arrêter, parce que, disait-il, il voyait une troupe d'hommes à cheval. On ne trouva pas bon d'arrêter, mais de se tenir chacun sur ses gardes. Quand ils furent près de ces cavaliers, Ragotin dit que c'était la Rappinière avec ses archers. L'Étoile pâlit; mais Destin, qui s'en aperçut, la rassura en lui disant qu'il n'oserait leur faire insulte en présence de ses archers et des domestiques de monsieur de la Fresnaye, et si près de sa maison. La Rappinière connut bien que c'était la troupe comique; aussi s'approcha-t-il du carrosse avec son effronterie ordinaire, et salua les comédiennes, auxquelles il fit d'assez mauvais compliments, à quoi elles répondirent avec une froideur capable de démonter un moins effronté que ce lévrier de bourreau, qui leur dit qu'il cherchait des brigands qui avaient volé des marchands du côté de Balon, et qu'on lui avait dit qu'ils avaient pris cette route. Comme il entretenait la compagnie, le cheval d'un de ses archers, qui était fougueux, sauta sur le cou du cheval de Ragotin, auquel il fit si grand'peur, qu'il recula, et s'enfonça dans une touffe d'arbres, dont il y en avait quelques-uns dont les branches étaient sèches, l'une desquelles se trouva sous le pourpoint de Ragotin, et lui piqua le dos, de manière qu'il y demeura pendu; car, voulant se dégager de ces arbres, il avait donné des deux talons à son cheval qui avait passé, et l'avait laissé ainsi en l'air, criant comme un petit fou qu'il était : Je suis mort! on m'a donné un coup d'épée dans les reins ! On riait si fort de le voir en cette posture, que l'on ne songeait à rien moins qu'à le secourir. On criait bien aux laquais de le dépendre, mais ils s'enfuyaient d'un autre côté en riant. Cependant son cheval gagnait toujours pays, sans se laisser prendre. Enfin, après avoir bien ri, le cocher, qui était un grand et fort garçon, descendit de dessus son siége, s'approcha de Ragotin, le souleva, et le dépendit. On le visita, et on lui fit accroire qu'il était fort blessé, mais qu'on ne pouvait le panser que l'on ne fût au village, où il y avait un fort bon chirurgien : en attendant, on lui appliqua quelques feuilles fraîches pour le soulager. On le plaça dans le carrosse, dont l'Olive sortit, tandis que les laquais passèrent au travers du bois, pour gagner le devant du cheval qui ne voulait pas se laisser prendre, et qui fut pourtant pris, et l'Olive monta dessus. La Rappinière continua son chemin, et la troupe arriva au château, d'où l'on envoya quérir le chirurgien, à qui l'on donna le mot. Il fit semblant de sonder la plaie imaginaire de Ragotin, que l'on fit mettre dans le lit. Il le pansa de même qu'il l'avait sondé, après lui avoir dit que son coup était favorable, et que deux doigts plus à côté il n'y avait plus de Ragotin. Il lui ordonna le régime ordinaire, et le laissa reposer. Ce petit bout d'homme avait l'imagination si frappée de tout ce qu'on lui avait dit, qu'il crut toujours être fort blessé. Il ne se leva point pour voir le bal qui fut tenu le soir après souper; car on avait fait venir la grande bande de violons du Mans, celle d'Alençon étant à une autre noce à Argentan. On dansa à la mode du pays, et les comédiens et comédiennes dansèrent à la mode de la cour. Destin et l'Étoile dansèrent la sarabande avec l'admiration de toute la compagnie, qui était composée de la noblesse campagnarde et des plus gros manants du village. Le lendemain on joua la pastorale que l'épouse avait demandée. Ragotin s'y fit porter en chaise avec son bonnet de nuit. Ensuite on fit bonne chère, et le lendemain, après avoir bien déjeuné, on paya et remercia la troupe. Le carrosse et les chevaux furent prêts, et l'on tâcha de désabuser Ragotin de sa prétendue blessure; mais on ne put jamais lui persuader le contraire, car il disait toujours qu'il sentait bien son mal. On le mit dans le carrosse, et toute la troupe arriva heureusement à Alençon. Le lendemain on ne représenta point, car les comédiennes voulurent se reposer. Cependant le prieur de Saint-Louis était de retour de son voyage de Séez. Il alla voir la troupe, et l'Étoile lui dit qu'il ne trouverait point d'occasion plus favorable pour achever son histoire; il ne s'en fit point prier, et il poursuivit comme vous l'allez voir.

CHAPITRE XIII.

Suite et fin de l'histoire du prieur de Saint-Louis.

Si le commencement de cette histoire, où vous n'avez vu que de la joie et des contentements, vous a été ennuyeux, ce que vous allez entendre le sera bien davantage, puisque vous n'y verrez que des revers de la fortune, des douleurs et des désespoirs qui suivront les plaisirs et les satisfactions où me verrez encore, mais pour fort peu de temps. Afin donc de reprendre au même lieu où je finis le récit, après que mes camarades et moi eûmes appris nos rôles et répété plusieurs fois, un jour de dimanche au soir nous représentâmes notre pièce dans la maison du sieur du Fresne, ce qui fit un grand bruit dans le voisinage. Quoique nous eussions pris tous les soins possibles de faire tenir les portes du parc bien fermées, nous fûmes accablés néanmoins de tant de monde qui avait passé le château ou escaladé les murailles, que nous eûmes toutes les peines imaginables à gagner le théâtre que nous avions fait dresser dans une salle de médiocre grandeur; aussi resta-t-il les deux tiers du monde dehors. Pour obliger ces gens-là à se retirer, nous leur promîmes que le dimanche suivant nous représenterions dans la ville, et dans une grande salle.

Nous fîmes passablement bien pour des apprentis, excepté un de nos acteurs qui faisait le personnage du secrétaire du roi Darius (la mort de ce monarque était le sujet de notre pièce), car il n'avait que huit vers à dire, ce qu'il faisait assez bien entre nous; mais, quand il fallut représenter tout de bon, il fallut le pousser sur la scène par force, et il fut obligé de parler, mais si mal, que nous eûmes beaucoup de peine à faire cesser les éclats de rire.

La tragédie finie, je commençai le bal avec la du Lis, qui dura jusqu'à minuit. Nous prîmes goût à cet exercice, et, sans en rien dire à personne, nous étudiâmes une autre pièce. Cependant je ne me désistais point de mes visites ordinaires. Or, un jour que nous étions assis près du feu, il arriva un jeune homme à qui l'on fit prendre place; après un quart d'heure d'entretien, il tira de sa poche une boîte dans laquelle il y avait un portrait de cire en relief, très bien fait, qu'il dit être celui de sa maîtresse. Après que toutes les demoiselles l'eurent vu et dit qu'elle était fort belle, je le pris à mon tour; et, en le considérant avec attention, je m'imaginai qu'il ressemblait à la du Lis, et que ce galant-là avait quelque pensée sur elle. Je ne marchandai point à jeter cette boîte dans le feu, où la petite statue fondit bientôt; car quand il se mit en devoir de l'en tirer, je l'arrêtai et le menaçai de le jeter par la fenêtre.

M. du Fresne, qui m'aimait alors autant qu'il m'a haï depuis, jura qu'il lui ferait sauter l'escalier; ce qui obligea ce malheureux à sortir tout confus. Je le suivis sans que personne de la compagnie m'en pût empêcher, et je lui dis que, s'il avait quelque chose sur le cœur, nous avions chacun une épée, et que nous étions en beau lieu pour se satisfaire; mais il n'en eut pas le courage.

Le dimanche suivant nous jouâmes la même tragédie que nous avions déjà représentée, mais dans la salle d'un de nos voisins qui était assez grande, et par ce moyen nous eûmes quinze jours pour étudier l'autre pièce. Je m'avisai de l'accompagner de quelques entrées de ballet : je fis choix de six de mes camarades qui dansaient le mieux, et je fis le septième.

Le sujet du ballet était les bergers et les bergères soumis à l'amour ; car à la première entrée paraissait un Cupidon, et aux autres des bergers et des bergères tous vêtus de blanc, et leurs habits tout parsemés de nœuds de petits rubans bleus, qui étaient les couleurs de la du Lis, et que j'ai aussi toujours portées depuis ; il est vrai que j'y ai ajouté la feuille morte, pour les raisons que je vous dirai à la fin de cette histoire. Ces bergers et bergères faisaient deux à deux une entrée ; et, quand ils paraissaient tous ensemble, ils formaient les lettres du nom de la du Lis ; et l'Amour décochait une flèche à chaque berger, et jetait des flammes de feu aux bergères, et tous, en signe de soumission, fléchissaient le genou.

J'avais composé sur le sujet du ballet quelques vers que nous récitâmes ; et, quand je m'en souviendrais encore, je n'aurais garde de vous les dire, car je suis assuré qu'ils ne vous agréeraient pas, à présent que la poésie française est au plus haut degré où elle puisse monter. Comme nous avions tenu la chose secrète, il nous fut facile de n'avoir que de nos amis particuliers, qui, insensiblement et sans que l'on s'en aperçût, entrèrent dans le parc, où nous représentâmes à notre aise les *Amours d'Angélique et de Sacripant*, roi de Circassie, sujet tiré de l'Arioste. Ensuite nous dansâmes notre ballet. Je voulus commencer le bal à l'ordinaire ; mais monsieur du Fresne ne le voulut pas permettre, disant que nous étions assez fatigués de la comédie et du ballet : il nous donna congé, et nous nous retirâmes.

Nous résolûmes de rendre cette comédie publique, et de la représenter dans la ville ; ce que nous fîmes le dimanche gras, dans la salle de mon parrain et en plein jour. La du Lis me dit, si je commençais le bal, que ce fût avec une fille de notre voisinage, qui était vêtue de taffetas bleu comme elle ; ce que je fis. Mais il s'éleva un murmure sourd dans la compagnie, et il y en eut qui dirent assez haut : Il se trompe, il se manque ; ce qui excita le rire à la du Lis et à moi : de quoi la fille s'étant aperçue, me dit : Ces gens ont raison, car vous avez pris l'une pour l'autre. Je lui répondis succinctement : Pardonnez-moi, je sais fort bien ce que je fais.

Le soir je me masquai avec trois de mes camarades, et je portais le flambeau, croyant que, par ce moyen, je ne serais pas connu, et nous allâmes dans le parc. Quand nous fûmes entrés dans la maison, la du Lis regarda attentivement les trois masques ; et, ayant reconnu que je n'y étais pas, elle s'approcha de moi à la porte où je m'étais arrêté avec le flambeau, et, me prenant par la main, me dit ces obligeantes paroles : Déguise-toi de toutes les façons que tu pourras t'imaginer, je te reconnaîtrai toujours facilement. Après avoir éteint le flambeau je m'approchai de la table, sur laquelle nous posâmes nos boîtes de dragées, et jetâmes le dé. La du Lis me demanda à qui j'en voulais. Je lui fis signe que c'était à elle. Elle me répliqua qu'est-ce que je voulais qu'elle mît au jeu ? Je lui montrai un nœud de ruban que l'on appelle à présent galant, et un bracelet de corail qu'elle avait au bras gauche. Sa mère ne voulait pas qu'elle le hasardât ; mais elle éclata de rire, en disant qu'elle n'appréhendait pas de me le laisser. Nous jouâmes : je gagnai, et je lui fis présent de mes dragées. Autant en firent mes compagnons avec la fille aînée et d'autres demoiselles qui y étaient venues passer la veillée ; après quoi nous prîmes congé. Mais, comme nous allions sortir, la du Lis s'approcha de moi, et mit la main aux cordons qui tenaient mon masque attaché, qu'elle dénoua promptement en disant : Est-ce ainsi que l'on fait de s'en aller si vite ? Je fus un peu honteux, mais pourtant bien aise d'avoir un si beau prétexte de l'entretenir. Les autres se démasquèrent aussi, et nous passâmes la veillée fort agréablement.

Le dernier soir du carnaval je lui donnai le bal avec la petite bande de violons, la grande étant employée pour la noblesse. Pendant le carême il fallut faire trêve de divertissement pour vaquer à la piété, et je puis vous assurer que nous ne manquions pas un sermon, la du Lis et moi. Nous passions les autres heures du jour en visites et en promenades, ou à entendre chanter les filles de la ville, sur le derrière du château, où il y a un excellent écho où elles provoquaient cette nymphe imaginaire à leur répondre. Les fêtes de Pâques approchaient, quand un jour mademoiselle du Fresne la fille me dit en riant : Nous mèneras-tu à

Saint-Pater ? C'est une petite paroisse qui est à un quart de lieue du faubourg de Montfort, où l'on va en dévotion le lundi de Pâques après dîner : c'est là aussi que l'on voit les galants et les galantes. Je lui répondis qu'il ne tiendrait qu'à elle.

Le jour venu, comme je me disposais à les aller prendre au sortir de la maison, je rencontrai un de mes voisins, jeune homme fort riche, qui me demanda où j'allais si empressé. Je lui dis que j'allais au parc quérir les demoiselles du Fresne, pour les accompagner au Saint-Pater. Alors il me répondit que je pouvais bien rentrer, car il savait de bonne part que leur mère avait dit qu'elle ne voulait pas que ses filles y allassent avec moi.

Ce discours m'assomma si fort, que je ne pus lui rien répliquer; mais je rentrai dans ma maison, où étant je me mis à penser d'où pouvait provenir un si prompt changement. Après y avoir bien rêvé, je n'en trouvai d'autre sujet que mon peu de mérite et ma condition. Je ne pus pourtant m'empêcher de déclamer contre leur procédé, de m'avoir souffert tandis que je les avais diverties par des bals, des ballets, comédies et sérénades, car je leur en donnais souvent, en quoi j'avais fait de grandes dépenses, et qu'à présent on me rebutait. La colère où j'étais me fit résoudre d'aller à l'assemblée avec quelques-uns de mes voisins, ce que je fis. Cependant on m'attendait au parc ; et, quand le temps fut passé que je devais m'y rendre, la du Lis et sa sœur, avec quelques autres demoiselles du voisinage, y allèrent.

Après avoir fait leur dévotion dans l'église, elles se placèrent sur la muraille du cimetière, au devant d'un ormeau qui leur donnait de l'ombrage. Je passai devant elles, mais d'assez loin, et la du Fresne me fit signe d'approcher. Je fis semblant de ne la pas voir. Ceux qui étaient avec moi m'en avertirent ; je feignis de ne pas l'entendre, et passai outre, leur disant : Allons faire collation au logis des Quatre-Vents ; ce que nous fîmes. Je ne fus pas plus tôt retourné chez moi, qu'une veuve qui était notre confidente me vint trouver, et me demanda fort brusquement quel sujet m'avait obligé de fuir l'honneur d'accompagner les demoiselles du Fresne à Saint-Pater ; que la du Lis en était outrée de colère au dernier point, et ajouta que je pensasse à réparer cette faute. Je fus fort surpris de ce discours ; et, après lui avoir fait le récit de ce que je viens de vous dire, je l'accompagnai à la porte du parc où elles étaient. Je la laissai faire mes excuses, car j'étais si troublé que je n'aurais pu leur dire que de mauvaises raisons. Alors la mère s'adressa à moi, me dit que je ne devais pas être si crédule, que c'était quelqu'un qui voulait troubler notre contentement, et que je fusse assuré que je serais toujours le bien-venu dans leur maison, où nous allâmes. J'eus l'honneur de donner la main à la du Lis, qui m'assura qu'elle avait eu bien de l'inquiétude, surtout quand j'avais feint de ne pas voir le signe que sa sœur m'avait fait. Je lui demandai pardon et lui fis de mauvaises excuses, tant j'étais transporté d'amour et de colère. Je voulais me venger de ce jeune homme; mais elle me commanda de n'en pas parler seulement, ajoutant que je devais être content d'expérimenter le contraire de ce qu'il m'avait dit. Je lui obéis, comme je fis toujours depuis.

Nous passions le temps le plus doucement qu'on puisse imaginer, et nous éprouvions par de véritables effets, ce que l'on dit, que le mouvement des yeux est le langage des amants; car nous l'avions si familier, que nous nous faisions entendre tout ce que nous voulions.

Un dimanche au soir, au sortir des vêpres, nous nous dîmes, avec ce langage muet, qu'il fallait aller après souper nous promener sur la rivière, et n'avoir que telles personnes que nous désignâmes. J'envoyai aussitôt retenir un bateau, et à l'heure dite je me transportai, avec ceux qui devaient être de la promenade, à la porte du parc, où les demoiselles nous attendaient; mais trois jeunes hommes, qui n'étaient pas de notre cabale, s'arrêtèrent avec elles. Elles firent bien tout ce qu'elles purent pour s'en défaire; mais eux s'en étant aperçus, ils s'opiniâtrèrent à demeurer; ce qui fut cause que, quand nous abordâmes la porte du parc, nous passâmes outre sans nous y arrêter, et nous nous contentâmes de leur faire signe de nous suivre, et les allâmes attendre au bateau. Mais, quand nous aperçûmes ces fâcheux avec elles, nous avançâmes sur l'eau, et allâmes aborder à un autre lieu, proche des portes de la ville, où nous rencontrâmes le sieur du Fresne, qui me demanda où j'avais laissé ses filles. Je ne pensai pas bien à ce que je lui devais répondre, et lui dis franchement que je n'avais pas eu l'honneur de les voir ce soir-là.

Après nous avoir donné le bonsoir il prit le chemin du parc, à la porte duquel il trouva ses filles, auxquelles il demanda d'où elles venaient et avec qui. La du Lis lui répondit : Nous venons de nous promener avec un tel, et me nomma. Alors son père lui accompagna un Vous en avez menti! d'un soufflet, ajoutant que, si j'eusse été avec elles, quand même il aurait été plus tard, il ne s'en fût pas mis en peine.

Le lendemain cette veuve dont je vous ai déjà parlé me vint trouver, pour me dire ce qui s'était passé le soir précédent, et que la du Lis en était fort en colère, non pas tant du soufflet que de ce que je ne l'avais pas attendue, parce qu'au bateau son intention était de se défaire honnêtement de ces fâcheux. Je m'excusai du mieux que je pus, et je passai quatre jours sans l'aller voir. Mais un jour qu'elle, sa sœur et quelques demoiselles étaient assises sur un banc de boutique, dans la rue la plus prochaine de la porte de la ville, par laquelle j'allais sortir pour aller au faubourg, je passai devant elles en levant un peu le chapeau, mais sans les regarder ni leur rien dire. Les autres demoiselles leur demandèrent ce que voulait dire ce procédé, qui paraissait incivil. La du Lis ne répondit rien; mais sa sœur aînée dit qu'elle en ignorait la cause, et qu'il la fallait savoir de lui-même; et, pour ne le pas manquer, allons, dit-elle, nous poster un peu plus près de la porte, au-delà de cette petite rue par où il pourrait nous éviter; ce qu'elles firent.

Comme je repassais devant elles, cette bonne sœur se leva de sa place, et me prit par mon manteau, en me disant : Depuis quand, monsieur le glorieux, fuyez-vous l'honneur de voir votre maîtresse? et en même temps me fit asseoir auprès d'elle; mais, quand je voulus la caresser et lui dire quelques douceurs, elle fut toujours muette et me rebuta furieusement.

Je demeurai là un peu de temps bien entrepris; après quoi je les accompagnai jusqu'à la porte du parc, d'où je me retirai, résolu de n'y aller plus. Je demeurai donc encore quelques jours sans y aller, qui me furent autant de siècles; mais un matin je rencontrai mademoiselle du Fresne la mère, qui m'arrêta et me demanda pourquoi l'on ne me voyait plus. Je lui répondis que c'était la mauvaise humeur de sa cadette. Elle me répliqua qu'elle voulait faire notre accord, et que je l'allasse attendre à la maison. J'en mourais d'impatience, et je fus ravis de cette ouverture. J'y allai donc; et, comme je montais à la chambre, la du Lis, qui m'avait aperçu, en descendit si brusquement, que je ne pus jamais l'arrêter. J'y entrai, et je trouvai sa sœur qui se mit à sourire, à laquelle je dis le procédé de sa cadette; et elle m'assura que tout cela n'était que feinte, et qu'elle avait regardé plus de cent fois par la fenêtre pour voir si je paraîtrais, et qu'elle en témoignait une grande inquiétude; qu'elle était sans doute dans le jardin, où je pouvais aller. Je descendis l'escalier, et m'approchai de la porte du jardin, que je trouvai fermée par dedans. Je la priai plusieurs fois de l'ouvrir, ce qu'elle ne voulut point faire. Sa sœur, qui l'entendait du haut de l'escalier, descendit et me vint ouvrir, car elle en savait le secret. J'entrai, et la du Lis se mit à fuir; mais je la poursuivis si bien, que je la pris par une des manches de son corps de jupe, et je l'assis sur un siége de gazon, où je me mis aussi. Je lui fis mes excuses du mieux qu'il me fut possible; mais elle me parut toujours plus sévère. Enfin, après plusieurs contestations, je lui dis que ma passion ne souffrait point de médiocrité, et qu'elle me porterait à quelque désespoir, de quoi elle se repentirait après ; ce qui ne la rendit pas plus exorable. Alors je tirai mon épée du fourreau, et la lui présentai, la suppliant de me la plonger dans le corps, lui disant qu'il m'était impossible de vivre privé de l'honneur de ses bonnes grâces. Elle se leva pour s'enfuir, en me répondant qu'elle n'avait jamais tué personne, et que quand elle en aurait quelque pensée, elle ne commencerait pas par moi. Je l'arrêtai, en la suppliant de me permettre de l'exécuter moi-même; elle me répondit froidement qu'elle ne m'en empêcherait pas. Alors j'appuyai la pointe de mon épée contre ma poitrine, et me mis en posture pour me jeter dessus; ce qui la fit pâlir, et en même temps elle donna un coup de pied contre la garde de l'épée qu'elle fit tomber à terre, m'assurant que cette action l'avait beaucoup troublée, et me disant que je ne lui fisse plus voir de tels spectacles. Je lui répliquai : Je vous obéirai, pourvu que vous ne me soyez plus si cruelle; ce qu'elle me promit. Ensuite nous nous caressâmes si amoureusement, que j'eusse bien souhaité de me quereller tous les jours avec elle, pour l'appointer avec tant de douceur. Comme nous étions dans ces transports, sa mère entra dans le jardin, et nous dit qu'elle serait bien venue plus tôt, mais qu'elle avait jugé que nous n'avions pas besoin de son entremise pour nous accorder.

Or, un jour que nous nous promenions dans une des allées du parc, le sieur du Fresne, sa femme, la du Lis et moi, qui allions après eux, et qui ne pensions qu'à nous entretenir, cette bonne mère se tourna vers nous, et nous dit qu'elle plaidait bien notre cause. Elle put le dire sans que son mari l'entendît, car il était fort sourd : nous la remerciâmes plutôt d'action que de parole.

Un peu de temps après, monsieur du Fresne me tira à part, et me découvrit le dessein que lui et sa femme avaient de me donner leur plus jeune fille en mariage, avant qu'il partît pour aller en cour servir son quartier, et qu'il ne fallait plus faire de dépenses en sérénades ni autrement pour ce sujet. Je ne lui fis que des remercîments confus ; car j'étais transporté de joie d'un bonheur si inopiné, et qui faisait le comble de ma félicité, et que je ne savais ce que je disais.

Il me souvient bien que je lui dis que je n'eusse pas été si téméraire que de la lui demander, vu mon peu de mérite et l'inégalité des conditions ; à quoi il me répondit que pour du mérite il en avait assez reconnu en moi ; et que, pour la condition, j'avais de quoi suppléer à ce défaut, sous-entendant du bien. Je ne sais ce que je lui répliquai ; mais je sais bien qu'il me convia à souper, après quoi il fut conclu que le dimanche suivant nous assemblerions nos parents pour faire les fiançailles. Il me dit aussi la dot qu'il pouvait donner à sa fille ; je répondis à cela que je ne lui demandais que la personne, et que j'avais assez de bien pour elle et pour moi.

J'étais le plus content homme du monde, et la du Lis aussi contente, ce que nous connûmes dans la conversation que nous eûmes ce soir-là, et qui fut la plus agréable que l'on puisse imaginer ; mais ce plaisir ne dura guère ; car la surveille du jour que nous devions nous fiancer, nous étions, la du Lis et moi, assis sur l'herbe, quand nous aperçûmes de loin un conseiller du présidial, proche parent du sieur du Fresne, qui venait lui rendre visite. Nous en conçûmes la même pensée elle et moi, et nous nous en affligeâmes, sans savoir au vrai ce que nous appréhendions ; ce que l'événement ne nous fit que trop connaître ;

car le lendemain, comme j'allais prendre l'heure de l'assemblée, je fus furieusement surpris de trouver à la porte de la basse-cour la du Lis qui pleurait. Je lui dis quelque chose, mais elle ne me répondit rien. J'entrai plus avant, et je trouvai sa sœur au même état. Je lui demandai ce que voulaient dire tant de pleurs. Elle me répondit, en redoublant ses sanglots, que je ne le saurais que trop. Je montais à la chambre quand la mère en sortait, laquelle passa sans me rien dire, car les larmes, les sanglots et les soupirs la suffoquaient si fort, que tout ce qu'elle put faire ce fut de me regarder pitoyablement, et de dire : Ha! pauvre garçon!

Je ne comprenais rien à un si prompt changement, mais mon cœur me présageait tous les malheurs que j'ai ressentis depuis. Je résolus d'en apprendre le sujet, et je montai à la chambre, où je trouvai M. du Fresne assis dans une chaise, lequel me dit fort brusquement qu'il avait changé d'avis, et qu'il ne voulait pas marier sa cadette avant son aînée; que, quand il la marierait, ce ne serait qu'après le retour de son voyage de la cour. Je lui répondis sur ces deux chefs : au premier, que sa fille aînée n'avait aucune répugnance que sa sœur fût mariée la première, pourvu que ce fût avec moi, parce qu'elle m'avait toujours aimé comme un frère; que pour un autre elle s'y serait opposée (je puis vous assurer qu'elle m'en avait fait la protestation plusieurs fois); et sur le second, que je l'attendrais aussi bien dix ans que les trois mois qu'il serait à la cour. Mais il me dit net que je ne pensasse plus au mariage de sa fille.

Ce discours si surprenant, et prononcé du ton que je viens de vous dire, me jeta dans un si horrible désespoir, que je sortis sans lui répliquer et sans rien dire aux demoiselles, qui ne purent me rien dire aussi.

Je m'en allai à la maison, résolu de me donner la mort; mais, comme je tirais mon épée à dessein de me la plonger dans le corps, cette veuve confidente entra chez moi, et empêcha l'exécution de ce mortel dessein, en me disant, de la part de la du Lis, que je ne m'affligeasse point, qu'il fallait avoir patience, et qu'en pareilles affaires il arrivait toujours du trouble; mais que j'avais un grand avantage d'avoir sa mère et sa sœur aînée pour moi, et elle plus que tous, qui était la principale partie; qu'elles avaient résolu que, quand son père serait parti, ce qui arriverait dans huit ou dix jours, je pourrais continuer mes visites, et que le temps était un grand maître.

Ce discours était fort obligeant, mais je n'en pus être consolé. Aussi je m'abandonnai à la plus noire mélancolie que l'on puisse imaginer et qui me jeta enfin dans un si furieux désespoir, que je résolus de consulter les démons.

Quelques jours avant le départ de M. du Fresne, je m'en allai à demi-lieue de cette ville, dans un lieu où il y a un bois taillis de fort grande étendue, dans lequel le vulgaire croit qu'il habite de mauvais esprits, d'autant que ç'a été autrefois la demeure de certaines fées, qui étaient sans doute de fameuses magiciennes.

Je m'enfonçai dans le bois, appelant et invoquant ces esprits, et les suppliant de me secourir dans l'extrême affliction où j'étais : mais, après avoir bien crié, je ne vis ni n'entendis que des oiseaux qui, par leur ramage, semblaient me témoigner qu'ils étaient touchés de mes malheurs.

Je retournai à ma maison, où je me mis au lit, atteint d'une si étrange frénésie que l'on ne croyait pas que j'en pusse échapper, car j'en fus jusqu'à perdre la parole. La du Lis fut malade en même temps et de la même manière que moi, ce qui m'a obligé depuis de croire à la sympathie : car, comme nos maladies procédaient d'une même cause, elles produisaient aussi en nous de semblables effets : ce que nous apprenions du médecin et de l'apothicaire, qui étaient les mêmes qui nous servaient; pour les chirurgiens, nous avions chacun le nôtre en particulier.

Je guéris un peu plus tôt qu'elle, et je m'en allai, ou, pour mieux dire, je me traînai à sa maison, où je la trouvai au lit (son père était parti pour la cour). Sa joie ne fut pas médiocre, comme la suite me le fit connaître; car, après avoir demeuré environ une heure avec elle, il me sembla qu'elle n'avait plus de mal; ce qui m'obligea à la presser de se lever, et elle le fit pour me satisfaire. Mais, sitôt qu'elle fut hors du lit, elle s'évanouit entre mes bras.

Je fus bien marri de l'en avoir pressée, car nous eûmes beaucoup de peine à la faire revenir de son évanouissement : quand elle le fut, nous la remîmes dans le lit, où je la laissai pour lui donner moyen de reposer, ce qu'elle n'eût peut-être pas fait en ma présence.

Nous guérîmes entièrement, et nous passâmes agréablement le temps de tout celui que son père demeura à la cour. Mais, à son retour, il fut averti par quelques ennemis secrets que j'avais toujours fréquenté dans sa maison et pratiqué familièrement sa fille, à laquelle il fit de rigoureuses défenses de me voir, et se fâcha fort contre sa femme et sa fille aînée de ce qu'elles avaient favorisé nos entrevues; ce que j'appris de notre confidente, comme la résolution qu'elles avaient prise de me voir toujours et par quels moyens.

Le premier fut que je prisse garde quand cet injuste père sortait de la ville : car aussitôt j'allais dans sa maison, où je demeurais jusqu'à son retour, que nous connaissions facilement à sa manière de frapper à la porte, et aussitôt je me cachais derrière une pièce de tapisserie; et, quand il entrait, un valet ou une servante, ou quelquefois une de ses filles, lui ôtait son manteau et je sortais facilement sans qu'il le sût : car, comme je l'ai déjà dit, il était fort sourd, et, en sortant, la du Lis m'accompagnait toujours jusqu'à la porte de la basse-cour.

Ce moyen fut découvert, et nous eûmes recours au jardin de notre confidente, dans lequel je me rendais par un autre jardin de nos voisins, ce qui dura assez; mais à la fin il fut encore découvert. Nous nous servîmes ensuite des églises, tantôt l'une, tantôt l'autre, ce qui fut encore connu, tellement que nous n'avions plus que le hasard, quand nous pouvions nous rencontrer dans quelques-unes des allées du parc, mais il fallait user de grande précaution.

Un jour que j'y avais demeuré assez longtemps avec la du Lis (car nous nous étions entretenus à fond de nos communs malheurs, et avions pris de fortes résolutions de les surmonter), je voulus l'accompagner jusqu'à la porte de la basse-cour, où nous aperçûmes de loin son père, qui venait de la ville et tout droit à nous. De fuir, il n'y avait pas moyen, car il nous avait vus. Elle me dit alors d'inventer quelque prétexte pour nous excuser; mais je lui répondis qu'elle avait l'esprit plus présent et plus subtil que moi, et qu'elle y pensât.

Cependant il arriva; et, comme il commençait à se fâcher,

elle lui dit que j'avais appris qu'il avait apporté des bagues et autres joailleries (car il employait ses gages en orfévreries pour y faire quelque profit, étant aussi avare que sourd), et que je venais pour voir s'il voudrait m'accommoder de quelques-unes pour donner à une fille du Mans avec laquelle je me mariais. Il le crut, nous montâmes, et il me montra ses bagues. J'en choisis deux, un petit diamant et une rose d'opale. Nous fûmes d'accord du prix, que je lui payai à l'heure même.

Cet expédient me facilita la continuation de mes visites; mais, quand il vit que je ne me hâtais point d'aller au Mans, il en parla à sa jeune fille, comme se doutant de quelque fourberie. Elle me conseilla d'y faire un voyage; ce que je fis.

Cette ville est une des plus agréables du royaume, où il y a du plus beau monde et du mieux civilisé, et où les filles sont les plus polies et les plus spirituelles, comme vous le savez fort bien : aussi j'y fis en peu de temps de grandes connaissances.

J'étais logé aux Chênes-Verts, où était aussi logé un opérateur qui débitait ses drogues en public sur le théâtre, en attendant l'issue d'un projet qu'il avait fait de dresser une troupe de comédiens. Il avait déjà avec lui des personnes de qualité; entre autres le fils d'un comte que je ne nomme pas par discrétion, un jeune avocat du Mans, qui avait été en troupe, sans compter un de ses frères et un autre vieux comédien, qui s'enfarinait à la farce, et il attendait une jeune fille de Laval, qui lui avait promis de se dérober de la maison de son père et de le venir trouver. Je fis connaissance avec lui; et un jour, faute de meilleur entretien, je lui fis succinctement le récit de mes malheurs; ensuite de quoi il me persuada de prendre parti dans sa troupe, et que ce serait le moyen de me faire oublier mes disgrâces. J'y consentis volontiers; et, si la fille fût venue, je l'aurais certainement suivi.

Mais les parents en furent avertis, ils prirent garde à elle; ce qui fut la cause que le dessein ne réussit pas, et qui m'obligea à m'en revenir. Mais l'amour me fournit une invention pour pratiquer encore la du Lis sans soupçon, ce fut de mener avec moi cet avocat dont je viens de vous parler, et un autre jeune homme de ma connaissance, auxquels je découvris mon dessein, qui furent ravis de me servir en cette occasion.

Ils parurent en cette ville sous le titre, l'un de frère, l'autre de cousin-germain d'une maîtresse imaginaire. Je les menai chez le sieur du Fresne, que j'avais prié de me traiter de parent, ce qu'il fit. Il ne manqua pas non plus de leur dire mille biens de moi, les assurant qu'ils ne pouvaient pas mieux loger leur parente, et ensuite nous donna à souper. On but à la santé de ma maîtresse, et la du Lis fit raison.

Après qu'ils eurent demeuré cinq ou six jours en cette ville, ils s'en retournèrent au Mans. J'avais toujours accès chez le sieur du Fresne, qui me disait sans cesse que je tardais trop à aller au Mans achever mon mariage ; ce qui me fit appréhender que la feinte ne fût à la fin découverte, et qu'il ne me chassât encore une fois honteusement de sa maison ; ce qui me fit prendre la plus cruelle résolution qu'un homme désespéré puisse jamais avoir, qui fut de tuer la du Lis, de peur qu'un autre n'en fût possesseur.

Je m'armai d'un poignard et l'allai trouver, la priant de venir avec moi faire une promenade ; ce qu'elle m'accorda. Je la menai insensiblement dans un lieu fort écarté des allées du parc, où il y avait des broussailles. Ce fut là où je lui découvris le cruel dessein que le désespoir de la posséder m'avait fait concevoir, tirant en même temps le poignard de ma poche. Elle me regarda si tendrement, et me dit tant de douceurs, qu'elle accompagna de protestations de constance et de belles promesses, qu'il lui fut facile de me désarmer. Elle saisit le poignard que je ne pus retenir, le jeta au travers des broussailles, et me dit qu'elle s'en voulait aller, et qu'elle ne se trouverait plus seule avec moi. Elle voulait me dire que je n'avais pas sujet d'en user ainsi ; mais je l'interrompis pour la prier de se trouver le lendemain chez notre confidente où je me rendrais, et que là nous prendrions les dernières résolutions.

Nous nous y rencontrâmes à l'heure marquée. Je la saluai, nous pleurâmes nos communes misères ; et, après de longs discours, elle me conseilla d'aller à Paris, me protestant qu'elle ne consentirait jamais à aucun mariage ; et que, quand je demeurerais dix ans, elle m'attendrait. Je lui fis des promesses réciproques, que j'ai mieux tenues qu'elle. Comme je voulais prendre congé d'elle (ce qui ne fut pas sans verser beaucoup de larmes), elle fut d'avis que sa mère et sa sœur fussent de la confidence. La veuve les alla quérir, et je demeurai seul avec la du Lis.

Ce fut alors que nous nous ouvrîmes nos cœurs mieux que nous n'avions jamais fait : elle en vint à me dire que si je voulais l'enlever, elle y consentirait volontiers et me suivrait partout; et que si l'on venait après nous et que l'on nous attrapât, elle feindrait d'être enceinte. Mais mon amour était si pur, que je ne voulus jamais mettre son honneur en compromis, laissant l'événement à la conduite du sort. Sa mère et sa sœur arrivèrent, et nous leur déclarâmes nos résolutions, ce qui fit redoubler les pleurs et les embrassements. Enfin je pris congé d'elles pour aller à Paris.

Avant de partir, j'écrivis une lettre à la du Lis : je ne m'en rappelle point les termes; mais vous pouvez bien vous imaginer que j'y avais mis tout ce que je m'étais figuré de tendre pour leur donner de la compassion. Aussi notre confidente qui porta la lettre, m'assura qu'après la lecture de cette lettre, la mère et les deux filles avaient été si affligées, que la du Lis n'avait pas eu le courage de me faire réponse.

J'ai supprimé beaucoup d'aventures qui nous arrivèrent pendant le cours de nos amours, pour ne pas abuser de votre patience; comme les jalousies que la du Lis conçut contre moi, pour une demoiselle sa cousine-germaine qui l'était venue voir, et qui demeura trois mois dans la maison : la même chose pour la fille de ce gentilhomme qui avait amené ce galant que je fis en aller, non plus que plusieurs querelles que j'eus à démêler, et des combats ou des rencontres de nuit où je fus blessé par deux fois au bras et à la cuisse.

Je finis donc ici la digression, pour vous dire que je partis pour Paris, où j'arrivai heureusement, et où je demeurai environ une année. Mais ne pouvant pas y subsister comme je faisais en cette ville, tant à cause de la cherté des vivres, que pour avoir fort diminué mes biens à la recherche de la du Lis pour laquelle j'avais fait de grandes dépenses, comme vous avez pu l'apprendre de ce que je vous ai dit; je me mis en condition en qualité de secrétaire d'un secrétaire de la chambre du roi, lequel avait épousé la veuve d'un autre secrétaire aussi du roi.

Je n'y eus pas demeuré huit jours que cette dame usa avec moi d'une familiarité extraordinaire, à laquelle je ne fis point pour lors de réflexion ; mais elle continua si ouvertement, que quelques-uns de ses domestiques s'en aperçurent, comme vous l'allez voir. Un jour qu'elle m'avait donné une commission pour la ville, elle me dit de prendre le carrosse dans lequel je montai seul, et je dis au cocher de me mener par le Marais du Temple, tandis que son mari allait par la ville à cheval, suivi d'un seul laquais ; car elle lui avait persuadé qu'il ferait mieux ses affaires de la sorte, que de traîner un carrosse qui est toujours embarrassant.

Quand je fus dans une longue rue où il n'y avait que des portes cochères, et où, par conséquent, on ne voyait guère de monde, le cocher arrêta le carrosse et descendit. Je lui criai pourquoi il s'arrêtait ? Il s'approcha de la portière, et me pria de l'écouter ; ce que je fis. Alors il me demanda si je n'avais point pris garde au procédé de madame à mon sujet. Je lui répondis que non, et lui demandai ce qu'il voulait dire. Il me répondit que je ne connaissais pas ma fortune, et qu'il y avait beaucoup de personnes à Paris qui eussent bien voulu en avoir une semblable. Je ne raisonnai guère avec lui, mais je lui demandai de remonter sur son siége, et de me conduire à la rue Saint-Honoré. Je ne laissai pas de rêver profondément à ce qu'il m'avait dit ; et, quand je fus de retour à la maison, j'observai plus exactement les actions de cette dame, dont quelques-unes me confirmèrent ce que m'avait dit le cocher.

Un jour j'avais acheté de la toile et de la dentelle pour des collets, que j'avais donnés à faire à ses filles de service ; comme elles y travaillaient, elle leur demanda pour qui ils étaient : elles répondirent que c'était pour moi. Elle leur dit alors de les achever, mais que pour la dentelle, elle la voulait mettre.

Un jour qu'elle l'attachait, j'entrai dans sa chambre, et elle me dit qu'elle travaillait pour moi, d'où je fus si confus, que je ne fis que des remercîments de même. Mais un matin que j'écrivais dans ma chambre, qui n'était pas éloignée de la sienne, elle me fit appeler par un laquais ; et, quand j'en approchai, j'entendis qu'elle criait furieusement contre sa demoiselle suivante et sa femme de chambre. Elle disait : Ces chiennes, ces vilaines ne peuvent faire adroitement ; sortez de ma chambre.

Comme elles en sortaient j'y entrai, elle continua à déclamer contre elles, et me dit de fermer la porte et de lui aider à s'habiller ; aussitôt elle me dit de prendre sa chemise qui était sur la toilette, et de la lui donner ; et en même temps elle dépouilla celle qu'elle avait, et s'exposa à ma vue toute nue, dont j'eus aussi grande honte, que je lui dis que je ferais encore plus mal que ses filles qu'elle devait faire revenir, à quoi elle fut obligée par l'arrivée de son mari.

Je ne doutais plus de son intention : mais, comme j'étais jeune et timide, j'appréhendai quelque sinistre accident ; car, quoiqu'elle fût déjà avancée en âge, elle avait pourtant encore de beaux restes, ce qui me fit résoudre à demander mon congé, ce que je fis un soir après que l'on eut servi le souper. Alors, sans me rien répondre, son mari se retira à sa chambre et retourna sa chaise du côté du feu, disant au maître-d'hôtel de remporter la viande.

Je descendis pour souper avec lui : comme nous étions à table, une de ses nièces, âgée d'environ douze ans, descendit, et s'adressant à moi, me dit que madame sa tante l'envoyait pour savoir si j'avais bien le courage de souper, elle ne soupant point. Je ne me souviens pas bien de ce que je lui répondis ; mais je sais bien que la dame se mit au lit, et qu'elle fut extrêmement malade.

Le lendemain, de grand matin, elle me fit appeler pour donner ordre d'avoir des médecins ; comme j'approchai de son lit, elle me prit la main, et me dit ouvertement que j'étais la cause de son mal, ce qui redoubla mon appréhension, en sorte que le même jour je me mis dans les troupes qu'on faisait à Paris pour le duc de Mantoue, et je partis sans en rien dire à personne. Notre capitaine ne vint pas avec nous, laissant la conduite de sa compagnie à son lieutenant, qui était un franc voleur, aussi bien que les deux sergents : car ils brûlaient presque tous les logements, et nous faisaient souffrir ; aussi furent-ils pris par le prévôt de Troyes en Champagne, qui les y fit pendre, excepté l'un des sergents qui se trouva frère d'un des valets de chambre de monseigneur le duc d'Orléans, qui le sauva.

Nous demeurâmes sans chef ; et les soldats, d'un commun accord, m'élurent pour commander la compagnie, qui était composée de quatre-vingts soldats. J'en pris la conduite avec autant d'autorité que si j'en eusse été le capitaine en chef. Je passai en revue, et tirai la montre que je distribuai, aussi bien que les armes que je pris à Sainte-Reine en Bourgogne. Enfin, nous enfilâmes jusqu'à Embrun en Dauphiné, où notre capitaine nous vint trouver, dans l'appréhension qu'il n'y eût pas un soldat à sa compagnie.

Mais quand il apprit ce qui s'était passé, et que je lui en fis paraître soixante-huit (car j'en avais perdu douze dans la marche), il me caressa fort, et me donna son drapeau et sa table. L'armée, qui était la plus belle qui fût jamais sortie de France, eut le mauvais succès que vous avez pu savoir, ce qui arriva par la mauvaise intelligence des généraux.

Après son débris, je m'arrêtai à Grenoble, pour laisser passer la fureur des paysans de Bourgogne et de Champagne, qui tuaient tous les fugitifs ; et le massacre en fut si grand, que la peste se mit si furieusement dans ces deux provinces, qu'elle se répandit par tout le royaume.

Après que j'eus demeuré quelque temps à Grenoble, où je fis de grandes connaissances, je résolus de me retirer dans cette ville ma patrie, mais en passant par des lieux écartés du grand chemin, pour la raison que j'ai dite. J'arrivai à un petit bourg appelé Saint-Patrice, où le fils puîné de la dame du lieu qui était veuve, faisait une compagnie de fantassins pour le siége de Montauban. Je me mis avec lui, et il reconnut sur mon visage quelque chose qui n'était pas rebutant. Après m'avoir demandé d'où j'étais, et que je lui eus dis franchement la vérité, il me pria de prendre le soin de conduire un de ses frères, jeune garçon, chevalier de Malte, auquel il avait donné son enseigne ; ce que j'acceptai volontiers.

Nous partîmes pour aller à Noves en Provence, qui était le lieu d'assemblée du régiment : mais nous n'y eûmes pas demeuré trois jours que le maître d'hôtel de ce capitaine le vola, et s'enfuit. Il donna ordre qu'il fût suivi, mais en vain : ce fut alors qu'il me pria de prendre les clefs de ses coffres, que je ne gardai guère ; car il fut député du corps du régiment pour aller trouver le grand cardinal de Richelieu, qui conduisait l'armée pour le siège de Montauban, et autres villes rebelles de Guyenne et de Languedoc. Il me mena avec lui et nous trouvâmes Son Éminence dans la ville d'Albi ; nous la suivîmes jusqu'à cette ville rebelle, qui ne le fut plus à l'arrivée de ce grand homme ; car elle se rendit comme vous l'avez pu savoir. Nous eûmes pendant ce voyage un grand nombre d'aventures que je ne vous dis point, pour n'être pas ennuyeux ; ce que j'ai peut-être déjà trop été.

Alors l'Étoile lui dit que ce serait les priver d'un agréable divertissement s'il ne continuait jusqu'à la fin. Il poursuivit donc ainsi :

Je fis de grandes connaissances dans la maison de cet illustre cardinal, et principalement avec les pages, dont il y en avait dix-huit de Normandie, et qui me faisaient de grandes caresses, aussi bien que les autres domestiques de la maison. Quand la ville fut rendue, notre régiment fut licencié, et nous nous en revînmes à Saint-Patrice. La dame du lieu avait un procès contre son fils aîné, et se préparait pour aller le poursuivre à Grenoble. Quand nous arrivâmes, je fus prié de l'accompagner, à quoi j'eus un peu de répugnance, car je voulais me retirer, comme je vous l'ai dit, mais je me laissai gagner, et je ne m'en repentis pas. Car quand nous fûmes arrivés à Grenoble, où je sollicitai fortement le procès, le roi Louis XIII, de glorieuse mémoire, y passa pour aller en Italie, et j'eus l'honneur d'y voir à sa suite les plus grands seigneurs de ce pays, entre autres le gouverneur de cette ville, lequel connaissait fort monsieur de Saint-Patrice, à qui il me recommanda ; et, après m'avoir offert de l'argent, il lui dit qui j'étais, ce qui l'obligea à faire plus d'estime de moi qu'il n'avait fait, quoique je n'eusse pas sujet de me plaindre. Je vis encore cinq jeunes hommes de cette ville, qui étaient dans le régiment aux gardes, trois desquels étaient gentilshommes auxquels j'avais l'honneur d'appartenir. Je les traitai du mieux qu'il me fut possible, et à la maison et au cabaret.

Un jour que nous venions de déjeuner d'un logis du faubourg Saint-Laurent, qui est au-delà du pont, nous nous y arrêtâmes pour voir passer des bateaux, et l'un d'eux me dit qu'il s'étonnait fort que je ne leur demandasse point des nouvelles de la du

Lis. Je leur dis que je n'avais osé, de peur d'en trop apprendre. Ils me repartirent que j'avais bien fait, et que je devais l'oublier puisqu'elle ne m'avait pas tenu parole. Je pensai mourir à cette nouvelle; mais enfin il fallut tout savoir. Ils me dirent donc qu'aussitôt que l'on eut appris mon départ pour l'Italie, on l'avait mariée à un jeune homme qu'ils me nommèrent, et qui était celui de tous ceux qui y pouvaient prétendre, pour qui j'avais le plus d'aversion. Alors j'éclatai, et dis contre elle tout ce que la colère me suggéra. Je l'appelai tigresse, félonne, perfide, traîtresse; qu'elle n'eût pas osé se marier me sachant si près, étant bien assurée que je la serais allé poignarder avec son mari jusque dans son lit. Après je sortis de ma poche une bourse d'argent et de soie bleue à petit point, qu'elle m'avait donnée, dans laquelle je conservais le bracelet et le ruban que je lui avais gagnés. J'y mis une pierre, et la jetai avec violence dans la rivière, en disant : De même que ces choses s'enfuiront au gré des ondes, ainsi puisse s'effacer de ma mémoire la personne à qui elles ont appartenu.

Ces messieurs furent étonnés de mon procédé, et me protestèrent qu'ils étaient bien marris de me l'avoir dit, mais qu'ils craignaient que je ne l'eusse appris d'ailleurs. Ils ajoutèrent, pour me consoler, qu'elle avait été forcée à se marier, et qu'elle avait bien fait paraître l'aversion qu'elle avait pour son mari; car elle n'avait fait que languir depuis son mariage, et était morte quelque temps après. Ce discours redoubla mon déplaisir, et me donna en même temps quelque espèce de consolation. Je pris congé de ces messieurs, et me retirai à la maison, mais si changé, que mademoiselle de Saint-Patrice, fille de cette bonne dame, s'en aperçut. Elle me demanda ce que j'avais, à quoi je ne répondis rien : mais elle me pressa si fort, que je lui dis succinctement mes aventures et la nouvelle que je venais d'apprendre. Elle fut touchée de ma douleur, comme je le reconnus aux larmes qu'elle versa. Elle le fit savoir à sa mère et à ses frères, qui me témoignèrent de participer à mes déplaisirs, mais qu'il fallait se consoler et prendre patience. Le procès de la mère et du fils se termina par un accord, et nous nous en retournâmes. Ce fut alors que je commençai à penser à la retraite.

La maison où j'étais était assez puissante pour me faire trouver de bons partis, et l'on m'en proposa plusieurs ; mais je ne pus jamais me résoudre au mariage. Je repris le premier dessein que j'avais eu autrefois de me rendre capucin, et j'en demandai l'habit ; mais il y survint tant d'obstacles dont la déduction ne vous serait qu'ennuyeuse, que je cessai cette poursuite.

En ce temps-là le roi commandait l'arrière-ban de la noblesse du Dauphiné, pour aller à Casal. Monsieur de Saint-Patrice me pria de faire encore ce voyage avec lui, ce que je ne pus honorablement refuser. Nous partîmes, et nous arrivâmes. Vous savez ce qui en résulta. Le siége fut levé, la ville rendue ; et la paix faite par l'entremise de Mazarin. Ce fut le premier degré par où il monta au cardinalat, et à cette prodigieuse fortune qu'il a eue ensuite du gouvernement de la France.

Nous nous en retournâmes à Saint-Patrice, où je persistai toujours à me rendre religieux. Mais la divine Providence en disposa autrement. Un jour monsieur de Saint-Patrice me dit, voyant ma résolution, qu'il me conseillait de me faire prêtre séculier ; mais j'appréhendai de ne pas avoir assez de capacité, et il me repartit qu'il y en avait de moindres que moi. Je m'y résolus, et je pris les ordres sur un patrimoine que madame sa mère me donna, et cent livres de rentes qu'elle m'assigna sur le plus liquide de son revenu. Je dis ma première messe dans l'église de la paroisse, et ladite dame en usa comme si j'eusse été son propre enfant ; car elle traita splendidement une trentaine de prêtres qui s'y trouvèrent, et plusieurs gentilshommes du voisinage. J'étais dans une maison trop puissante pour manquer de bénéfices ; aussi six mois après j'eus un prieuré assez considérable, avec deux autres petits bénéfices. Quelques années après j'eus un gros prieuré et une fort bonne cure ; car j'avais pris grande peine à étudier, et je m'étais rendu en état de monter en chaire avec succès devant les beaux auditoires, et en présence même des prélats. Je ménageai mes revenus, et amassai une notable somme d'argent, avec laquelle je me retirai dans cette ville où vous me voyez maintenant ravi du bonheur de la connaissance d'une si charmante compagnie, et d'avoir été assez heureux de lui rendre quelque petit service.

L'Étoile prit la parole, disant : Mais le plus grand service que vous sauriez nous avoir jamais rendu...

Elle voulait continuer, quand Ragotin se leva pour dire qu'il voulait faire une comédie de cette histoire, et qu'il n'y aurait rien de plus beau que la décoration du théâtre, un beau parc avec son grand bois et une rivière; pour le sujet, des amants, des combats et une première messe. Tout le monde se mit à rire, et Roquebrune, qui le contrariait toujours, lui dit : Vous n'y entendez rien : vous ne sauriez mettre cette pièce dans les règles, parce qu'il faudrait changer la scène et y demeurer trois ou quatre ans.

Alors le prieur leur dit : Messieurs, ne disputez point à ce sujet, j'y ai donné ordre il y a longtemps. Vous savez que monsieur du Hardi n'a jamais observé cette rigide règle des vingt-quatre heures, non plus que quelques-uns de nos poètes modernes, comme l'auteur de Saint-Eustache, etc.; et monsieur Corneille ne s'y serait pas attaché, sans la censure que monsieur Scudéry voulut faire du *Cid*; aussi tous les honnêtes gens appellent ces manquements de belles fautes. J'en ai donc composé une comédie, que j'ai intitulée : *La fidélité conservée après l'espérance perdue*; et depuis j'ai pris pour devise un arbre dépouillé de sa parure verte, et où il ne reste que quelques feuilles mortes (qui est la raison pourquoi j'ai ajouté cette couleur à la bleue), avec un petit chien barbet au pied, et ces paroles pour âme de la devise : *Privé d'espoir, je suis fidèle*. Cette pièce roule les théâtres il y a fort longtemps. Le titre en est aussi à propos que vos couleurs et votre devise, dit l'Étoile; car votre maîtresse vous a trompé, et vous lui avez toujours gardé la fidélité, n'en ayant point voulu épouser d'autre.

La conversation finit par l'arrivée de messieurs de Verville et de la Garouffière. Et je finis aussi ce chapitre, qui sans doute a été bien ennuyeux, tant pour sa longueur que pour son sujet.

CHAPITRE XIV.

Retour de Verville, accompagné de M. de la Garouffière. Mariage des comédiens et comédiennes, et autres aventures de Ragotin.

Tous ceux de la troupe furent étonnés de voir M. de la Garoussière : pour Verville, il était attendu avec impatience, principalement de ceux et celles qui devaient se marier. Ils lui demandèrent quelles bonnes affaires il avait en cette ville. Il leur répondit qu'il n'en avait aucune ; mais que monsieur de Verville lui ayant communiqué quelque chose d'importance, il avait été ravi de trouver une occasion favorable pour les revoir encore une fois, et leur offrir la continuation de ses services. Verville lui fit signe qu'il n'en fallait parler qu'en secret, et pour lui en rompre le discours, il lui présenta le prieur de Saint-Louis, avec qui il avait fait grande amitié, lui disant que c'était un fort galant homme. Alors l'Étoile leur dit qu'il venait d'achever une histoire aussi agréable que l'on en pût ouïr. Ces deux messieurs témoignèrent du regret de n'être pas venus plus tôt pour avoir eu la satisfaction de l'entendre. Alors Verville passa dans une autre chambre, où Destin le suivit ; et après y avoir demeuré quelques moments, ils appelèrent l'Étoile et Angélique, et ensuite Léandre et la Caverne, que monsieur de la Garouffière suivit. Quand ils furent assemblés, Verville leur dit qu'étant à Rennes il avait communiqué à monsieur de la Garouffière le dessein qu'ils avaient fait de se marier, et qu'ils devaient repasser par Alençon pour être de la noce, et qu'il avait témoigné vouloir être de la partie. Il en fut remercié très humblement, et on lui témoigna de même l'obligation qu'on lui avait d'avoir voulu prendre cette peine. Mais à propos, dit monsieur de Verville, il faudrait faire monter cet honnête homme qui est en bas ; ce que l'on fit.

Quand il fut entré, la Caverne le regarda fixement, et la force du sang fit un si merveilleux effet en elle qu'elle s'attendrit et pleura sans en savoir la cause. On lui demanda si elle connaissait cet homme-là ? Elle répondit qu'elle ne croyait pas jamais l'avoir vu. On lui dit de le regarder avec attention, ce qu'elle fit ; et pour lors elle trouva sur son visage tant de traits du sien qu'elle s'écria : Ne serait-ce point mon frère ? Alors il s'approcha d'elle et l'embrassa, l'assurant que c'était lui-même que le malheur avait éloigné si longtemps de sa présence. Il salua sa nièce et tous ceux de la compagnie, et assista à la conférence secrète, où il fut conclu que l'on célébrerait les deux mariages, savoir, de Destin avec l'Étoile, et de Léandre avec Angélique.

Toute la difficulté consistait à savoir quel prêtre les épouserait. Alors le prieur de Saint-Louis (que l'on avait aussi appelé à la conférence) leur dit qu'il se c'argeait de cela, et qu'il en parlerait aux curés des deux paroisses de la ville et à celui du faubourg de Montfort; que s'ils en faisaient quelque difficulté il retournerait à Séez, et qu'il en obtiendrait la permission du seigneur évêque; que s'il ne voulait pas la lui accorder, il irait trouver monseigneur l'évêque du Mans, de qui il avait l'honneur d'être connu, parce que sa petite église était de sa juridiction, et qu'il ne croyait pas d'en être refusé. Il fut donc prié de prendre ce soin-là.

Cependant on fit secrètement venir un notaire, et l'on passa les contrats de mariage. Je ne vous en dis point les clauses, car cette particularité n'est point venue à ma connaissance, mais bien qu'ils se marièrent. Messieurs de Verville, de la Garouffière et de Saint-Louis furent les témoins. Ce dernier alla parler aux curés; mais aucun d'eux ne voulut les épouser, alléguant beaucoup de raisons que le prieur ne put surmonter, parce qu'il n'en était peut-être pas capable; ce qui le fit résoudre d'aller à Séez.

Il prit le cheval de Léandre et un de ses laquais, et alla trouver le seigneur évêque, qui résista un peu à lui accorder sa requête; mais le prieur lui remontra que ces-gens-là n'étaient véritablement d'aucune paroisse, car ils étaient aujourd'hui dans un lieu, et demain dans un autre; que pourtant on ne pouvait pas les mettre au rang des vagabonds et gens sans aveu (ce qui était la plus forte raison sur laquelle les curés avaient fondé leur refus), car ils avaient bonne permission du roi, et avaient leurs ménages, et par conséquent étaient censés sujets des évêques dans le diocèse desquels ils se trouvaient lors de leur résidence en quelque ville; que ceux pour qui il demandait la dispense étaient dans celle d'Alençon, où il avait juridiction, tant sur eux que sur les autres habitants, et que par cette raison il pouvait les dispenser, comme il l'en suppliait très humblement, parce que d'ailleurs ils étaient fort honnêtes gens.

L'évêque donna pouvoir au prieur de les épouser en quelle église il voudrait. Il voulait appeler son secrétaire pour faire la dispense en forme; mais le prieur lui dit qu'un mot de sa main suffisait, ce que le bon seigneur fit aussi agréablement qu'il lui donna à souper.

Le lendemain il s'en retourna à Alençon, où il trouva les fiancés qui préparaient tout ce qui était nécessaire pour les noces. Les autres comédiens, qui n'avaient point été du secret, ne savaient que penser de tant d'appareil, et Ragotin en était le plus en peine. Ce qui les obligeait à tenir la chose ainsi secrète, n'était que ce que vous avez appris de Destin : car pour Léandre et Angélique, cela était connu de tous, et aussi la crainte de ne réussir pas à la dispense. Mais quand ils en furent assurés, on rendit la chose publique, on lut les contrats de mariage devant tous, et l'on prit jour pour épouser.

Ce fut un furieux coup de foudre pour le pauvre Ragotin, à qui la Rancune dit tout bas : « Ne vous l'avais-je pas bien dit? je m'en étais toujours défié. » Le pauvre petit homme entra dans la plus profonde mélancolie que l'on puisse imaginer, laquelle le précipita dans un furieux désespoir, comme vous l'apprendrez dans le dernier chapitre de ce roman. Il devint si troublé que, passant devant la grande église de Notre-Dame, un jour de fête que l'on carillonnait, il tomba dans l'erreur de la plupart des gens du vulgaire, qui croient que les cloches disent tout ce qu'ils s'imaginent. Il s'arrêta pour les écouter, et il se persuada facilement qu'elles disaient :

Ragotin, ce matin,
A tant bu de pots de vin,
Qu'il branle, qu'il branle.

Il entra là-dessus dans une si furieuse colère contre le campanier, qu'il cria tout haut : Tu en as menti! je n'ai pas bu aujourd'hui extraordinairement. Je ne me serais pas fâché si tu leur faisais dire :

Le mutin de Destin
A ravi à Ragotin
L'Etoile, l'Etoile.

car j'aurais eu la consolation de voir les choses inanimées témoigner du ressentiment de ma douleur ; mais de m'appeler ivrogne, ha! tu la paieras. Et aussitôt il enfonça son chapeau, et entra dans l'église par une des portes où il y a un degré en vis, par lequel il monta à l'orgue.

Quand il vit que cette montée n'allait pas au clocher, il la suivit jusqu'au plus haut, où il trouva une porte fort basse, par laquelle il entra, et suivit sous le toit des chapelles, sous lequel il

Ragotin et le campanier.

faut que ceux qui y passent se baissent; mais lui y trouva un plancher fort élevé. Il marcha jusqu'au bout, où il trouva une porte qui va au clocher, où il monta. Quand il fut au lieu où les cloches sont pendues, il trouva le campanier qui carillonnait toujours, et qui ne regardait point derrière lui. Alors il se mit à lui dire des injures, l'appelant insolent, impertinent, sot, brutal, maroufle, etc. Mais le bruit des cloches l'empêchait de l'entendre. Ragotin s'imagina qu'il le méprisait, ce qui l'impatienta : il s'approcha de lui, et en même temps lui donna un grand coup de poing sur le dos. Le campanier, se sentant frappé, se tourna, et voyant Ragotin, lui dit : Hé! petit escargot, qui diable t'a amené ici pour me frapper? Ragotin se mit en devoir de lui en dire le sujet, et de lui faire ses plaintes ; mais le campanier, qui n'entendait point raillerie, sans vouloir l'écouter, le prit par un bras, et en même temps lui donna un coup de pied au cul, qui le fit culbuter le long d'un petit degré de bois jusque sur le plancher, d'où l'on sonne les cloches à branle.

Il tomba si rudement la tête la première, qu'il donna du visage contre une des boîtes par où l'on passe les cordes, et se mit tout en sang. Il pesta comme un petit démon, et descendit promptement ; il passa au travers de l'église, d'où il alla trouver le lieutenant-criminel, pour se plaindre à lui de l'excès que le campanier avait commis en sa personne. Ce magistrat, le voyant ainsi sanglant, crut facilement ce qu'il lui disait ; mais, après en avoir appris le sujet, il ne put s'empêcher de rire, et connut bien que le petit homme avait le cerveau mal timbré. Cependant, pour le contenter, il lui dit qu'il ferait justice, et envoya un laquais dire au campanier qu'il le vînt trouver.

Quand il fut venu, il lui demanda pourquoi il faisait injurier cet honnête homme par ses cloches ; à quoi il lui répondit qu'il ne le connaissait point, et qu'il carillonnait à son ordinaire :

  Orléans, Beaugency,
  Notre-Dame de Cléry,
  Vendôme, Vendôme,

mais qu'en ayant été frappé et injurié, il l'avait poussé, et qu'ayant rencontré le haut de l'escalier, il en était tombé. Le lieutenant lui dit : Une autre fois, soyez plus avisé ; et à Ragotin : Soyez plus sage, et ne croyez pas votre imagination touchant le son des cloches.

Ragotin s'en retourna à la maison, où il ne se vanta point de son accident. Mais les comédiens, voyant son visage écorché en trois ou quatre endroits, lui en demandèrent la raison, qu'il ne voulut pas dire, mais ils l'apprirent par la voix commune, car cette disgrâce avait éclaté : ils rirent fort, aussi bien que messieurs de Verville et de la Garouffière.

Le jour des épousailles des comédiennes étant venu, le prieur de Saint-Louis leur dit qu'il avait fait choix de son église pour les épouser. Ils y allèrent à petit bruit, et il bénit les mariages, après avoir fait une très belle exhortation aux mariés, qui se retirèrent à leur logis, où ils dînèrent; après quoi l'on demanda à quoi l'on passerait le temps jusqu'au souper. La comédie, les ballets et les bals leur étaient si ordinaires, que l'on trouva bon de faire le récit de quelque histoire. Verville dit qu'il n'en savait point. Si Ragotin n'eût pas été dans sa noire mélancolie, il se fût sans doute offert à en débiter quelqu'une; mais il était muet. On dit à la Rancune de raconter celle du poète Roquebrune, puisqu'il l'avait promis quand l'occasion s'en présenterait, et qu'il n'en pourrait jamais trouver de plus belle, la compagnie étant beaucoup plus illustre que quand il la voulait commencer. Mais il répondit qu'il avait quelque chose dans l'esprit qui le troublait, et que, quand il l'aurait assez libre, il ne voudrait pas rendre ce mauvais service au poète de faire son éloge, dans lequel il faudrait comprendre sa maison, et qu'il était trop de ses amis pour débiter une juste satire. Roquebrune pensa troubler la fête; mais le respect qu'il eut pour les étrangers qui étaient dans la compagnie, calma cet orage; ensuite de quoi monsieur de la Garouffière dit qu'il savait beaucoup d'aventures, dont il avait été témoin oculaire; on le pria d'en faire le récit, ce qu'il fit comme vous l'allez voir.

CHAPITRE XV.

Histoire des deux jalouses.

Les divisions qui mirent la maîtresse ville du monde au rang des plus malheureuses, furent une semence qui se répandit par tout l'univers, et dans un temps où les hommes ne devaient avoir qu'une âme, comme au berceau de l'église, puisqu'ils avaient l'honneur d'être les membres de ce sacré corps; mais elles ne laissèrent pas de faire éclore celle des Guelfes et des Gibelins, et quelques années après celle des Capulets et des Montesches. Ces divisions qui ne devaient point sortir de l'Italie, où elles avaient eu leur origine, ne laissèrent pas de se dilater par tout le monde, et notre France n'en a pas été exempte; il semble même que c'est dans son sein où la pomme de discorde a plus fait éclater ses funestes effets : ce qu'elle fait encore à présent ; car il n'y a ville, bourg ni village où il n'y ait divers partis, d'où il arrive tous les jours de sinistres accidents.

Mon père, qui était conseiller au parlement de Rennes, et qui m'avait destiné pour être, comme je suis, son successeur, me mit au collège pour m'en rendre capable; mais comme j'étais dans ma patrie, il s'aperçut que je ne profitais pas, ce qui le fit résoudre à m'envoyer à la Flèche, où est, comme vous savez, le plus fameux collège que les jésuites aient dans ce royaume. Ce fut dans cette petite ville-là qu'arriva ce que je vais vous apprendre, et dans le même temps que j'y faisais mes études.

Il y avait deux gentilshommes qui étaient les plus qualifiés de la ville, déjà avancés en âge, sans être pourtant mariés, comme il arrive souvent aux personnes de condition; ce que l'on dit en proverbe : *Entre qui nous veut et qui nous ne voulons pas, nous demeurons sans nous marier*. A la fin tous deux se marièrent. L'un, qu'on appelait monsieur de Fondsblanche, prit une fille de Châteaudun, laquelle était de très petite noblesse, mais fort riche. L'autre, que l'on appelait monsieur du Lac, épousa une demoiselle de Chartres, qui n'était pas riche, mais qui était très belle, et d'une si illustre maison, qu'elle appartenait à des ducs et pairs et à des maréchaux de France.

Ces deux gentilshommes, qui pouvaient partager la ville, furent toujours de fort bonne intelligence, mais elle ne dura guère après leurs mariages; car les deux femmes commencèrent à se regarder d'un œil jaloux, l'une se tenant fière de son extraction, et l'autre de ses grands biens. Madame de Fondsblanche n'était pas belle de visage, mais elle avait grande mine, bonne grâce et était fort propre; elle avait beaucoup d'esprit et était fort obligeante. Madame du Lac était très belle, comme je l'ai dit, mais sans grâce ; elle avait de l'esprit infiniment, mais si mal tourné, que c'était une artificieuse et dangereuse personne.

Ces deux dames étaient de l'humeur de la plupart des femmes de ce temps, qui ne croiraient pas être du grand monde, si elles n'avaient chacune une douzaine de galants : aussi faisaient-elles tous leurs efforts et employaient-elles tous leurs soins pour faire des conquêtes, à quoi la du Lac réussissait beaucoup mieux que la Fondsblanche, car elle tenait sous son empire toute la jeunesse de la ville et du voisinage, s'entend des personnes qualifiées, car elle n'en souffrait point d'autres ; mais cette affectation causa des murmures sourds qui éclatèrent enfin ouvertement en médisance, sans que pour cela elle discontinuât sa manière d'agir ; au contraire, il semble que ce lui fût un sujet pour prendre plus de soin à faire de nouveaux galants. La Fondsblanche n'était pas du tout si soigneuse d'en avertir, et elle en avait pourtant quelques-uns qu'elle retenait avec adresse, entre lesquels était un gentilhomme très bien fait, dont l'esprit correspondait au sien, et qui était un des braves du temps. Celui-là en était le plus favori ; aussi son assiduité causa des soupçons, et la médisance éclata hautement. Ce fut là la source de la rupture entre ces deux dames, car auparavant elles se visitaient civilement ; mais, comme je l'ai dit, toujours avec une jalouse envie.

La du Lac commença à médire ouvertement de la Fondsblanche, fit épier ses actions, et fit mille pièces artificieuses pour la perdre de réputation notamment sur le sujet de ce gentilhomme que l'on appelait monsieur du Val-Rocher ; ce qui vint aux oreilles de la Fondsblanche, qui ne demeura pas muette ; car elle disait par raillerie que si elle avait des galants, ce n'était pas à douzaine comme la du Lac, qui faisait toujours de nouvelles impostures. L'autre, en se défendant, lui donnait le change, si bien qu'elles vivaient comme deux démons. Quelques personnes charitables essayèrent de les mettre d'accord, mais ce fut inutilement ; car elles ne purent jamais les obliger à se voir.

La du Lac, qui ne pensait à autre chose qu'à causer du déplaisir à la Fondsblanche, crut que le plus sensible qu'elle pourrait lui faire ressentir, serait de lui ôter le plus favori de ses galants, du Val-Rocher. Elle fit dire à monsieur de Fondsblanche par des gens qui lui étaient affidés, que quand il était hors de sa maison (ce qui arrivait souvent, car il était continuellement à la chasse ou en visite chez des gentilshommes voisins de la ville), du Val-Rocher couchait avec sa femme, et que des gens dignes de foi l'avaient vu sortir de son lit, où elle était.

Monsieur de Fondsblanche, qui n'en avait jamais eu aucun

soupçon, fit quelque réflexion là-dessus, et ensuite fit connaître à sa femme qu'elle l'obligerait si elle faisait cesser les visites de du Val-Rocher. Elle répliqua tant de choses, et le paya de si fortes raisons, qu'il ne s'y opiniâtra pas, la laissant en liberté d'agir comme auparavant. La du Lac, voyant que cette invention n'avait pas eu l'effet qu'elle désirait, trouva moyen de parler à du Val-Rocher. Elle était belle et accorte, qui sont deux fortes machines pour gagner la forteresse du cœur le mieux muni : aussi, quoiqu'il fût très attaché à la Fondsblanche, la du Lac rompit tous ces liens, et lui donna des chaînes plus fortes ; ce qui causa une sensible douleur à la Fondsblanche (surtout quand elle apprit que du Val-Rocher parlait d'elle en des termes fort insolents), laquelle augmenta par la mort de son mari, qui arriva quelques mois après.

Elle en porta le deuil fort austèrement ; mais la jalousie la surmonta et fut la plus forte. Il n'y avait que quinze jours que l'on avait enterré son mari, qu'elle pratiqua une entrevue secrète avec du Val-Rocher. Je n'ai pas su quel fut leur entretien, mais l'événement le fit assez connaître, car, une douzaine de jours après, leur mariage fut publié, quoiqu'ils l'eussent contracté fort secrètement ; et ainsi en moins d'un mois elle eut deux maris, l'un qui mourut dans l'espace de ce temps-là, et l'autre vivant.

Voilà, ce me semble, le plus violent effet de la jalousie qu'on puisse imaginer ; car elle oublia la bienséance du veuvage, et ne se soucia point de tous les insolents discours que du Val-Rocher avait faits d'elle à la persuasion de la du Lac : ce qui signifie assez ce que l'on dit, qu'une femme hasarde tout quand il s'agit de se venger ; mais vous le verrez encore mieux par ce que je vais vous dire.

La du Lac pensa enrager quand elle apprit cette nouvelle ; mais elle dissimula son ressentiment tant qu'elle put ; elle fut pourtant sur le point de le faire éclater, ayant conçu le dessein de le faire assassiner dans un voyage qu'il devait faire en Bretagne ; mais il en fut averti par des personnes à qui elle s'en était découverte, ce qui l'obligea à se précautionner. D'ailleurs elle considéra que ce serait mettre ses plus chers amis en grand risque ; ce qui la fit penser à un moyen le plus étrange que la jalousie puisse susciter, qui fut de brouiller son mari avec du Val-Rocher, par ses pernicieux artifices. Aussi se querellèrent-ils plusieurs fois, et en furent jusqu'au point de se battre en duel; en quoi la du Lac poussa son mari, qui n'était pas des plus adroits du monde, jugeant bien qu'il ne résisterait guère à du Val-Rocher, qui, comme je l'ai déjà dit, était un des braves du temps, se figurant qu'après la mort de son mari elle le pourrait encore ôter à Fondsblanche, de laquelle elle se pourrait facilement défaire, ou par le poison, ou par le mauvais traitement qu'elle lui ferait donner. Mais il en arriva tout autrement qu'elle n'avait projeté; car du Val-Rocher, se fiant à son adresse, méprisa du Lac (qui au commencement se tenait sur la défensive), ne croyant pas qu'il osât attaquer; et ainsi il se négligeait; en sorte que du Lac, le voyant un peu hors de garde, lui porta si justement, qu'il lui porta si justement, qu'il lui passa son épée au travers du corps, et le laissa sans vie, puis s'en alla à sa maison, où il trouva sa femme, à qui il raconta l'action dont elle fut bien étonnée et marrie tout ensemble de cet événement si inopiné.

Il s'enfuit secrètement et s'en alla dans la maison d'un des parents de sa femme, lesquels, comme je l'ai dit, étaient de grands et puissants seigneurs, qui travaillèrent à obtenir sa grâce du roi. La Fondsblanche fut fort étonnée quand on lui annonça la mort de son mari, et qu'on lui dit qu'il ne fallait pas s'amuser à verser d'inutiles larmes; mais qu'il fallait le faire enterrer secrètement pour éviter que la justice n'y mît la main; ce qui fut fait; et ainsi elle fut veuve en moins de six semaines. Cependant du Lac eut sa grâce, qui fut entérinée au parlement de Paris, nonobstant toutes les oppositions de la veuve du mort, qui voulait faire passer l'action pour un assassinat; ce qui la fit résoudre à la plus étrange résolution qui puisse jamais entrer dans l'esprit d'une femme irritée. Elle s'arma d'un poignard; et, passant une fois par devant du Lac, qui se promenait sur la place avec quelques-uns de ses amis, elle l'attaqua si furieusement et si inopinément, qu'elle lui ôta le moyen de se mettre en défense, et lui donna en même temps deux coups de poignard dans le corps, dont il mourut trois jours après. Sa femme la fit poursuivre et mettre en prison; on lui fit son procès, et la plupart des juges opinèrent à la mort, à quoi elle fut condamnée. Mais l'exécution fut retardée, car elle déclara qu'elle était grosse; et ce qui est à remarquer, c'est qu'elle ne savait duquel de ses deux maris.

Elle demeura donc prisonnière; mais, comme c'était une personne fort délicate, l'air renfermé et puant de la Conciergerie, avec les autres incommodités que l'on y souffre, lui causèrent une maladie et sa délivrance avant terme, et ensuite la mort : néanmoins le fruit eut baptême; et, après avoir vécu quelques heures, il mourut aussi. Dieu toucha le cœur de la du Lac; elle rentra en soi-même, fit réflexion sur tant de sinistres accidents dont elle était cause, mit ordre aux affaires de sa maison, et entra dans un monastère de religieuses réformées de l'ordre de Saint-Benoît, à Almenesche, au diocèse de Séez. Elle voulut s'éloigner de sa patrie pour vivre avec plus de quiétude, et faire plus facilement pénitence de tant de maux qu'elle avait causés. Elle est encore dans ce monastère, où elle vit dans une grande austérité, si elle n'est morte depuis quelques mois.

Les comédiens et comédiennes écoutaient encore, quoique monsieur de la Garouffière ne dît plus mot, quand Roquebrune s'avança pour dire à son ordinaire que c'était là un beau sujet pour un poème grave, et qu'il voulait en composer une excellente tragédie, qu'il mettrait facilement dans les règles d'un poème dramatique.

On ne répondit point à sa proposition, mais tous admirèrent le caprice des femmes quand elles sont frappées de jalousie, et comme elles se portent aux dernières extrémités. Ensuite de quoi l'on disputa si c'était une passion; mais les savants conclurent que c'était la destruction de la plus belle de toutes les passions, qui est l'amour.

Il y avait encore beaucoup de temps jusqu'au souper, et tous trouvèrent bon d'aller faire une promenade dans le parc, où étant, ils s'assirent sur l'herbe. Destin dit alors qu'il n'y avait rien de plus agréable que le récit des histoires. Léandre, qui n'était point entré dans la belle conversation depuis qu'il était dans la troupe, y ayant toujours paru en qualité de valet, prit la parole, disant que, puisque l'on avait fini par le caprice des femmes, si la compagnie agréait qu'il fît le récit de ceux d'une fille qui ne demeurait pas loin d'une de ses maisons. Tous l'en prièrent, et, après avoir toussé cinq ou six fois, il débuta comme vous l'allez voir.

CHAPITRE XVI.

Histoire de la capricieuse amante.

Il y avait dans une petite ville de Bretagne, qu'on appelle Vitré, un vieux gentilhomme qui avait été longtemps marié avec une très vertueuse demoiselle, sans avoir des enfants. Entre plusieurs domestiques qui le servaient était un maître-d'hôtel et une gouvernante, par les mains desquels passait tout le revenu de la maison. Ces deux personnages, qui faisaient comme font la plupart des valets et servantes (c'est-à-dire l'amour), se promirent mariage, et tirèrent si bien chacun de son côté, que le bon vieux gentilhomme et sa femme moururent fort incommodés, et les deux domestiques vécurent fort riches et mariés.

Quelques années après il arriva une si mauvaise affaire à ce maître-d'hôtel, qu'il fut obligé de s'enfuir, et, pour être en assurance, d'entrer dans une compagnie de cavalerie, et de laisser sa femme seule et sans enfants; laquelle, ayant attendu environ deux ans sans avoir aucune de ses nouvelles, fit courir le bruit de sa mort et porta le deuil. Quand il fut un peu passé, elle fut recherchée en mariage par plusieurs personnes, entre lesquelles se présenta un riche marchand, qui l'épousa, et au bout de l'année elle accoucha d'une fille, qui pouvait avoir quatre ans quand le premier mari de sa mère arriva à la maison.

De vous dire quels furent les plus étonnés de ces deux maris ou de la femme, c'est ce que l'on ne peut savoir; mais, comme la mauvaise affaire du premier subsistait toujours, ce qui l'obligeait à se tenir caché, et d'ailleurs voyant une fille de l'autre mari, il se contenta de quelque somme d'argent qu'on lui donna, et céda librement sa femme au second mari, sans lui donner aucun trouble. Il est vrai qu'il venait de temps en temps, et toujours fort secrètement, quérir de quoi subsister, ce qu'on ne lui refusait point.

Cependant la fille, que l'on appelait Marguerite, se faisait grande, et avait plus de bonne grâce que de beauté, et de l'esprit assez pour une personne de sa condition. Mais, comme vous savez que le bien est depuis longtemps ce que l'on considère en fait de mariage, elle ne manquait pas de galants, entre lesquels était le fils d'un riche marchand qui ne vivait pas comme tel, mais en demi-gentilhomme, car il fréquentait les plus honorables compagnies, où il ne manquait pas de trouver sa Marguerite, qui y était reçue à cause de sa richesse.

Ce jeune homme, que l'on appelait le sieur de Saint-Germain, avait bonne mine, et tant de cœur, qu'il était souvent employé en des duels, qui en ce temps-là étaient fort fréquents. Il dansait de bonne grâce, jouait dans les grandes compagnies, et était toujours bien vêtu. Dans tant de rencontres qu'il eut avec cette fille, il ne manqua pas de lui offrir ses services, et de lui témoigner sa passion et le désir qu'il avait de la rechercher en mariage; à quoi elle ne répugna point, et même lui permit de la voir chez elle, ce qu'il fit avec l'agrément de son père et de sa mère, qui favorisaient sa recherche de tout leur pouvoir. Mais, dans le temps qu'il se disposait pour la leur demander en mariage, il ne voulut pas le faire sans son consentement, croyant qu'elle n'y apporterait aucun obstacle; mais il fut fort étonné quand elle le rebuta si furieusement de parole et d'action, qu'il s'en alla le plus confus homme du monde.

Il laissa passer quelques jours sans la voir, croyant de pouvoir étouffer cette passion; mais elle avait pris de trop profondes racines, ce qui l'obligea à retourner la voir. Il ne fut pas plus tôt entré dans la maison qu'elle en sortit, et alla se mettre dans une compagnie de filles du voisinage, où il la suivit, après avoir fait ses plaintes au père et à la mère du mauvais traitement que lui faisait leur fille, sans lui en avoir donné aucun sujet; de quoi ils témoignèrent en être marris, et lui promirent de la rendre plus traitable. Mais, comme elle était fille unique, ils n'osèrent la contredire ni la presser sur ce sujet, se promettant de lui remontrer doucement le tort qu'elle avait de traiter ce jeune homme avec tant de rigueur, après avoir témoigné de l'aimer. Elle ne répondit rien à tout cela, et continuait dans sa mauvaise humeur, car quand il voulait approcher d'elle, elle changeait de place, et il la suivait; mais elle fuyait toujours; en sorte qu'un jour il fut obligé, pour l'arrêter, de la prendre par la manche de son corps de jupe, dont elle cria, lui disant qu'il avait froissé ses bouts de manche; que s'il y retournait elle lui donnerait un soufflet, et qu'il ferait beaucoup mieux de la laisser. Enfin, plus il s'empressait pour l'accoster, plus elle faisait de diligence pour le fuir; et, quand on allait à la promenade, elle aimait mieux aller seule que de lui donner la main. Si elle était dans un bal, et qu'il voulût la faire danser, elle lui faisait affront, disant qu'elle se trouvait mal, et en même temps elle dansait avec un autre. Elle en vint jusqu'à lui susciter des querelles, et elle fut cause que jusqu'à quatre fois il se porta sur le pré, d'où il sortit toujours glorieusement; ce qui la faisait enrager, au moins en apparence. Tous ces mauvais traitements n'étaient que jeter de l'huile sur la braise, car il en était toujours transporté, et ne relâchait point du tout de ses visites.

Un jour il crut que sa persévérance l'avait un peu adoucie, car elle le laissa approcher d'elle, et écouta attentivement les plaintes qu'il lui fit de son injuste procédé, à peu près dans ces termes : Pourquoi fuyez-vous celui qui ne saurait vivre sans vous? Si je n'ai pas assez de mérite pour être souffert de vous, au moins considérez l'excès de mon amour, et la patience que j'ai à endurer toutes les indignités dont vous usez envers moi, qui n'aspire qu'à vous faire paraître à quel point je suis à vous? Eh bien, lui répondit-elle, vous ne sauriez mieux me le persuader qu'en vous éloignant de moi; et, parce que vous ne le pourriez pas faire si vous demeuriez en cette ville, s'il est vrai, comme vous le dites, que j'aie quelque pouvoir sur vous, je vous ordonne de prendre parti dans les troupes qu'on lève : quand vous aurez fait campagne, peut-être me trouverez-vous plus flexible à vos désirs. Ce peu d'espérance que je vous donne doit vous y obliger, sinon perdez-la tout-à-fait. Alors elle tira une bague de son doigt, et la lui présenta, en lui disant : Gardez cette bague qui vous fera souvenir de moi; et je vous défends de me venir dire adieu; en un mot, ne me voyez plus. Elle souffrit qu'il la saluât d'un baiser, et le laissa, passant dans une autre chambre dont elle ferma la porte.

Ce misérable amant prit congé du père et de la mère, qui ne purent contenir leurs larmes, et qui l'assurèrent de lui être toujours favorables en ce qu'il souhaitait. Le lendemain il se mit dans une compagnie de cavalerie qu'on levait pour le siége de La Rochelle. Comme elle lui avait défendu de la plus voir, il n'osa pas l'entreprendre; mais la nuit avant le jour de son départ il lui donna des sérénades, à la fin desquelles il chanta cette complainte, qu'il accorda aux tristes et doux accents de son luth:

  Iris, maîtresse inexorable,
  Sans amour et sans amitié,
  Hélas! n'auras-tu point pitié
D'un si fidèle amant que tu rends misérable?

  Seras-tu toujours inflexible?
  Ton cœur sera-t-il de rocher?
  Ne le pourrais-je point toucher?
Ne sera-t-il jamais à mon amour sensible?

  Je t'obéis, fille cruelle!
  Je te fais le dernier adieu:
  Jamais dedans ce triste lieu,
Tu ne verras de moi que mon cœur trop fidèle.

  Lorsque mon corps sera sans âme,
  Quelque mien ami l'ouvrira,
  Et mon cœur il en sortira
Pour t'en faire un présent où tu verras ma flamme.

Cette capricieuse fille s'était levée, et avait ouvert le volet d'une fenêtre, n'ayant laissé que la vitre au travers de laquelle elle se fit entendre, faisant un si grand éclat de rire, que cela acheva de désespérer le pauvre Saint-Germain, qui voulut dire quelque chose; mais elle referma le volet, en disant tout haut: Tenez votre promesse pour votre profit; ce qui l'obligea à se retirer.

Il partit quelques jours après avec la compagnie, qui se rendit au camp de La Rochelle, où, comme vous l'avez pu savoir, le siége fut très opiniâtre, le roi à l'attaquer, et les assiégés à le défendre; mais il fallut se rendre à la discrétion d'un monarque à qui les vents et les éléments rendaient obéissance. Après que la ville fut rendue on licencia plusieurs troupes, du nombre desquelles fut la compagnie où était Saint-Germain, qui s'en retourna à Vitré, où il ne fut pas plus tôt, qu'il alla voir sa rigoureuse Marguerite, laquelle souffrit d'en être salée; mais ce ne fut que pour lui dire que son retour était bien prompt, qu'elle n'était pas encore disposée à le souffrir, et qu'elle le priait de ne la point voir. Il lui répondit ces tristes paroles : Il faut avouer que vous êtes une bien dangereuse personne, et que vous ne souhaitez que la mort du plus fidèle amant qui soit au monde; car vous m'avez jusqu'à quatre fois procuré des moyens d'éprouver sa rigueur, quoique glorieusement, mais qui eût pourtant été pour moi très funeste. Je suis allé la chercher où de plus malheureux que moi l'ont fatalement trouvée, sans que j'aie jamais pu la rencontrer; mais, puisque vous la désirez avec tant d'ardeur, je la chercherai en tant de lieux qu'à la fin elle sera obligée de me satisfaire pour vous contenter. Mais peut-être ne pourrez-vous pas vous empêcher de vous repentir de me l'avoir causée, car elle sera d'un genre si étrange que vous en serez touchée de pitié. Adieu donc, la plus cruelle qui soit dans l'univers. Il se leva et voulait la laisser, quand elle l'arrêta pour lui dire qu'elle ne souhaitait point du tout sa mort, et que si elle lui avait procuré des combats, ce n'avait été que pour avoir des preuves certaines de sa valeur, et afin qu'il fût plus digne de la posséder; mais qu'elle n'était pas encore en état de souffrir sa recherche; que peut-être le temps la pourrait adoucir; et elle le laissa sans lui en dire davantage.

Ce peu d'espérance l'obligea à user d'un moyen qui pensa tout gâter, qui fut de lui donner de la jalousie. Il raisonnait en lui-même que, puisqu'elle avait encore quelque bonne volonté pour lui, elle ne manquerait pas d'en prendre s'il lui en donnait sujet.

Il avait un camarade qui avait une maîtresse dont il était autant chéri que lui était maltraité de la sienne. Il le pria de souffrir qu'il accostât cette bonne maîtresse, et que lui pratiquât la sienne pour voir quelle mine elle ferait. Son camarade ne voulut pas le lui accorder sans en avoir averti sa maîtresse, qui y consentit.

La première conversation qu'ils eurent ensemble (car ces deux filles n'étaient guère l'une sans l'autre), ces deux amants firent échange, car Saint-Germain approcha de la maîtresse de son camarade, qui accosta cette fière Marguerite, laquelle le souffrit fort agréablement. Mais, quand elle vit que les autres riaient, elle s'imagina que ce changement était concerté; de quoi elle entra dans de si furieux transports, qu'elle dit tout ce qu'une amante irritée peut dire en cas pareil. Elle fut outrée à tel point, qu'elle laissa la compagnie en versant beaucoup de larmes; ce qui fit que cette obligeante maîtresse alla auprès d'elle, et lui remontra le tort qu'elle avait d'en user de la sorte; qu'elle ne pouvait espérer plus de bonheur que la recherche d'un si honnête homme et si passionné pour elle, et que sa politique était tout-à-fait extraordinaire et inusitée entre amants; qu'elle pouvait bien voir de quelle manière elle en usait avec le sien; qu'elle appréhendait si fort de le désobliger, qu'elle ne lui avait jamais donné aucun sujet de se rebuter. Tout cela ne fit aucun effet sur l'esprit de cette bizarre Marguerite; ce qui jeta le malheureux Saint-Germain dans un si furieux désespoir, qu'il ne chercha depuis que des occasions de faire paraître à cette cruelle la violence de son amour par quelque sinistre mort, comme il la pensa trouver; car un soir que lui et sept de ses camarades sortaient d'un cabaret, ayant tous l'épée au côté, ils rencontrèrent quatre gentilshommes, dont il y en avait un qui était capitaine de cavalerie, lesquels voulurent leur disputer le haut du pavé dans une rue étroite où ils passaient; mais ils furent contraints de céder, en disant que le nombre serait bientôt égal, et du même pas allèrent prendre quatre ou cinq autres gentilshommes, lesquels se mirent à chercher ceux qui leur avaient fait quitter le haut du pavé, et qu'ils rencontrèrent dans la grande rue. Comme Saint-Germain s'était le plus avancé dans la dispute, il avait été remarqué par ce capitaine, à son chapeau bordé d'argent qui brillait dans l'obscurité; aussi, dès qu'il l'eut aperçu, il s'adresse à lui en lui donnant un coup de coutelas sur la tête, qui lui coupa son chapeau et une partie du crâne.

Ils crurent qu'il était mort, et qu'ils étaient assez vengés, ce qui les fit retirer, et les compagnons de Saint-Germain songèrent moins à courir après ces braves qu'à le relever. Il était sans pouls et sans mouvement, ce qui les obligea à l'emporter à sa maison, où il fut visité par les chirurgiens, qui lui trouvèrent encore de la vie; ils le pansèrent, remirent le crâne et posèrent le premier appareil.

La première dispute avait causé de la rumeur dans le voisinage; mais ce coup fatal y en apporta bien davantage. Tous les voisins se levèrent, et chacun en parlait diversement, mais tous concluaient que Saint-Germain était mort. Le bruit en alla jusqu'à la maison de cette cruelle Marguerite, laquelle se leva aussitôt du lit, et s'en alla en déshabillé chez son galant, qu'elle trouva dans l'état où je viens de vous le représenter. Quand elle vit la mort peinte sur son visage, elle tomba évanouie; en sorte que l'on eut de la peine à la faire revenir. Quand elle fut remise, tous ceux du voisinage l'accusèrent de ce désastre, et lui représentèrent que, si elle l'eût souffert auprès d'elle, elle aurait évité cet accident. Alors elle se mit à arracher ses cheveux, et à faire des actions d'une personne touchée de douleur. Ensuite elle le servit avec une telle assiduité tout le temps qu'il fut sans connaissance, qu'elle ne se dépouilla ni ne se coucha pendant ce temps-là, et ne permit pas à ses propres sœurs de lui rendre aucun service. Quand la connaissance fut revenue au malade, on jugea que la présence de son amante lui serait plus préjudiciable qu'utile, pour les raisons que vous pouvez comprendre. Enfin il guérit, et, quand il fut en parfaite convalescence, on le maria avec sa Marguerite, au grand contentement des parents, et beaucoup plus des mariés.

Après que Léandre eut fini son histoire, ils retournèrent à la ville, où étant ils soupèrent; et, après avoir un peu veillé, on coucha les épousés. Ces mariages avaient été faits à petit bruit, ce qui fut cause qu'ils n'eurent point de visite ce jour-là ni le lendemain; mais deux jours après ils en furent tellement accablés, qu'ils avaient peine à trouver quelque moment de relâche pour étudier leurs rôles, car tout le monde les vint féliciter, et durant huit jours ils reçurent des visites.

Après la fête passée, ils continuèrent leur exercice avec plus de quiétude, excepté Ragotin, qui se précipita dans l'abîme du désespoir, comme vous l'allez voir dans ce dernier chapitre.

CHAPITRE XVII.

Désespoir de Ragotin, et fin du Roman comique.

La Rancune se voyant hors d'espérance de réussir dans l'amour qu'il portait à l'Étoile, aussi bien que Ragotin, se leva de bonne heure, et alla trouver le petit homme, qu'il trouva aussi levé et qui écrivait, lequel lui dit qu'il faisait sa propre épitaphe. Hé quoi! dit la Rancune, on n'en fait que pour les morts, et vous êtes encore en vie; et ce que je trouve le plus étrange, c'est que vous-même la faites. Oui, dit Ragotin, et je veux vous la faire voir. Il ouvrit le papier qu'il avait plié, et lui fit lire ces vers :

> Ci-gît le pauvre Ragotin,
> Lequel fut amoureux d'une très belle Étoile
> Que lui enleva le Destin;
> Ce qui lui fit faire promptement voile
> En l'autre monde, où il sera
> Autant de temps qu'il durera.
> Pour elle il fit la comédie
> Qu'il achève aujourd'hui par la fin de sa vie.

Voilà qui est magnifique, dit la Rancune; mais vous n'aurez pas la satisfaction de la voir sur votre sépulture, car on dit que les morts ne voient ni n'entendent rien. Ha! dit Ragotin, que vous êtes en partie cause de mon désastre! car vous me donniez toujours de grandes espérances de fléchir cette belle, et vous saviez bien tout le secret.

Alors la Rancune lui jura sérieusement qu'il n'en savait rien positivement, mais qu'il s'en doutait, comme il le lui avait dit quand il lui conseillait d'étouffer cette passion, lui remontrant que c'était la plus fière fille du monde. Et il semble, ajouta-t-il, que sa profession doive licencier les femmes et les filles de cet orgueil, attaché d'ordinaire à celles d'une autre condition; mais il faut avouer que, dans toutes les caravanes de comédiens, on n'en trouvera point une si retenue, et qui ait tant de vertu : et elle fait prendre ce pli-là à Angélique; car de son naturel elle a une autre pente, et son enjouement le témoigne assez. Mais enfin il faut que je vous découvre une chose que je vous ai tenue cachée jusqu'à présent : c'est que j'étais aussi amoureux d'elle que vous, et je ne sais qui serait l'homme qui, après l'avoir pratiquée comme je l'ai fait, aurait pu s'en empêcher, mais comme je me vois hors d'espérance aussi bien que vous, je suis résolu de quitter la troupe, d'autant qu'on y a reçu le frère de la Caverne. C'est un homme qui ne saurait faire d'autre personnage

que ceux que je représente, et ainsi l'on me congédiera sans
doute; mais je ne veux pas attendre cela; je les veux prévenir,
et m'en aller à Rennes trouver la troupe qui y est, où je serai assurément reçu, puisqu'il manque un acteur.

Alors Ragotin lui dit : Puisque vous étiez frappé du même
trait, vous n'aviez garde de parler pour moi à l'Étoile. Mais la
Rancune jura comme un démon qu'il était homme d'honneur, et
qu'il n'avait pas laissé de lui en faire des ouvertures; mais,
comme il le lui avait déjà dit, elle n'avait jamais voulu l'écouter.
Eh bien! dit Ragotin, vous avez résolu de quitter la troupe, et
moi aussi; mais je veux bien faire un plus grand sacrifice, car
je veux quitter tout-à-fait le monde.

La Rancune ne fit point de réflexion sur son épitaphe qu'il lui
avait donnée : il crut seulement qu'il avait résolu d'entrer dans
un couvent, ce qui fut cause qu'il ne prit point garde à lui, ni
n'en avertit personne que le poète, auquel il en donna une copie.

Quand Ragotin fut seul, il songea au moyen qu'il pourrait
employer pour sortir du monde. Il prit un pistolet qu'il chargea,
et y mit deux balles pour s'en donner dans la tête; mais il jugea
que cela ferait trop de bruit. Ensuite il se mit la pointe de son
épée contre la poitrine, dont la piqûre lui fit mal, ce qui l'empêcha d'enfoncer. Enfin il descendit dans l'écurie pendant que
les valets déjeunaient : il prit des cordes qui étaient attachées
au bât du cheval de voiture, et en accommoda une au ratelier et
la mit autour son cou; mais quand il voulut se laisser aller, il
n'en eut pas le courage, et attendit que quelqu'un entrât. Il y
arriva un cavalier étranger; alors il se laissa aller, tenant toujours un pied sur le bord de la crèche; cependant s'il y fût demeuré longtemps, il se serait enfin étranglé.

Le valet d'étable, qui était descendu pour prendre le cheval
du cavalier, voyant Ragotin ainsi pendu, le crut mort, et cria si
fort que tous ceux du logis descendirent. On lui ôta la corde du
cou, et on le fit revenir, ce qui fut assez facile. On lui demanda
quel sujet il avait de prendre une si étrange résolution; mais il
ne voulut pas le dire.

Alors la Rancune tira à part mademoiselle de l'Étoile (que je
pourrais appeler mademoiselle du Destin; mais, étant si près de
la fin de ce roman, je ne suis point d'avis de changer son nom)

à laquelle il découvrit tout le mystère, de quoi elle fut fort étonnée; mais elle le fut bien davantage quand ce méchant homme fut assez téméraire pour lui dire qu'il en était aux mêmes termes, mais qu'il ne prenait pas une si sanglante résolution, se contentant de demander son congé. Elle ne répondit rien à tout cela, et le laissa.

Quelque peu de temps après, Ragotin déclara à la troupe le dessein qu'il avait d'accompagner le lendemain M. de Verville, et de se retirer au Mans. Cette circonstance fit que tous y consentirent; ce qu'ils n'eussent pas fait s'il eût voulu s'en aller seul, vu ce qui était arrivé. Ils partirent le lendemain de bon matin, après que M. de Verville eut fait mille protestations de continuation d'amitié aux comédiennes, et principalement à Destin, qu'il embrassa, lui témoignant la joie qu'il avait de voir l'accomplissement de ses désirs. Ragotin fit un discours en forme de compliment, mais si confus, que je ne le mets point ici.

Quand ils furent au point de partir, Verville demanda si les chevaux avaient bu. Le valet d'étable répondit qu'il était trop matin, et qu'ils pourraient les faire boire en passant la rivière. Ils montèrent à cheval, après avoir pris congé de M. de la Garouffière, qui s'était aussi disposé à sortir, et qui fut civilement remercié par les nouveaux mariés de la peine qu'il s'était donnée de venir si loin pour honorer leurs noces de sa présence.

Après cent protestations de services réciproques, il monta à cheval, et la Rancune le suivit, lequel, nonobstant son insensibilité, ne put pas empêcher le cours de ses larmes qui attirèrent celles de Destin, se ressouvenant (malgré le naturel farouche de la Rancune) des services qu'il lui avait rendus, et principalement à Paris sur le Pont-Neuf, lorsqu'il y fut attaqué et volé par la Rappinière.

Quand Verville et Ragotin eurent passé les ponts, ils descendirent à la rivière pour faire boire leurs chevaux. Ragotin s'avança par un endroit où il y avait rive taillée, où son cheval brocha si rudement, que le petit bout d'homme perdit les étriers et sauta par dessus la tête du cheval dans la rivière, qui était fort profonde en cet endroit. Il ne savait pas nager; et, quand il l'aurait su, l'embarras de sa carabine, de son épée et de son manteau, l'aurait fait demeurer au fond, comme il fit. Un des valets de Verville était allé prendre le cheval de Ragotin qui était sorti de l'eau, et un autre se dépouilla promptement, et se jeta dans la rivière au lieu où il était tombé; mais il le trouva mort. On appela du monde, et on le sortit. Cependant Verville fit avertir les comédiens de ce malheur, et envoya en même temps son cheval. Tous y accoururent; et, après avoir plaint son sort, ils le firent enterrer dans le cimetière d'une chapelle de Sainte-Catherine qui n'est guère éloignée de la rivière. Cet événement funeste vérifie le proverbe commun :

Ceux que la corde attend ne se noieront point.

Ragotin n'eut pas le premier sort, puisqu'il ne put s'étrangler; mais il eut le second, puisqu'il se noya. Ainsi finit ce petit bout d'avocat comique, dont les aventures, disgrâces, accidents et la funeste mort seront dans la mémoire des habitants du Mans et d'Alençon, aussi bien que les faits héroïques de ceux qui composaient cette illustre troupe.

Roquebrune, voyant le corps mort de Ragotin, dit qu'il fallait changer deux vers à son épitaphe, dont la Rancune lui avait donné une copie, comme je vous l'ai déjà dit, et qu'il fallait la mettre comme il s'ensuit :

Ci-gît le pauvre Ragotin,
Lequel fut amoureux d'une très belle Étoile
Que lui enleva le Destin,
Ce qui lui fit faire promptement voile
En l'autre monde sans bateau;
Pourtant il y alla par eau.
Pour elle il fit la comédie,
Qu'il achève aujourd'hui par la fin de sa vie.

Les comédiens et comédiennes s'en retournèrent à leur logis et continuèrent leur exercice avec l'admiration ordinaire.

SUITE PAR PRESCHAC

CHAPITRE PREMIER.

Qu'on n'aura pas de plaisir à lire, si on n'a pas lu les volumes précédents.

La troupe comique et l'opérateur et sa femme avaient dîné de fort bon appétit aux dépens de l'avocat manceau, qui s'était endormi sur sa chaise; et ils se préparaient tous à sortir lorsque le bélier ayant interrompu le sommeil de Ragotin, de la manière que vous avez vu, fit rire toute la compagnie; ce qui obligea le petit homme, qui de son naturel était fort colère, à sortir de la chambre en grondant contre tout le monde. Il serait même sorti de l'hôtellerie, si l'hôte ne l'eût arrêté pour compter; il lui présenta d'abord un mémoire que sa femme et lui avaient fait avec beaucoup de soin (car on ne faisait pas tous les jours chez eux des écots de cette force); et il eut bien de la peine à lui faire entendre qu'il fallait payer le repas qu'il venait de donner à l'ingrate compagnie qui s'était moquée de lui.

Après quelques contestations, il prit enfin le mémoire, et ayant jeté les yeux dessus, il fut si effrayé de trouver, dès le premier article, dix-huit livres pour le vin, qu'il s'écria plusieurs fois : Comment! dix-huit livres pour le vin! et il n'y en a pas un de nous qui soit ivre! Il fut longtemps à faire des exclamations, disant qu'il se moquait de lui, et qu'il n'était pas possible qu'on eût bu tant de vin. On appela les deux servantes de l'hôtellerie : après que l'hôte les eût exactement interrogées, il trouva qu'il avait oublié de compter une pinte de vin que Ferdinando Ferdinandi et la Rancune avaient bue dans la cuisine, pour le goûter, et il remercia Ragotin de l'en avoir fait ressouvenir. Ce remerciement, qu'il lui fit d'un ton moqueur, irrita le petit homme plus qu'on ne saurait s'imaginer : il se fâcha contre l'hôte; il lui reprocha que sa mesure était trop petite, que son vin était trop cher, et enfin qu'il n'était pas bon. Dire à un hôte que son vin n'est pas bon, et reprocher à un auteur que son livre ne vaut rien, est à peu près une même chose. L'hôte, ne pouvant supporter une injure si sensible, s'emporta à son tour contre le petit homme, et fit l'éloge de son vin en jurant que ceux qui ne le trouvaient pas bon ne s'y connaissaient pas, et que deux gentilshommes de Bretagne, qui revenaient de Paris avec le messager de Laval, l'avaient quitté au Mans, et y étaient demeurés cinq jours, exprès pour boire de son vin.

Ragotin, qui ne faisait pas grand cas de ces raisons, répliqua que les Bretons étaient de plaisants ivrognes pour se connaître en vin. L'hôte, qui était de Vannes, offensé d'une injure si outrageante à sa nation, traita Ragotin de petit magot. Il n'eut pas sitôt lâché la parole qu'il reçut un soufflet; sa femme, qui était présente, se prit aux cheveux du téméraire Ragotin; les servantes se jetèrent sur lui, et l'hôte courut à une vieille hallebarde qui était sur sa cheminée; mais la poussière qui était dessus et qui lui tomba sur les yeux, l'aveugla tellement qu'il demeura hors de combat. Il ne laissa pas d'animer toujours sa femme et ses servantes contre Ragotin, jurant que ce n'était pas ainsi qu'il fallait payer un honnête homme, après qu'on avait mangé son bien.

Ragotin cependant s'aidait de ses pieds et de ses mains pour se délivrer de ces trois furies; mais, comme il était saisi par les cheveux, je crois qu'il aurait succombé, s'il ne se fût avisé de s'aider de ses dents et de mordre un des tétons, ou pour parler plus juste, une des tétasses de l'hôtesse, qui fit un si grand cri que les comédiens et l'opérateur y accoururent. Ils trouvèrent le petit homme, que trois grandes femmes avaient peine à retenir; et ne sachant pas ce qui donnait occasion à ce désordre, ils séparèrent les combattants. Ce ne fut pas sans essuyer bien des égratignures et des coups de pied. Ils n'eurent pas moins de peine à obliger les femmes à se taire qu'à apaiser l'irrité petit homme. L'hôte leur dit que la colère de Ragotin venait de ce qu'il fallait payer. Oui, et je ne paierai point, répliqua le petit homme en grinçant les dents.

Destin, voyant que le paiement faisait la querelle, tira de l'argent de sa poche, et voulut payer. Ragotin s'en offensa et lui dit qu'il ne devait pas l'insulter de la sorte, qu'on n'en usait pas ainsi parmi les gens d'honneur, qu'enfin il ne l'avait pas prié à dîner pour le faire payer.

Leurs contestations durèrent encore quelque temps, le petit homme ne voulant point payer ni souffrir que les autres payassent, jusqu'à ce que, les comédiennes étant descendues, Ragotin craignant de paraître trop intéressé en présence de mademoiselle l'Étoile, paya, et ils sortirent.

CHAPITRE II.

L'opérateur persuade à Ragotin qu'il a des secrets merveilleux.

Destin, Léandre et la Rancune accompagnèrent les dames, et Ragotin s'amusa à raisonner avec l'opérateur sur la vertu d'un emplâtre qu'il lui offrit de lui mettre sur les meurtrissures que les coups de cornes du bélier lui avaient faites, et l'ayant mené dans sa maison sous ce prétexte, Ragotin, prévenu que Ferdinando était un fameux magicien, oublia et sa douleur et sa colère pour le prier de ne différer plus à le faire aimer de mademoiselle l'Étoile, puisque la Rancune l'avait assuré que cela lui serait facile toutes les fois qu'il voudrait se servir de son art.

L'opérateur, qui avait l'âme attendrie par le bon repas que Ragotin venait de lui donner, lui promit plus qu'il ne lui demandait; il lui tint ensuite tous les discours qu'un charlatan fort expérimenté peut tenir à un sot qu'il voit prévenu de l'excellence de son art; et, pour mieux lui en imposer, il exigea de lui par plusieurs serments qu'il ne déclarerait jamais les horribles secrets qu'il allait lui révéler, ne voulant pas, disait-il, que le public eût connaissance de son savoir, de peur qu'il ne fût accablé de mille curieux importuns, qui viendraient de toutes parts implorer son secours, ce qui lui attirerait sans doute de méchantes affaires.

Le crédule petit homme écoutait cependant avec une grande attention les raisonnements de ce grand fourbe, qui, s'apercevant de sa crédulité, lui apprit que sa réputation était si grande, et son savoir si connu par toute l'Italie, que les plus grands princes recherchaient son amitié, étant assurés de réussir par son secours dans les entreprises les plus difficiles. Il lui persuada que, passant un jour à Lucques dans le temps qu'on faisait l'élection des magistrats ou gouverneurs de la république, il avait par son art fait tomber le choix sur un des moindres citoyens qui lui avait donné une grosse somme d'argent; il ajouta encore qu'un baile, ou résident de Venise, aurait été empalé à Constantinople lorsqu'il fut surpris avec la sultane Mamélec, si par bonheur il n'eût eu sur lui d'un baume qu'il lui avait donné pour se rendre invisible, en s'en frottant les extrémités, et dont il s'était servi fort à propos pour se dérober à la vigilance des eunuques et à la cruauté des janissaires.

Il n'en fallait pas tant pour persuader Ragotin, qui croyait déjà devenir le premier magistrat du pays du Maine, par le secours d'un homme qui faisait tant de merveilles; mais comme son amour le pressait plus que son ambition, il pria de nouveau le seigneur Ferdinando de lui procurer les bonnes grâces de mademoiselle de l'Étoile, puisque cela lui était si facile. Je vous avoue que cela m'est fort aisé, reprit l'opérateur, mais encore une fois renouvelez les serments que vous m'avez faits de me garder le secret; car, afin que vous le sachiez, une pareille complaisance est cause que je suis réduit à passer ma vie dans la condition obscure où vous me voyez. Vous n'en serez plus surpris, continua-t-il, quand vous serez informé qu'un grand prince d'Italie aimait passionnément la fille d'un noble vénitien : les difficultés qu'il trouva à la rendre sensible à sa passion l'obligèrent à s'adresser à moi; l'amitié que j'ai pour ma patrie m'empêcha de lui donner mes secours pour séduire une fille de condition, jusqu'à ce que le prince, transporté d'amour, me promit de l'épouser. Après cet engagement, je ne différai son bonheur qu'autant de temps qu'il en fallait pour prendre les mesures nécessaires pour faire ce mariage dans les formes. Néanmoins comme les états du père de ce prince étaient un peu éloignés, et que je vis qu'il en agissait de bonne foi, je me laissai aller à ces fausses apparences de sincérité, et je le mis en possession de cette belle Vénitienne sans attendre la réponse de son père.

Après que le prince eut satisfait son amour, il ne voulut plus entendre parler de mariage, et les parents de la fille, ayant su que je m'en étais mêlé, tournèrent leur ressentiment contre moi, et obtinrent un ordre du sénat pour me faire arrêter. Je me dérobai à leurs poursuites, et me retirai à Milan ; mais ayant appris que le sénat avait envoyé des ordres aux résidents que la république tient auprès de plusieurs princes d'Italie, de demander permission de m'arrêter, je fus obligé de passer en France ; et ne sachant pas encore si je pourrai être en sûreté, je demeure dans les provinces éloignées de la cour, où je tâche de me cacher à ma propre réputation, et de déguiser mon profond savoir sous le nom et les drogues d'un opérateur de campagne. Ainsi, monsieur, ne soyez pas étonné si je prends tant de précautions avec vous. Ragotin, qui avait déjà de la vénération pour ce rare personnage, l'assura qu'il pouvait être en repos pour tout ce qui le regardait, le priant instamment de se servir de lui, de son bien, et de tout ce qui était en son pouvoir.

Cette conversation fut suivie de plusieurs compliments réciproques, tant bons que mauvais. L'opérateur, qui était fort embarrassé de se défaire de l'importun Ragotin, pour aller consulter son oracle la Rancune, s'avisa de lui dire : Retirez-vous, monsieur, je vais travailler à votre affaire ; et demain il sera jour.

CHAPITRE III.

Ragotin fait présent d'un mulet à l'opérateur.

Ragotin se trouva si satisfait de toutes les choses qu'il venait d'apprendre du rusé Normand, soi-disant Vénitien, qu'il ne songea plus qu'à ménager l'amitié de ce grand homme, persuadé qu'il ne trouverait rien de difficile par son moyen. Il avait de l'impatience de revoir la Rancune pour le remercier de lui avoir procuré la familiarité de ce fameux étranger, lorsqu'il l'aperçut se promenant avec un bourgeois sous les halles du Mans. Il courut à lui aussitôt qu'il le vit paraître, et l'embrassa à deux ou trois reprises sans lui parler.

La Rancune, qui de son naturel n'était pas complaisant et qui commençait à être rebuté de se baisser pour recevoir un si grand nombre de fatigantes embrassades du petit homme, le pria de lui dire d'où lui venait cette excessive joie. Ah! l'admirable homme qu'est le seigneur Ferdinando Ferdinandi! s'écria Ragotin; il m'a appris des choses, continua-t-il, que je ne voudrais pas ignorer pour la moitié de mon bien. Je lui ai promis le secret, et je lui tiendrai parole. Comment! un homme qui fait son ami chef d'une république et qui a le secret de se rendre invisible quand il veut ! car je ne parle pas de la facilité qu'il a de toucher les cœurs, cela est trop ordinaire; cependant c'est ce qui a failli à le perdre. Croiriez-vous bien qu'un prince lui a manqué de parole ?

La Rancune, qui aimait mieux donner audience dans le cabaret que sous la halle, avertit Ragotin de ne pas parler si haut, et, sur ce prétexte, le fit entrer dans un cabaret qui n'était pas loin de là.

Ils demandèrent une chambre pour être en particulier : une servante leur en ouvrit une, et fut suivie un moment après d'un garçon qui apportait du vin. Nous ne voulions pas boire, dit la Rancune : et voyant qu'il remportait son vin sans que Ragotin, qui était occupé des merveilles de l'opérateur, s'y opposât, il cria au garçon : Laisse, laisse-là ce vin, j'aime mieux le payer. Aussi bien vous avez beaucoup parlé, continua-t-il, et j'ai ouï dire à un vieux comédien qui avait étudié en médecine que rien au monde ne desséchait tant les poumons que de parler longtemps sans boire : je me souviens même encore que j'avais été si persuadé de ses raisons que nous avions obligé tous les acteurs de la troupe à apprendre plus exactement leurs rôles, afin de faire tenir un homme derrière le théâtre avec un pot de vin, à la place du souffleur.

La Rancune n'était pas si occupé de ce qu'il disait, qu'il ne versât du vin dans les deux verres, dont il en présenta un à Ragotin, qui ne put se défendre de boire après le docte raisonnement qu'il venait d'entendre. Ils parlèrent ensuite de leur ami commun et de ses admirables secrets. La Rancune, voulant profiter de la disposition favorable de Ragotin, lui conseilla de faire un présent au fameux Ferdinando, pour l'engager davantage dans ses intérêts. Ragotin ne s'en éloigna pas, et il ne fut plus question que du choix du présent. La Rancune, qui avait été prié par l'opérateur de lui chercher un mulet pour porter son bagage, se souvenant que Ragotin en avait un, lui persuada, avant que la conversation finît, de le lui envoyer ; et lui ayant dit, pour le mieux tromper, qu'il n'était pas assuré si Fernando voudrait le prendre, le petit homme, se flattant peut-être qu'il n'en voudrait pas, promit d'envoyer ce mulet, et pria même la Rancune de se trouver chez l'opérateur, pour lui faire valoir son présent.

Ils se séparèrent, et la Rancune, étant allé chez Ferdinando, convint avec lui qu'il lui donnerait la moitié de la valeur du mulet. Ils consultèrent ensuite sur ce qu'ils avaient à faire pour continuer à duper le petit homme. La Rancune se chargea de parler à la l'Étoile, afin qu'elle les aidât à le tromper ; et l'opérateur, qui était un maître fourbe, l'assura qu'il pouvait se reposer sur lui de tout le reste. Ils commençaient à s'impatienter de ce que le mulet ne venait point, lorsqu'il arriva un homme qui, à son habit, paraissait valet d'un meunier, qui marmota quelques paroles à l'opérateur de la part de Ragotin ; mais il s'en acquitta si mal que je n'ai pu savoir ce qu'il lui dit. La Rancune servit d'interprète à l'ambassadeur du petit homme, et fit entendre à Ferdinando que M. Ragotin lui faisait présent de ce mulet. Le valet, que Ragotin avait instruit du mérite extraordinaire de ce grand homme, peut-être pour le faire consentir avec moins de peine au don du mulet, était si appliqué à considérer un magicien en la personne de l'opérateur, qu'il répondit *oui* indifféremment à tout ce que la Rancune disait pour lui ; et l'opérateur, jugeant qu'il attendait qu'on lui donnât quelque chose pour boire, ouvrit une cassette, et donna une boîte de son baume, avec des poudres enveloppées dans des papiers différents, l'assurant d'un ton grave qu'il pouvait à l'avenir être en repos de sa santé, sans craindre ni peste, ni fièvre, ni colique, ni gale, etc. ; car il fut une demi-heure à lui nommer les maux que son remède guérissait. Le valet se retira fort satisfait ; mais la Rancune voulut toucher comptant sa part du prix du mulet. L'opérateur en fit quelques difficultés. Il était déjà nuit, et leurs contestations auraient peut-être duré longtemps, si elles n'eussent été interrompues par ce que vous verrez dans le chapitre suivant.

CHAPITRE IV.

Le singe en cornette.

Vous avez vu, dans les chapitres précédents, que le poète Roquebrune était amoureux de l'opératrice Inézille. L'extrême passion qu'elle avait de se perfectionner dans notre langue l'obligea à souffrir toutes les impertinences de ce poète, qui l'importunait également de son savoir, de son amour et de sa qualité, matière très fatigante pour une personne qui n'y prend point d'intérêt. La déliée Espagnole, qui avait beaucoup d'esprit et assez d'expérience pour connaître ce qui était bon ou mauvais, donnait toujours des espérances au présomptueux Gascon, pendant qu'elle jugea qu'il lui était nécessaire pour apprendre le français; mais lorsque, par sa grande application ou par le commerce des comédiennes, elle eut assez fait de progrès dans notre langue pour pouvoir se passer d'un maître si incommode, soit qu'elle eût naturellement de l'aversion pour lui, ou que Roquebrune, prévenu de son propre mérite, ne lui donnât jamais d'autres marques de sa passion que des discours, ce qui ne suffit pas pour gagner le cœur des personnes de cette profession, elle ne songea qu'à se défaire de cet amant importun. Elle l'avait inutilement prié plusieurs fois de ne revenir plus dans sa maison, feignant, pour l'y obliger, que son mari en était jaloux. Cette défense ne rebuta point Roquebrune; et, comme les gens du voisinage de la Garonne tirent vanité de tout, ce Gascon fut ravi d'avoir donné de la jalousie à un homme aussi extraordinaire que Ferdinando Ferdinandi : il continuait toujours à voir Inézille, malgré qu'elle en eût, lorsque, de concert avec son mari, elle s'avisa de lui faire jouer un tour de son métier, pour se délivrer de ses fatigantes assiduités. Elle fit donc semblant de s'attendrir aux marques qu'il lui donnait de sa passion; et le poète, prenant avantage de ce radoucissement, lui reprocha les mauvais traitements qu'elle lui avait faits, la menaçant d'être cruel à son tour.

La fine Espagnole, piquée de sa présomption, lui avoua, avec une confusion étudiée, que son devoir l'avait longtemps défendue contre son amour ; qu'elle ne l'avait prié de ne plus la voir que parce qu'elle se défiait qu'elle ne pourrait pas résister longtemps à un homme qui avait de si grandes qualités ; mais qu'enfin son mérite et sa persévérance l'avaient entièrement gagnée. Elle ne manqua pas de couvrir son visage de son éventail, comme si elle eût voulu cacher le désordre où un aveu si libre l'avait mise.

Le poëte, charmé des douces paroles d'Inézille, ne pouvant retenir l'enthousiasme de sa poésie, fit un impromptu à la louange de sa maîtresse ; et, après l'avoir assurée qu'il l'aimait de tout son cœur et qu'il ne lui avait donné cette petite alarme que pour la punir de sa longue résistance, il la pria de lui dire en quel lieu et à quelle heure il pourrait la voir tête-à-tête, témoignant une grande impatience de lui donner des marques essentielles de son amour. Inézille, feignant, par un air embarrassé qu'elle affectait, et par quelques soupirs lâchés à propos (ce que les Espagnoles, n'en déplaise à nos dames, entendent mieux que les femmes des autres nations), qu'il n'était plus à son pouvoir de lui rien refuser, lui dit de venir dans sa chambre à l'entrée de la nuit, qui était l'heure que son mari irait souper chez un apothicaire du Mans, qui l'en avait prié ; elle l'assura même qu'elle se mettrait dans son lit, sous prétexte d'une migraine, et qu'elle l'attendrait avec impatience. Le poëte, transporté d'amour et de joie, lui baisa les mains ; il voulut encore lui baiser la bouche ; mais l'Espagnole s'en défendit, l'assurant qu'on ne prenait ces libertés avec les femmes de son pays qu'après qu'on en avait eu d'autres. Il fallut se retirer et se contenter des espérances qu'elle lui donnait.

On a déjà vu qu'une servante more, deux valets et un singe composaient tout l'équipage de notre opérateur : il est à propos de s'en souvenir, parce que ce singe, plus malin et plus adroit que celui même qui donna occasion au proverbe, est un des héros les plus considérables de ce chapitre. Ce singe, que l'opérateur avait dressé avec beaucoup de soin, faisait toutes les postures qu'on voulait : son adresse n'empêchait pas que la canaille, qui s'assemblait autour de lui, ne l'eût rendu le plus malicieux singe qui fût passé jamais en Europe : il mordait ceux qu'il ne connaissait point, et il n'avait du respect que pour les gens de la maison. Inézille, lui ayant bien donné à manger le soir qu'elle attendait Roquebrune, le coiffa avec une cornette de point d'Espagne, qui lui avançait sur le front et qui lui cachait presque le visage; elle lui mit ensuite une chemise, et le coucha dans son lit entre deux draps. Il était accoutumé à faire tant de différentes postures, qu'il n'eut pas de peine à demeurer dans celle-là, qu'il trouva plus commode, après un bon repas, que celles qu'on l'obligeait de faire tous les jours sur le théâtre.

L'amoureux Roquebrune ayant comparu à l'assignation, la servante more, qui avait l'ordre de sa maîtresse, alla au-devant de lui, et l'éclaira jusque dans le lit, où le singe en cornette dormait tranquillement. Le poëte, ayant aperçu cette coiffure si propre, jugea que sa maîtresse s'était préparée à le recevoir; et, ayant bien doucement ôté sa perruque, ses souliers, ses manchettes et son rabat, la servante, qui ne pouvait plus s'empêcher de rire, emporta la lumière, et le poëte se jeta sur le lit, prévenu qu'il était avec sa chère Inézille.

Il voulut aussitôt lui porter la main sur le visage; le singe, s'étant éveillé, se mit à gronder. Roquebrune, se souvenant qu'Inézille avait dit que les dames espagnoles ne souffraient point qu'on leur baisât le visage qu'après avoir eu d'autres familiarités avec elles, s'imagina qu'elle ne le trouvait pas bon, et se mit en devoir de prendre d'autres libertés; le singe en gronda plus fort que la première fois : alors le poëte se plaignit de ses rigueurs, et, après lui avoir exagéré la violence de sa passion, il lui récita des vers qu'il savait par cœur, et il voulut lui persuader qu'il les avait faits sur-le-champ. Le singe, plus malin que tous les autres, comme je vous l'ai déjà dépeint, qui reconnut que cette voix n'était pas du logis, mordit rudement Roquebrune à l'oreille, qu'il trouva découverte, parce qu'il avait ôté sa perruque de peur de la gâter.

Cette sanglante caresse le surprit; mais, bien loin de se désabuser, il crut qu'Inézille se moquait de lui; ce qui le mit si fort en colère, qu'il résolut de n'en avoir pas le démenti; et, l'ayant embrassé avec violence, le singe, se sentant pressé, lui donna quelques coups de dents, que Roquebrune ne sentit pas d'abord, parce que la cornette l'empêchait; mais, la coiffure s'étant défaite, le singe se débarrassa bientôt de sa chemise, et, ayant sauté sur le pauvre poëte, il commença le plus sanglant combat que le nourrisson du Parnasse eût jamais essuyé. Ses cris attirèrent l'opérateur et la Rancune, qui contestaient encore sur le partage du mulet de Ragotin. Lisez le chapitre suivant ; vous verrez ce qui en arriva.

CHAPITRE V.

Comment le poëte fut délivré de la fureur du singe.

L'opérateur et la Rancune, étant accourus dans la chambre qui servait de champ de bataille à nos deux combattants, trouvèrent le poëte qui ne faisait plus de résistance, et qui criait de toute sa force, demandant de l'eau bénite, prévenu, comme il l'a dit depuis, qu'Inézille était une sorcière, et que Belzébut, son galant, jaloux de l'assignation qu'elle avait donnée à un autre qu'à lui, le maltraitait de la sorte. L'opérateur parla au singe d'un ton de maître ; mais le magot était trop en colère pour lui obéir ; ce qui obligea Ferdinando à prendre un fouet dont il le châtiait quelquefois, et à lui en cingler plusieurs coups. Le singe était si animé qu'il ne quitta pas prise au premier ni au second coup de fouet. L'opérateur redoubla plus fort qu'auparavant ; mais il ne put le faire avec tant d'adresse que le pauvre poëte n'en reçût quelques coups au travers des oreilles. Le singe, se voyant pressé, lâcha son ennemi, et en deux gambades sauta sur une fenêtre, et de la fenêtre au grenier.

Cette agilité contribua beaucoup à confirmer Roquebrune dans la pensée qu'il avait déjà qu'il venait de combattre contre un diable, ou, pour mieux dire, qu'il venait d'être battu par un diable ; car, dès le commencement du combat, la peur l'avait rendu perclus de tous ses membres. Son visage égratigné, sa tête sanglante et ses habits déchirés, défiguraient tellement le malheureux poëte, que la Rancune ne l'aurait point connu, si l'opérateur, qui était d'intelligence avec sa femme, ne l'eût nommé par son nom. Alors la Rancune cachant la maligne joie que ce tragique spectacle lui donnait : Ah ! cher ami, s'écria-t-il, est-ce bien vous, ou le démon qui vous a mis en cet état ? n'aurait-il point donné votre forme à un autre ? C'est moi-même, répondit le poëte d'une voix dolente. La Rancune, ne pouvant se déguiser plus longtemps, éclata de rire, et ceux qui l'ont connu assurent que c'est la seule fois qu'il ait ri de sa vie.

Le pauvre poëte était si troublé qu'il ne s'en aperçut point, et continuait à parler sur le même ton, lorsque l'opérateur l'interrompit pour lui dire qu'il avait bien été averti que l'adresse de son singe lui faisait des envieux; mais qu'il n'aurait jamais pu s'imaginer qu'un homme qui se disait son ami eût voulu le lui dérober. Le poëte lui fit des serments exécrables qu'il n'avait jamais eu cette pensé, et il disait vrai; mais l'opérateur, feignant de ne point le croire, ne lui donnait point le temps de parler, exagérant les bonnes qualités de son singe, et la noirceur de l'action. Cela ne se passera pas ainsi, disait-il; j'en porterai plainte à la justice; du moins, si je le perds, je saurai où le reprendre. Roquebrune, effrayé de cette menace, et craignant d'être déshonoré s'il passait pour un voleur, lui fit de nouveaux serments qu'il n'avait jamais eu dessein de lui rien voler, offrant de lui payer son singe, plutôt que de souffrir que la justice en prît connaissance.

La Rancune, qui avait assez de malice et d'expérience pour juger que c'était Inézille, et non pas le singe, que le poëte cherchait, fit une violence extrême à son humeur ennemie de la paix, en priant l'opérateur de ne point porter les choses aux dernières extrémités. La moresque entra en ce temps-là, qui vint dire à Ferdinando, de la part de sa femme, de ne point faire tant de bruit, parce qu'elle avait une migraine effroyable. Enfin, par la médiation et la prière de la Rancune, l'opérateur pardonna à Roquebrune, moyennant certaines espèces qu'il avait sur lui, et dont il se défit en sa faveur, qui ne firent que passer par ses mains, parce qu'il fallut les donner à la Rancune sur le tant moins et en déduction de sa part de mulet.

Le charitable opérateur mit encore par-dessus le marché un cataplasme au poëte, qui lui couvrit plus de la moitié du visage, et la Rancune le conduisit en cet état dans son hôtellerie. Son plus grand soin fut d'obtenir de son guide qu'il ne parlerait à personne de son aventure; j'ai même ouï-dire qu'il lui promit, pour l'obliger à se taire, de ne lui jamais demander l'argent qu'il lui devait.

Sa précaution ne servit de rien, car Inézille, qui peut-être était bien aise de s'établir pour honnête femme dans l'esprit des comédiennes, aux dépens du poëte, avait déjà pris les devants pour leur en faire le conte. Elles étaient aux fenêtres de l'hôtellerie avec des flambeaux en attendant son arrivée. Aussitôt qu'elles le virent approcher, la huée commença avec tant de force, que l'infortuné Roquebrune faillit à mourir de honte et de douleur. Il fit la résolution de n'aimer à l'avenir que les muses ; je ne sais pas s'il l'a tenue, mais je sais que je commence à être bien las de ce chapitre, et que j'aurais été bien embarrassé de travailler au suivant, si les comédiennes n'eussent retenu Inézille à souper ; et, comme les nuits étaient déjà longues, elles la prièrent de raconter quelques-unes de ces jolies nouvelles qu'elle savait. Inézille ne se fit point prier longtemps ; elle commença en ces termes.

CHAPITRE VI.

La paysanne de Frescati.

Un berger de Frescati était une nuit fort alerte, de peur que le loup ne lui enlevât quelques brebis, lorsqu'il entendit la voix d'une personne qui se plaignait : il y accourut d'abord, et il trouva une femme bien faite en apparence, qui venait d'accoucher d'une petite fille, sans autre secours que celui de sa douleur et de ses plaintes. Mafée (c'est le nom du berger) prit l'enfant entre ses bras, et consola la mère par ses discours et encore plus par son action. La dame avait jeté les yeux sur lui, et, voyant qu'il avait déjà enveloppé l'enfant dans son manteau, remercia le ciel de lui avoir envoyé ce secours si à propos. La présence du berger lui donna du courage ; et, s'étant relevée avec beaucoup de peine, elle le pria de lui donner la main jusqu'à une maison qui était près de Frescati, et en marchant elle lui parla à peu près en ces termes :

« Mes parents, qui ont du bien et de la qualité, me destinèrent à être religieuse presque aussitôt que je fus née : ils prirent beaucoup de soin à m'élever dans cet esprit. Cependant, lorsque j'eus un peu de raison, je sentis une aversion secrète pour le couvent; et, quelque effort que j'aie fait depuis pour accommoder ma volonté à celle de mes parents, il m'a été impossible d'en venir à bout. Mon père fait son séjour à Rome, quoiqu'il ait la meilleure partie de son bien à Tolentin. Il me déclara, il y a près d'un an, qu'il était temps que je me préparasse à entrer bientôt dans un couvent, ce qui me donna d'autant plus de chagrin que j'aimais déjà un cavalier de Bologne, qui était logé vis-à-vis de notre maison. Je le voyais tous les jours de mes fenêtres dans sa chambre, et je le recevais toutes les nuits dans la mienne; la crainte que j'avais d'être religieuse, et la passion que ce cavalier avait pour moi, m'ayant déterminée à le souffrir, après qu'il m'eut donné des assurances qu'il m'épouserait. Son père voulait le marier à une fille de ses parentes pour qui il avait de l'aversion. Quoiqu'il fût venu à Rome sur le prétexte d'en demander la dispense, il l'amusait toujours par des remises, en feignant qu'il trouvait de grandes difficultés à l'expédition de son affaire.

Nous nous aimions tendrement, et nous nous en donnions tous les jours des marques réciproques, lorsque mon père, ne voulant plus différer à me mettre en religion, résolut de me mener à Tolentin pour prendre congé de ma grand'mère, qui y demeurait. Le père de mon mari arriva en ce temps-là à Rome, pour demander lui-même la dispense et presser le départ de son fils, ce qui rompit toutes nos mesures. Il n'osa jamais m'enlever, de peur d'irriter son père; et de mon côté je craignais si fort l'humeur sévère du mien, que je ne le pressai point de le faire. Quelques marques de grossesse que je sentais m'affligèrent plus que tout le reste; je pleurai, je me plaignis de mes malheurs, et je crois que je me serais percé le cœur d'un poignard, si j'avais pu le faire sans hasarder la vie de mon époux et le fruit de notre amour.

J'obligeai mon père à différer son voyage, en feignant que j'étais malade; et je fis confidence de l'état où j'étais à un médecin qui me visitait, afin qu'il m'aidât à tromper mes parents. Cet artifice me réussit assez longtemps; mais enfin mon père, jugeant de ma santé par mon visage, qui était assez bon, se détermina à partir, et je n'eus que le temps d'écrire un billet à mon époux; j'eus même beaucoup de peine à le rendre lisible, parce que mes larmes en effaçaient tous les caractères. Je lui représentais l'humeur terrible de mon père, ma grossesse, qui était si avancée que je ne pouvais plus la cacher qu'avec des soins infinis, et les malheurs où je prévoyais que je serais exposée, si je venais à accoucher pendant le voyage, comme il y avait grande apparence.

Nous partîmes de Rome hier l'après-dîner, et mon père ayant voulu voir Frescati en passant, nous y sommes venus coucher. Après que tout le monde fut retiré, je sentis des douleurs fort violentes; le chagrin où j'étais me fit souhaiter plusieurs fois la mort. Mes douleurs augmentèrent, et j'eus tant de frayeur d'être surprise par mon père en accouchant, que j'en sentis moins la violence de mon mal. Ayant obligé une fille qui me servait, et à qui je ne cachais rien, de se mettre au lit à ma place, afin que si mon père s'éveillait il ne s'aperçût point de mon absence, je sortis seule, animée de ma crainte et sans savoir où j'allais, ne songeant qu'à m'éloigner de la maison où était mon père.

Enfin, pressée de mes douleurs, je m'arrêtai où vous m'avez trouvée, et j'espère que par votre moyen je sauverai ce cher enfant que vous avez si charitablement secouru, et que je pourrai me rendre dans le lieu d'où je suis sortie sans que personne s'aperçoive de ce qui m'est arrivé.

Mafée était presque aussi sensible à ce discours que celle qui parlait, car les malheurs touchent tout le monde; mais les malheurs d'une femme, et surtout d'une femme de qualité, qui augmente par ses larmes la compassion qu'on a déjà, attendriraient l'homme du monde le plus dur.

La dame, après lui avoir demandé son nom et le lieu de sa demeure, lui donna une bourse où il y avait de l'argent, et le conjura d'avoir soin de cette petite fille, l'assurant qu'elle en avertirait son mari, afin qu'il lui donnât des marques de sa reconnaissance et de sa libéralité. Mafée lui promit tout ce qu'elle souhaita, et il se retira après l'avoir vue rentrer dans la maison d'où elle était sortie. Il rêvait en chemin à cette aventure extraordinaire, admirant particulièrement le courage de la dame. Peut-être le bon paysan ne savait-il pas qu'une femme est capable de tout entreprendre pour cacher ses faiblesses, aussi bien que pour satisfaire ses passions.

Après que Mafée fut arrivé chez lui, sa femme s'imagina que cet enfant était le fruit de ses amours avec quelque bergère du voisinage, et lui fit tous les reproches que sa jalousie lui inspira. Mafée aurait eu peine à s'en justifier, si l'argent qui était dans la bourse que la dame lui avait donnée n'eût confirmé ses discours : il apaisa donc sa femme, et ils portèrent ensemble la petite fille chez une autre bergère, qui était accouchée depuis peu d'un enfant mort.

Mafée reçut peu de temps après des lettres du cavalier, qui se disait père de la petite fille qu'on lui avait remise en main, qui lui mandait qu'étant contraint de sortir d'Italie, il avait chargé un de ses amis de pourvoir, en son absence, aux besoins de son cher enfant. En effet, cet ami s'en acquitta si libéralement, que Mafée se trouva en fort peu d'années en état de mener une vie commode, qui lui parut d'autant plus douce qu'il avait toujours vécu dans la nécessité. Cependant la mère de Julie (c'est ainsi qu'ils nommèrent la petite fille) eut beaucoup à souffrir de l'injustice de ses parents, qui la forcèrent à entrer dans un couvent, où elle passa plusieurs années, dans l'espérance de revoir son amant, qu'elle nommait déjà son mari, et qui s'était battu contre un prince d'une maison souveraine, ce qui l'avait obligé de s'éloigner de son pays.

Julie, que Mafée éleva dans l'ignorance de sa condition, devint grande ; sa beauté et son humeur enjouée la faisaient aimer de tous ceux qui la connaissaient. Plusieurs paysans des environs cherchèrent à lui plaire, et il y en eut même qui la demandèrent en mariage. Mais Julie, qui avait le cœur haut, ne faisait pas grand cas de leurs soins, et se plaignait quelquefois de la bassesse de sa condition, disant qu'elle aurait bien aimé à vivre avec les gens de qualité.

Un cavalier génois, de l'illustre maison de Fiesqui, étant un jour allé de Rome à Frescati pour y voir les cascades, remarqua par hasard cette jeune paysanne à la porte de Mafée ; il la trouva si charmante, qu'il en eut tout le jour l'idée remplie. Il s'en retourna le soir à Rome, quoiqu'il eût une répugnance secrète à s'éloigner de Frescati : il avait toujours l'aimable paysanne dans l'esprit, et le lendemain il alla une seconde fois à Frescati, feignant d'y avoir oublié une montre fort riche.

Il fut assez heureux pour trouver encore la paysanne, qui lui parut plus aimable que la première fois, et il remarqua que, dans la simplicité de ses habits, elle avait un air noble que les autres paysannes n'ont pas d'ordinaire. Il voulut lui parler, mais il n'en eut jamais la hardiesse, craignant toujours de lui déplaire. Il demeura si charmé et de la beauté et des manières de Julie, qu'il lui fut impossible de se résoudre à retourner à Rome.

Il n'aurait pas balancé à faire quelque séjour à Frescati, pour avoir occasion de lui parler; mais il craignait de n'être pas écouté favorablement, et il prévoyait qu'il lui serait difficile de lui parler souvent sans que cela fît de l'éclat. Il coucha à Frescati, songeant toujours aux moyens de rendre sensible à sa passion l'aimable paysanne. Il lui passa mille choses par la tête pour y réussir; enfin, après plusieurs irrésolutions, il se détermina à s'habiller en paysan, et à demeurer à Frescati.

Le lendemain il se promenait seul dans une vigne ou jardin, rêvant à l'exécution de son dessein, lorsqu'il aperçut un jardinier qui taillait des arbres; il s'approcha de lui; et, après lui avoir fait plusieurs demandes, trouvant qu'il avait assez d'esprit et qu'il répondait fort juste, il entra en conversation avec lui, et lui avoua qu'il était engagé dans une grande affaire, où il s'agissait de sa vie et de sa fortune, et qu'il lui importait de se cacher quelque temps, afin de se dérober aux poursuites de ses ennemis.

Le jardinier, qui jugeait bien à la mine et aux habits de Fiesqui qu'il était homme de qualité, compatissant à son malheur, lui offrit de le conduire par des chemins détournés dans un fort qui appartenait au duc Sforza, où il lui promit qu'il serait en sûreté. Le cavalier le remercia, et lui dit qu'il aimerait bien mieux s'habiller en paysan et demeurer à Frescati, s'il voulait lui donner une retraite dans sa maison, et l'avouer pour son parent. Il en fit d'abord quelque difficulté, craignant de s'embarquer dans quelque mauvaise affaire; mais les libéralités du cavalier, et les grandes espérances qu'il lui donna, le déterminèrent à lui accorder ce qu'il souhaitait; il lui promit même de le faire passer pour son fils, parce qu'il en avait un à peu près de son âge, qui était allé depuis neuf ou dix ans en pèlerinage à Saint-Jacques, d'où il n'était jamais revenu.

Le cavalier, satisfait de cette promesse, s'en retourna le lendemain à Rome, où il disposa toutes choses pour son voyage; et ayant pris les précautions nécessaires pour paraître hâlé, comme le sont d'ordinaire ceux qui reviennent de voyager, il dit à ses amis qu'il était obligé de retourner à Gênes pour une affaire pressée, et s'en alla à Frescati avec un habit convenable à ce qu'il voulait paraître. Son faux père le reçut avec des témoignages de joie qui trompèrent tout le monde; et tous ceux de la maison, à l'exemple du maître, le reconnurent ou crurent le reconnaître pour le fils du logis.

Les parents et les amis du père accoururent chez lui pour le féliciter du retour de Carlin, c'est ainsi qu'il se nommait. Il fit bientôt connaissance avec les plus considérables de Frescati, qui écoutaient avec plaisir le récit fabuleux des aventures qui lui étaient arrivées pendant son prétendu voyage de Saint-Jacques; il visita les amis de son père, et Mafée plus souvent que les autres, ce qui lui donna occasion d'admirer l'aimable Julie, qui le reçut fort obligeamment.

Enfin, sans m'embarquer dans un détail qui peut-être serait ennuyeux, Julie s'aperçut en peu de temps que Carlin l'aimait passionnément; et comme il se distinguait des autres jeunes hommes de sa condition, Julie, qui avait le cœur fort haut, ne fut pas fâchée d'avoir donné de l'amour au seul paysan du village qu'elle trouvait raisonnable, et qui n'avait rien de grossier que ses habits. Mafée, voyant que Carlin était fort assidu auprès de Julie, et qu'elle n'était pas fâchée des soins qu'il lui rendait, craignit que Julie, trompée par l'égalité de leurs conditions, n'eût trop de complaisance pour lui, ce qui l'obligea à lui déclarer le secret de sa naissance, en lui faisant voir des lettres de ses parents qui lui recommandaient d'en avoir un soin extrême, et qui l'assuraient que dans peu de temps ils la retireraient de chez lui. Mafée la pria ensuite de se souvenir de sa qualité, et de songer qu'elle se trouverait au premier jour dans une grande ville, honorée et peut-être recherchée des plus considérables cavaliers; et qu'ainsi elle prît garde de ne point souffrir des libertés à Carlin, ni à d'autres jeunes gens de Frescati, de peur qu'elle n'en eût honte quelque jour.

Julie témoigna beaucoup de surprise du discours de Mafée,

quoiqu'elle n'eût point de peine à le croire, se sentant une grandeur d'âme que la fille d'un paysan n'aurait pas eue ; et, comme elle avait toujours eu une inclination secrète de vivre parmi les personnes de condition, elle fut ravie de ce que Mafée lui avait appris : mais aussitôt qu'elle fit réflexion aux discours passionnés que Carlin lui avait tenus, elle fut presque fâchée de sa qualité, ayant peine à se priver de voir un jeune homme pour qui elle avait beaucoup d'inclination. Jugeant néanmoins qu'il était indigne d'une personne de sa qualité d'aimer un homme d'une naissance si obscure, elle résolut de ne plus le voir : ce ne fut pas sans se faire une violence extrême.

Carlin s'apercevant de ce changement, faillit à mourir de douleur et de désespoir ; il chercha avec tant de soin l'occasion de lui parler, qu'enfin il la trouva : il se plaignit à Julie de ses rigueurs, d'une manière si tendre et si passionnée, qu'elle convint presque de son injustice, sans pouvoir lui en donner aucune raison ; et malgré sa gloire, il lui échappa des sentiments de compassion pour le malheureux Carlin, qu'elle trouvait plus aimable (par un caprice dont on ne saurait donner la raison), depuis que l'inégalité de leurs conditions le lui faisait regarder comme un homme qui ne pouvait jamais la posséder.

Carlin, qui avait quelque expérience en amour, ne sachant à quoi attribuer la tiédeur de sa maîtresse, résolut de lui donner de la jalousie, et feignit d'aimer une jeune bergère du voisinage, qu'un jeune paysan était à la veille d'épouser. Julie ne fut pas longtemps sans s'en apercevoir ; et quoiqu'elle tâchât de se déguiser à elle-même les sentiments qu'elle avait pour Carlin, elle ne put s'empêcher de quereller la bergère, et de la menacer même d'en avertir son amant. Je ne sais pas si elle le fit ; mais, deux jours après, le paysan qui devait épouser cette rivale attaqua Carlin en sortant de l'église, et le fit avec tant d'avantage, qu'il en aurait été maltraité sans le secours que d'autres paysans lui donnèrent.

Julie, qui s'y rencontra par hasard, eut un soin extrême de s'informer si Carlin n'était point blessé : il en prit occasion de la remercier, et d'avoir un éclaircissement avec elle. Elle le traita d'ingrat, et lui reprocha une inconstance qui lui attirait de si mauvaises affaires. Il se justifia avec tant d'éloquence, et il lui parut si amoureux, qu'elle eut du chagrin d'avoir été désabusée, puisque aussi bien sa qualité l'empêchait de répondre à la passion de Carlin.

Tous les jours elle prenait la résolution de ne lui plus parler, et même d'éviter sa rencontre ; mais aussitôt qu'elle était une journée sans le voir, elle oubliait et sa résolution et sa qualité, et cherch quelque prétexte pour aller dans les lieux où elle jugeait qu'il pourrait être.

Julie était continuellement partagée entre l'amour et la gloire, lorsqu'une dame bien faite, accompagnée d'un cavalier de bonne mine, arriva chez Mafée dans un équipage proportionné à leur qualité. Elle se fit connaître à ce bon paysan pour la mère de Julie ; et, ayant témoigné beaucoup d'empressement de voir sa chère fille, on la fit appeler, et sa mère l'embrassa avec des témoignages d'une véritable affection ; le cavalier, qui était son père, l'embrassa aussi avec des marques d'une grande tendresse, quoique Julie eût quelque répugnance à le lui permettre. Sa mère ayant versé quelques larmes par la joie de Julie, ou peut-être par le souvenir de ses malheurs passés, apprit à Mafée qu'ils avaient eu de grands obstacles dans leur mariage ; que néanmoins s'étant toujours aimés avec fidélité, ils étaient venus à bout de leur dessein avec une longue patience, et qu'il ne manquerait plus rien à leur bonheur lorsqu'ils auraient auprès d'eux leur chère enfant ; ils lui firent ensuite un présent considérable, et emmenèrent avec eux Julie, sans lui donner presque le temps de prendre congé de ceux qui l'avaient élevée. Elle ne laissa pas de recommander à Mafée, à son départ, d'apprendre à Carlin tout ce qui s'était passé, et de lui dire de l'aller voir à Rome. Mafée le lui promit, et ne lui tint pas parole, ne voulant pas donner cette vanité au jeune paysan, et s'imaginant que Julie ne songerait plus à lui quand elle serait arrivée à Rome.

Ses parents eurent un soin extrême de la divertir, et de la mener partout où ils allaient, afin de l'accoutumer insensiblement à la bonne compagnie. Mais leurs soins étaient inutiles, Julie s'ennuyait partout : les conversations les plus agréables lui paraissent fades, parce qu'elle n'y trouvait pas Carlin, qui de son côté n'était pas plus tranquille depuis le départ de Julie, n'ayant pu jamais découvrir ce qu'elle était devenue.

Mafée, craignant que d'autres paysans de la connaissance de Julie n'allassent l'importuner à Rome lorsqu'ils seraient informés de sa condition, avait pris soin de le cacher à tout le monde, et s'était contenté de dire qu'il l'avait mise auprès d'une dame de qualité.

Après que l'amoureux Carlin se fut inutilement tourmenté pour en découvrir davantage, il résolut de retourner à Rome, puisque Julie, qui l'arrêtait à Frescati, n'y était plus : il se plaignait de son malheur ; et, ne comprenant pas pourquoi elle était partie sans lui donner de ses nouvelles, il jugea qu'il pourrait la rencontrer peut-être à Rome, et cette espérance l'empêcha de s'abandonner à tous les mouvements de son désespoir.

Mafée cependant alla voir Julie : elle le querella de ce qu'il n'avait pas amené Carlin avec lui. Mafée, pour s'excuser, l'assura qu'il l'avait prié de l'accompagner ; mais qu'il était si occupé auprès d'une jeune paysanne, qu'il ne la perdait presque point de vue. Julie, ne pouvant cacher le chagrin que ces tristes nouvelles lui causaient, se retira dans sa chambre sur d'autres prétextes, et fit mille réflexions désagréables, qui furent suivies d'un torrent de pleurs.

Carlin, qui avait déjà repris le nom et l'habillement de Fiesqui, tâchait inutilement d'apprendre des nouvelles de sa chère Julie, lorsqu'un jour, en sortant d'une église, il aperçut dans une rue détournée deux hommes qui en pressaient un autre avec beaucoup d'avantage : il voulut d'abord les séparer ; mais ceux qui avaient attaqué le menacèrent de le charger lui-même s'il se mêlait de leur querelle ; ce qui obligea Fiesqui à les prévenir, en défendant celui qui était seul : il le fit avec tant de valeur, qu'un moment après, celui qui avait fait cette réponse tomba mort à ses pieds. La crainte d'être surpris par la justice les obligea tous à se retirer.

Fiesqui songeait à chercher un asile dans quelque maison religieuse, lorsqu'un homme de livrée qui avait vu son combat lui ouvrit une fausse porte, et l'assura que s'il y voulait entrer il y serait en sûreté. Fiesqui ne refusa point son offre, et cet homme le mena par un escalier dérobé dans une chambre assez propre ; il l'assura qu'il y pouvait demeurer tranquillement. Fiesqui résolut d'y attendre jusqu'à la nuit, songeant déjà à s'en retourner à Gênes pour éviter les poursuites de la justice : mais, faisant réflexion qu'il allait s'éloigner d'une ville où il espérait toujours de trouver sa Julie, son amour l'empêcha de prendre aucune résolution.

Il était dans ces inquiétudes, lorsqu'il entendit une personne qui se plaignait, dans une chambre qui n'était séparée de la sienne que par une porte qu'une tapisserie cachait : il leva doucement la tapisserie, et remarqua que c'était la voix d'une femme qui se plaignait de quelque chagrin amoureux.

Sa curiosité et la compassion que ses propres sentiments lui donnaient pour les malheurs des autres, l'engagèrent à écouter avec attention ; il crut d'abord entendre une voix qui ne lui était pas inconnue ; il jugeait même qu'elle ressemblait à celle de sa maîtresse. Julie, s'étant aperçue qu'on faisait quelque bruit dans cette autre chambre, s'arrêta un peu. Fiesqui crut que son amour l'avait abusé lorsqu'il s'était imaginé entendre la voix de Julie ; mais un moment après elle continua ses plaintes, et nomma plusieurs fois l'infidèle Carlin. Jamais homme n'a été plus agréablement surpris que Fiesqui le fut en cette occasion, surtout lorsqu'il reconnut distinctement la voix de sa maîtresse.

Le nom d'infidèle qu'elle lui donnait lui fit d'abord de la peine : néanmoins, étant bien assuré qu'il ne l'avait jamais mérité, il espéra qu'il s'en justifierait bientôt. Jugeant qu'elle était auprès de quelque femme de qualité, comme Mafée le lui avait dit, et qu'elle se retirait quelquefois en particulier pour rêver en liberté, il se fit un plaisir de penser qu'il la retirerait de cette condition obscure, et qu'il lui donnerait en l'épousant des preuves de la passion et de l'estime qu'il avait pour elle.

Son impatience ne lui permit pas de différer longtemps à voir sa chère maîtresse. Il frappa donc à la porte ; et Julie, qui savait que sa mère, en revenant d'un parterre, montait quelquefois par un escalier dérobé, et passait au travers de ces chambres pour s'épargner la peine de faire un grand tour, ouvrit la porte, et trouva son amant, et non pas sa mère. Elle fut si frappée d'un objet si cher et si peu attendu, qu'elle demeura quelque temps interdite. Ils se regardaient tous deux sans se parler, et furent également surpris l'un et l'autre de se voir dans des habillements si différents de ceux qu'ils avaient coutume de porter à Frescati.

Mais Julie jugea d'abord que Carlin, plein d'ambition, ayant été informé de sa qualité, s'était déguisé sous cet habit de cavalier pour lui plaire davantage : elle lui fit des plaintes de ce déguisement, et l'assura qu'elle faisait fort peu de cas de ces fausses apparences, ajoutant qu'elle aimerait bien mieux le voir fidèle avec son habillement ordinaire que perfide et inconstant sous un habit si peu conforme à sa condition ; et qu'ainsi il n'avait qu'à s'en retourner, et tâcher de plaire à cette paysanne qui était si fort à son gré ; qu'elle voulait néanmoins l'avertir que l'inégalité de leurs conditions avait moins contribué à la déterminer à cette résolution que son inconstance et le peu de cas qu'il avait fait d'elle, lorsque Mafée lui avait dit de sa part de l'aller voir. Elle se faisait tant de violence, et son cœur avait si peu de part à ses discours, que ses larmes la trahirent et l'empêchèrent de continuer.

L'amoureux Fiesqui, attendri par les pleurs de sa maîtresse, et accablé par l'injustice de ses reproches, l'assura que Mafée ne lui avait jamais parlé, et que le seul hasard lui avait procuré le bonheur de la rencontrer. Il lui apprit ensuite son nom, sa qualité, et la manière dont il s'était déguisé en paysan pour lui plaire, lui exagérant les cruelles inquiétudes où il avait été depuis son départ de Frescati.

Julie, surprise et ravie d'apprendre des choses si agréables à son amour, l'informa de sa naissance, et des raisons qui avaient obligé ses parents à la faire élever à Frescati dans l'ignorance de sa véritable condition. Sa joie et son amour ne lui permettant pas de lui tenir de longs discours, elle se contenta de lui dire que, puisqu'elle l'avait aimé paysan, il devait bien juger que la connaissance qu'elle avait de sa qualité ne diminuerait pas son amour. Et, afin que vous n'attribuyez pas, continua-t-elle, à votre condition les bons traitements que vous recevez de moi, je veux bien vous montrer une lettre que j'avais écrite pour vous l'envoyer par Mafée. Ayant tiré en même temps cette lettre de sa poche, elle la lui présenta, et il y lut ces paroles :

« Si en changeant d'habillement on pouvait changer d'inclination, je ne serais pas exposée aujourd'hui à vous faire des reproches, et de votre ingratitude, et du peu de soin que vous avez eu de me venir voir avec Mafée. Il vous informera de ma qualité et du lieu de ma demeure. Soyez cependant persuadé que l'inégalité de nos conditions ne m'empêchera jamais d'avoir pour vous les mêmes sentiments, puisque je sens bien qu'il me sera plus aisé de renoncer aux avantages de ma naissance que de me défaire de la forte passion que j'ai pour vous. »

Après que Fiesqui eut lu cette lettre, il se jeta aux pieds de sa maîtresse, et ils se donnèrent des assurances réciproques de s'aimer toute leur vie. Ils prirent des mesures pour pouvoir se marier avec l'agrément de leurs parents.

Fiesqui, ne voulant pas exposer Julie, qu'il regardait déjà comme sa femme, aux jugements qu'on aurait faits d'elle, si quelqu'un les avait surpris ensemble, se retira aussitôt qu'il fut nuit, après lui avoir promis de la demander en mariage le jour suivant.

Julie demeura si satisfaite de la conversation de son amant, et elle eut tant de joie d'avoir reconnu qu'il lui avait toujours été fidèle, qu'elle ne fut presque point sensible à ce qu'elle venait d'apprendre de sa qualité. Son amour et son impatience lui donnaient des distractions et des inquiétudes dont ses parents s'aperçurent. Ils la pressèrent de les informer du sujet de son chagrin, et se servirent de toutes les caresses dont ils purent s'aviser pour l'obliger à ne rien cacher. Alors elle leur apprit le détail de toute cette histoire, et les conjura de ne point s'opposer à son bonheur. Comme ils savaient, par leur propre expérience, que rien n'est capable de désunir deux cœurs qui s'aiment parfaitement, ils lui promirent que, si son amant était de la maison de Fiesqui, comme il le disait, ils seraient ravis de le recevoir pour leur gendre.

Un prélat génois, qui était oncle de Fiesqui, alla ce même jour, à sa prière, visiter les parents de Julie, et la demanda pour son neveu: sa proposition fut agréablement reçue; ils furent mariés peu de temps après, et Julie, n'ayant plus d'inquiétude, soutint fort bien sa qualité, sans qu'on remarquât jamais, dans ses discours ni dans ses manières, qu'elle eût été élevée chez un paysan de Frescati.

CHAPITRE VII.

Qui traite d'une nouvelle matière.

La troupe comique continuait à représenter trois fois la semaine dans la ville du Mans : l'auditoire était toujours assez nombreux, parce qu'il y allait de temps en temps de la noblesse de la campagne.

Les comédiens, animés par le profit, tâchaient de se surpasser. Mademoiselle de la Caverne, qui avait vieilli dans le métier, et qui était comme le chef de meute de la troupe, faisait parfaitement bien son rôle; Destin parlait si naturellement et de si bonne grâce, que l'on ne s'ennuyait jamais de l'entendre, quoique ses rôles fussent toujours les plus longs; Léandre donnait de grandes espérances d'être un jour un parfait acteur; la Rancune s'acquittait de ses personnages avec tant d'adresse, qu'il faisait rire tout le monde aussitôt qu'il paraissait; l'Olive était le meilleur valet de la comédie qui fût jamais monté sur le théâtre, parce que Poisson n'y avait pas encore paru; Angélique était belle et jeune, ce qui contribuait beaucoup à réparer son défaut de mémoire, car elle oubliait quelquefois le quart de ses rôles. Mais aussitôt que mademoiselle de l'Étoile commençait à paraître, on était un demi-quart d'heure sans rien entendre, à cause du murmure qui s'élevait dans le parterre, par l'admiration qu'elle donnait : elle avait la taille fine, un air noble, et une grâce merveilleuse à réciter : elle n'achevait jamais trois ou quatre vers, une période, que tout l'auditoire ne se récriât pour lui applaudir, et elle était obligée de faire une longue pause avant qu'on lui donnât audience pour continuer; ce qui faisait enrager le moucheur de chandelles, parce qu'il avait traité avec la troupe pour leur en fournir.

Il n'y avait pas un godelureau provincial qui ne fût ravi de donner sa pièce de trente sous pour être sur le théâtre, afin d'avoir occasion de considérer de près la charmante l'Étoile qui y brillait. Elle avait un grand nombre d'amants déclarés, sans compter ceux qui n'avaient pas eu la hardiesse de se déclarer :

la quantité d'impertinences qu'elle entendait dire à ces provinciaux lui donnait matière d'en faire le soir de bons contes à Destin; et le plaisir qu'elle avait à l'en divertir contribuait beaucoup à lui rendre leurs sottises moins ennuyeuses.

Parmi tous ces discoureurs de rien, il y avait un gentilhomme du Perche, que la bonne compagnie et les comédiens avaient attiré au Mans pour y passer quelques jours. Ce noble de campagne, qui se nommait la Guyardière, était des plus accommodés de son voisinage, et aurait pu passer pour un homme riche dans une province s'il n'eût incommodé ses affaires par un trop long séjour à Paris, et par un voyage qu'il lui prit envie de faire en Italie, quoiqu'il ne passât point Marseille, parce que la mer lui ayant fait peur il s'en retourna. Il se piquait de bel esprit, je n'ai pas bien su sur quel fondement : n'importe; il n'est pas le seul qui s'attribue injustement cette qualité.

Un Manceau qui est entré dans ma chambre dans le temps que j'écrivais ceci m'a appris que la Guyardière se piquait de bel esprit parce qu'il avait logé à Paris dans une auberge où il y avait un auteur qui lui lisait ses ouvrages avant que de les faire imprimer : peut-être ne trouvait-il point d'autre homme qui eût la complaisance de les écouter, comme pareille chose m'est arrivée, à moi indigne, avec des gens que je pourrais bien nommer; mais finissons la digression, et revenons à la Guyardière.

Il trouva là l'Étoile fort à son gré dès la première fois qu'il la vit, mais après qu'il l'eut vue représenter deux ou trois fois, il en devint passionnément amoureux, et commença à s'ennuyer partout où elle n'était pas.

Ses assiduités lui firent remarquer qu'elle avait beaucoup de complaisance pour Destin, qui se disait son frère, ce qui l'engagea à faire amitié avec lui, espérant que le commerce du frère lui donnerait occasion de voir souvent la sœur. Il ne se trompa point; elle le distingua de ses autres adorateurs, et le traita assez bien, parce qu'elle s'aperçut que Destin en faisait quelque cas.

Dans les commencements ce noble campagnard avait prétendu en faire une maîtresse, mais la l'Étoile vivait si honnêtement, et donnait si peu occasion de lui tenir des discours libres, que la Guyardière n'eût jamais la hardiesse de lui parler de son amour. Après qu'il eut donné plusieurs bons repas à Destin (car l'amitié d'un provincial ne va qu'à donner à dîner ou à souper), il crut qu'il était assez son ami pour ne lui rien cacher, et il lui apprit enfin les sentiments qu'il avait pour sa sœur.

Destin, qui ne s'était pas attendu à une pareille confidence, se trouva d'abord assez embarrassé; et lui répondit bien sérieusement qu'il pouvait le lui dire à elle-même. La Guyardière fut déconcerté d'une réponse si sèche, et se repentit de lui avoir abandonné son secret.

Destin s'étant un peu remis de la surprise qu'un aveu si sincère lui avait causée, et ne voulant pas exposer la pudeur de sa maîtresse à cette déclaration, résolut de la réjouir en lui apprenant cette confidence, et il dit à la Guyardière, après lui avoir serré la main, que puisqu'il lui avait fait l'honneur de lui confier ses sentiments, il pouvait s'assurer qu'il les apprendrait à sa sœur.

CHAPITRE VIII.

Comment la Guyardière tomba dans un égout.

Tous les amants se flattent d'ordinaire, mais un provincial orgueilleux de son bien et prévenu de son mérite se flatte toujours plus qu'un autre homme. La Guyardière crut avoir mis le comédien dans ses intérêts, et afin de l'engager davantage à les appuyer, il le pria à souper pour le lendemain.

Destin étant allé chez sa maîtresse, lui apprit qu'elle avait un nouvel amant ; ce discours l'ayant fait rougir : Ce n'est pas ce qui vous doit le plus surprendre, continua Destin, les circonstances de cette passion vous étonneront autant que la passion même, puisque cet amant, après avoir lié commerce avec moi sur d'autres prétextes, s'est enfin avisé de me choisir pour son confident, et je me suis chargé de vous en parler ; voyez avec quelle fidélité je m'en acquitte.

La l'Étoile, qui n'avait pas accoutumé de l'entendre railler sur ce sujet, appréhenda qu'il n'eût quelque chagrin dans la tête, et se plaignit à lui de ce qu'elle était toujours exposée à toutes les impertinences des provinciaux, le priant de lui donner quelque expédient pour se délivrer de leurs fatigants discours.

Destin lui fit connaître qu'il était fort difficile de l'éviter pendant qu'ils seraient obligés l'un et l'autre à faire la comédie, lui conseillant de s'en divertir et de ne point s'en embarrasser. Ils parlèrent ensuite de la passion de la Guyardière, et demeurèrent d'accord qu'il était le plus présomptueux campagnard de tout le pays.

Léandre et Angélique étant entrés en ce temps-là, ils leur firent part de leur conversation, et ils résolurent tous de tirer matière de divertissement de la passion de la Guyardière. La l'Étoile donna parole à Destin de l'écouter. Angélique voyant qu'elle s'y engageait avec quelque répugnance, s'offrit à feindre qu'elle l'aimait, et Léandre promit de faire semblant qu'il lui avait donné de la jalousie; il n'en fallait pas tant pour persuader un homme aussi vain que la Guyardière. Destin lui rendit compte de sa négociation, et l'avertit même qu'il avait remarqué que mademoiselle Angélique prenait quelque intérêt à sa personne. Il répondit fort obligeamment qu'elle n'y perdrait que sa peine, rien au monde n'étant capable de lui faire changer les sentiments qu'il avait pour mademoiselle de l'Étoile.

Peu de temps après il alla voir les comédiennes, il trouva qu'elles sortaient pour aller à la messe, et s'étant approché d'elles pour leur donner la main, l'accueil obligeant qu'elles lui firent l'engagea à y répondre par plusieurs révérences fort profondes. Il était si occupé de son amour, qu'il ne se souvint pas d'un égout qui était derrière lui, et y tomba en retirant le pied pour mesurer une révérence. Ah! monsieur, prenez garde à vous, s'écria Angélique après qu'il fut tombé. Deux ou trois hommes qui y accoururent l'aidèrent à se retirer de là; il était si couvert de boue qu'il fut impossible de connaître s'il était blessé; il ne s'en plaignit point, mais on remarqua qu'il avait un regret extrême d'avoir gâté une garniture couleur de feu et blanc qu'il avait mise ce jour-là, et dont il avait prétendu se parer longtemps; il sortait des exhalaisons si désagréables de ses habits, que les dames furent obligées de s'enfuir en se bouchant le nez.

On le conduisit chez lui escorté de tous les petits enfants de la ville; et comme il n'avait point apporté d'autres habits, il fut obligé de se tenir au lit pour faire laver le sien. Pendant qu'il séchera nous passerons à un autre chapitre.

CHAPITRE IX.

Ragotin invisible.

Pour entendre ce chapitre il faut se souvenir que Ferdinando Ferdinandi avait promis à Ragotin, par la médiation de la Rancune, de le faire aimer de mademoiselle de l'Etoile, et que le petit homme, persuadé de l'infaillibilité de son art, lui avait fait présent d'un mulet pour l'engager à le servir dans son amour. La Rancune par son crédit avait obtenu des comédiennes qu'elles leur aideraient à se divertir de Ragotin, ce qui ne lui fut pas difficile par le plaisir qu'elles avaient à rire aux dépens du petit homme. Etant donc retourné chez l'opérateur, il le trouva fort disposé à le servir.

Après plusieurs compliments, l'opérateur lui dit qu'il était absolument nécessaire d'avoir une chemise sale de mademoiselle de l'Etoile, et qu'il était important qu'il la prît lui-même dans sa chambre afin de s'en mieux assurer, mais qu'après cela son affaire était dans le sac. Cette proposition étonna Ragotin par la difficulté qu'il prévoyait à prendre cette chemise. L'opérateur feignant de s'apercevoir de son étonnement : Que cela ne vous embarrasse pas, monsieur Ragotin, lui dit-il, je vous donnerai du même baume que je donnai au bailé de Venise pour se rendre invisible dans le sérail du grand seigneur, et avec cela vous pouvez prendre la chemise, et, s'il en était besoin, tous les habits de votre maîtresse en sa présence sans qu'elle s'en aperçoive. Ragotin, chatouillé de la vertu du baume, ou peut-être de ce qu'il nommait déjà la l'Etoile sa maîtresse, l'embrassa, le priant de ne plus différer son bonheur. Le fourbe lui donna de je ne sais quelle drogue, et lui dit de s'en frotter le bout du nez, les mains et tout le visage, lorsqu'il voudrait entrer dans la chambre de la l'Etoile, l'assurant qu'après cela il serait invisible.

Ragotin, plein de confiance, alla chez la l'Etoile, et ayant suivi exactement tous les ordres du prétendu magicien, il entra dans la chambre de l'Etoile, qu'il trouva en conversation avec la Caverne et sa fille, que la Rancune avait préparées à cette visite. Le petit homme s'approcha d'elles sans qu'elles fissent semblant de le voir ; il eut même le plaisir d'entendre que la l'Etoile disait à ses compagnes que M. Ragotin était le plus agréable petit homme qu'elle eût jamais connu, ajoutant que c'était dommage qu'il ne voulût point travailler pour le théâtre.

Ragotin, ravi de la voir dans des sentiments qui lui étaient si avantageux, ne songea plus qu'à prendre la chemise ; et s'étant glissé dans la ruelle du lit de la l'Etoile, il y en trouva une qu'elle y avait laissée exprès ; il la prit et l'emporta avec plus de satisfaction que s'il avait conquis la toison d'or. Il rencontra en sortant la Rancune et l'Olive qui se promenaient ; et ne se souvenant peut-être pas qu'il était invisible, il appela la Rancune, qui se mit à tourner la tête de tous côtés, feignant qu'il ne voyait personne, quoiqu'il entendît une voix qui ne lui était pas inconnue. L'Olive, qui était du secret, dit que cette voix ressemblait à celle de M. Ragotin ; le petit homme s'en prit à rire d'une si grande force, qu'il riait encore lorsqu'il entra dans la chambre de l'opérateur, qu'il faillit étouffer à force d'embrassades, et lui apportant la chemise qu'il lui avait demandée.

CHAPITRE X.

Le malheureux succès de la Chemise enchantée.

Ragotin était si satisfait de l'opérateur et de son baume, après la merveilleuse expérience qu'il en venait de faire, et il avait tant de foi pour tous ses discours, qu'il se serait jeté, sur la parole de l'opérateur, du plus haut clocher du Mans, sans craindre de se blesser ; ainsi ce maître fourbe n'eut pas de peine à lui persuader tout ce qu'il voulut. Il lui dit de se retirer, pour lui donner le loisir d'enchanter la chemise, et qu'il pourrait revenir le soir à dix heures, qui était l'heure à peu près que l'Etoile avait accoutumé de se coucher d'ordinaire, l'assurant qu'aussitôt qu'il l'aurait touchée du bout de cette chemise, il ne serait plus en son pouvoir de lui rien refuser.

Le petit homme s'étant retiré, Ferdinando concerta avec la Rancune tout ce qu'ils avaient à faire; et après qu'ils furent convenus de toutes choses, la Rancune alla avertir les comédiennes de se trouver dans la chambre de la l'Etoile, où il leur promit de leur donner un divertissement qui les réjouirait. Inézille fut priée d'en prendre sa part, en reconnaissance du plaisir qu'elle leur avait donné, lorsqu'elle joua le tour du singe à Roquebrune.

Jamais journée n'a tant duré à Ragotin que celle-là : il avait tant d'impatience de voir la plus charmante personne du monde soumise à ses volontés, qu'il se rendit chez l'opérateur longtemps avant l'heure qu'il lui avait marquée. L'opérateur l'assura que tout était prêt, en lui montrant la chemise de la l'Etoile, qu'il avait mouillée dans de l'eau jaunie avec du safran : il en avait seulement trempé les bouts dans de l'esprit de vin.

Il fit ensuite un long discours à Ragotin pour lui apprendre comment il fallait s'en servir; il lui donna encore du baume qui rendait invisible, pour s'en frotter comme la première fois, et lui recommanda sur toutes choses de n'approcher point du feu lorsqu'il serait revêtu de la chemise, parce que les démons qui l'avaient enchantée, et qui étaient condamnés aux flammes éternelles, n'avaient pas la puissance de se défendre contre le feu.

Ce raisonnement était inutile pour persuader le crédule Ragotin, qui ne l'était déjà que trop. Il assura l'opérateur qu'il suivrait exactement ses ordres, et s'en alla chez la l'Etoile, qui logeait assez près de l'opérateur. Aussitôt qu'il y fut arrivé, il mit la chemise mouillée par dessus son justaucorps, et entra dans la chambre, qui était remplie de monde, avec la même confiance que s'il n'y eût eu personne; il prit un siége au milieu de la compagnie, sans que la conversation en fût interrompue, chacun feignant de ne le point voir, quoique les dames eussent beaucoup de peine de s'empêcher de rire. Il eut un soin extrême de s'éloigner des lumières, de peur d'inconvénient; et, comme il était tard, il crut que la compagnie se retirerait bientôt, et différa à user de son charme sur la l'Etoile jusqu'à ce que tout le monde fût sorti.

Mais le diable de la Rancune, qui était caché sous le lit, attacha une bougie allumée au bout d'un bâton, et l'ayant adroitement approchée d'un des bouts de la chemise qui était trempé dans l'esprit de vin, le feu y prit, et s'étant insensiblement communiqué aux autres endroits qui en avaient été trempés, le malheureux Ragotin en fut tellement étonné, qu'il s'imagina d'être dévoré par toutes les flammes de l'enfer, et cria au secours de toute sa force.

Les dames effrayées ou feignant de l'être de cet ardent spectacle, s'enfuirent, se tenant les côtés de rire. L'hôte, entendant parler de feu, y accourut armé d'un seau d'eau, en tremblant de peur, sur l'enflammé Ragotin : il descendit ensuite effrayé de cette vision, et remonta accompagné de ses servantes qui portaient des marmites et des seaux pleins d'eau, en criant de toutes leurs forces : elles eussent sans doute maltraité Ragotin, si la Caverne n'y fût accourue pour le délivrer de leurs mains, quoique aux dépens de sa réputation ; car tous les gens de l'hôtellerie en firent des jugements fort désavantageux. Destin et ses camarades eurent beaucoup de peine à le désabuser.

Le pauvre Ragotin, qui avait les sourcils, la barbe et les cheveux brûlés, était si épouvanté, et en même temps si défiguré, qu'il ne fut point reconnu par l'hôte, ce qui lui fit juger qu'il était encore invisible ; et, comme il était petit, il se glissa dans la foule et gagna sa maison avec beaucoup de diligence.

Cette aventure fut diversement expliquée par les Manceaux ; et Ragotin, sans être désabusé du savoir de l'opérateur, crut seulement qu'il avait manqué à quelqu'une des choses qu'il lui avait prescrites ; mais, après la cruelle expérience qu'il venait de faire, il n'osa plus se servir de magie pour se faire aimer.

Nous le laisserons chez lui ; et pendant qu'il y fait des réflexions sur ce grand événement, l'auteur songera à ce qu'il doit mettre dans le chapitre suivant.

CHAPITRE XI.

L'arrivée du doyen de Montfort dans l'hôtellerie, et autres choses dignes d'être lues par ceux qui n'ont rien de mieux à faire.

L'hôtellerie était encore en rumeur, lorsqu'on vit arriver un homme à cheval, qui avait la mine d'un ecclésiastique, accompagné de deux autres qui lui rendaient beaucoup de respect, ce qui fit juger qu'il était leur maître. Aussitôt qu'ils eurent mis pied à terre, l'un d'eux entra dans la cuisine où l'hôte buvait avec la Rancune et l'Olive, et demanda qu'on lui donnât une chambre pour M. le doyen de Montfort.

Toutes les meilleures chambres de l'hôtellerie étaient déjà occupées, dont l'hôte parut fort inquiet : la familiarité qu'il avait contractée avec la Rancune, par de fréquentes collations, fit qu'il s'adressa à lui pour le prier de céder sa chambre, pour cette nuit seulement, à M. le doyen. La Rancune y consentit, parce qu'il n'osa pas le lui refuser; mais ayant su, de l'un des valets, que le doyen était venu au Mans pour des affaires du chapitre de Montfort, il se repentit d'avoir donné sa chambre, prévoyant que le doyen l'occuperait plusieurs jours.

Son esprit, plein d'invention et de malice, lui fournit sur-le-champ les expédients de l'en chasser : il accosta le doyen, qu'il traita d'abbé, et s'étant insinué dans son esprit par cette flatterie et par quelque nouvelle qu'il lui débita, le doyen le pria de lui faire l'honneur de souper avec lui : la Rancune ne s'en défendit qu'autant qu'il le fallait pour se faire presser davantage; le doyen le pressa, et la Rancune consentit enfin à lui tenir compagnie. Alors le doyen appela un de ses valets, qui, si je ne me trompe, se nommait Ambroise; il lui parla quelque temps à l'oreille : je n'ai pas bien su ce qu'il lui dit; mais la Rancune jugea qu'il lui donnait des ordres pour le souper : les suites justifièrent qu'il avait bien jugé, car on leur servit peu de temps après un fort bon repas.

Le doyen soupa avec appétit, et la Rancune en homme qui mange aux dépens d'un autre. Ils trouvèrent le vin excellent, et

L'incendie de Ragotin.

en burent en gens qui s'y connaissent. Après qu'ils furent un peu échauffés, la Rancune lui apprit ce qui était arrivé ce jour-là à l'hôtellerie, et conclut qu'assurément il revenait des esprits dans cette maison.

Le doyen, qui sans doute n'était pas de la maison de Sorbonne, et qui réglait son opinion sur les sorciers, et même sur les esprits, par la peur qu'il en avait, fut effrayé du récit de la Rancune. Ambroise, qui avait ouï parler de cette aventure dans la cuisine, confirma son maître dans sa crainte; et le fourbe la Rancune, s'apercevant de leur crédulité, y ajouta plusieurs circonstances qui achevèrent de leur faire tourner la tête. Leur conversation fut souvent interrompue pour boire.

Après qu'ils eurent bu longtemps, Ambroise alla souper avec son camarade, qui avait soin des chevaux; et le doyen, qui s'était fatigué, et qui avait bu plus qu'à l'ordinaire, s'endormit sur sa chaise. La Rancune profita de ce temps pour lui faire la malice que vous verrez, si vous lisez le chapitre qui suit.

CHAPITRE XII.

Frayeur du doyen, qui voit enlever son valet en l'air.

La Rancune, qui avait résolu de chasser le doyen de sa chambre, se ressouvint que les comédiens s'y assemblaient d'ordinaire pour y faire leurs répétitions; et comme ils avaient eu besoin de faire l'épreuve de quelque machine, la Rancune s'était avisé, à l'insu de l'hôte, d'enlever une planche de la chambre de l'Olive, qui était au-dessus de la sienne, qu'ils remettaient facilement, sans qu'on pût s'en apercevoir; et en attachant une poulie à une des poutres, ils faisaient l'épreuve de leur machine quand il était nécessaire.

C'est de cette machine que la Rancune résolut de se servir pour chasser le doyen de sa chambre; et ayant préparé toutes choses pour l'exécution de son dessein, il se remit sur sa chaise, feignant de dormir, et même de ronfler, à l'exemple du doyen.

Ambroise étant revenu pour coucher son maître, interrompit

leur sommeil. La Rancune fut le dernier à s'éveiller ; il demanda mille pardons au doyen ; et après l'avoir remercié de sa bonne chère, il lui donna le bonsoir, et sortit. Ambroise, qui avait l'imagination remplie des discours qu'il avait ouï tenir aux autres valets sur les esprits, en parla encore à son maître en le déshabillant, et lui apprit plusieurs extravagances que la peur lui faisait juger véritables.

Le doyen, qui naturellement était fort peureux, fit coucher son valet sur un matelas dans sa chambre, et pour plus grande précaution, il lui recommanda d'allumer une lampe qui durât toute la nuit. Ses ordres furent suivis, et ils se couchèrent. La Rancune cependant s'habilla d'un de ces habits de théâtre dont les comédiens se servent pour représenter le diable, et lorsqu'il jugea que le doyen et son valet dormaient, il s'attacha une corde sous les bras, et se fit descendre par l'Olive dans la chambre du doyen, qu'il voulait prendre sur ses épaules pour le porter au plus haut de la maison ; mais il le trouva trop pesant, et il fallut se contenter de lui faire une peur qui fut d'autant plus grande, que la lampe allumée lui faisait voir la figure du diable. Le pauvre homme fut si saisi, qu'il n'osa pas seulement crier ; et le faux diable s'étant adressé au valet, qu'il trouva plus léger, le chargea sur ses épaules, et ayant fait un signal, l'Olive tira la poulie, et l'enleva en l'air. Jugez de l'étonnement et de la frayeur du doyen, lorsqu'il vit enlever son valet. Ambroise s'étant éveillé se mit à crier de toute sa force, et la Rancune fut obligé de le porter sur l'escalier.

Les cris du valet alarmèrent toute la maison. La Rancune même, après avoir remis adroitement la planche, et s'être dépouillé de son habit, accourut dans le lieu d'où venaient les cris, et reconnaissant Ambroise, il alla aussitôt dans la chambre du doyen, que l'on trouva plus mouillé que si on l'eût tiré de la rivière. La chambre fut en un moment remplie de monde.

Le pauvre homme, qui croyait toujours voir le diable, demanda d'abord un confesseur : on crut qu'il se portait mal, et le valet de l'hôtellerie alla réveiller un charitable prêtre du voisinage, qui arriva peu de temps après.

Le doyen, ayant repris un peu ses esprits, voulut parler de ce qu'il venait de voir, et tout le monde jugea qu'il rêvait encore : la présence de son valet, qu'on ramena dans sa chambre, le surprit plus que tout le reste, parce qu'il le croyait déjà dans les enfers. Il jura, foi d'ecclésiastique, qu'il avait vu une légion de démons qui enlevaient son valet ; il n'osa pas dire qu'ils avaient voulu l'enlever lui-même, craignant peut-être de donner quelque idée désavantageuse de ses mœurs.

La Rancune, de son côté, jurait que cela ne pouvait être, et à son exemple tous les gens de l'hôtellerie se disaient les uns aux autres que le doyen avait rêvé ce qu'il disait. Le valet assura qu'il n'avait rien vu, mais qu'il se souvenait bien d'avoir senti qu'on le portait ; et le pauvre doyen faillit à devenir fou par le peu de croyance qu'on lui donnait.

Le bon prêtre qui était venu pour le confesser s'imagina qu'il lui avait pris une frénésie, et espérant le remettre par ses doctes raisonnements, il lui offrit de lui donner une chambre dans sa maison que le doyen accepta avec plaisir.

Le prêtre eut tant de soin de le remettre dans son bon sens, que le doyen, pour se délivrer de ses sermons, fut obligé de demeurer d'accord que cela n'était point et ne pouvait être. Il en eut tant de honte, qu'il repartit le lendemain, sans terminer les affaires qui l'avaient amené ; et il a si bien persuadé cette aventure aux habitants de Montfort, qu'ils jurent encore aujourd'hui sur sa parole qu'elle est véritable.

Cela fit beaucoup de bruit dans le pays du Maine, et l'hôte commença à croire tout de bon qu'il revenait des esprits dans sa maison. La Rancune, le voyant prévenu de cette imagination, l'assura que le seigneur Ferdinando avait des secrets pour toutes choses. Ils le consultèrent, et l'opérateur, qui était averti par la Rancune, alla dans la maison, et, après avoir marmoté quelques paroles, lui promit qu'il n'y en reviendrait plus. Il lui tint parole, et l'hôte, en reconnaissance, leur donna plusieurs bons repas.

La réputation de l'opérateur était si établie, et l'esprit d'Inézille si admiré des comédiennes, qu'elles eurent une extrême curiosité d'apprendre leur histoire, et de savoir comment deux personnes si rares s'étaient mariées ensemble, puisque Inézille était Espagnole, et que Ferdinando se disait Vénitien. Inézille fit quelque difficulté pour les satisfaire la première fois qu'elles l'en prièrent; mais, ayant eu une conversation secrète avec son mari, peut-être pour concerter ensemble ce qu'il fallait dire et cacher de leurs aventures, elle revint, et, témoignant qu'elle ne pouvait rien refuser aux comédiennes, qui l'en priaient avec instance, elle commença ainsi son histoire.

CHAPITRE XIII.

Histoire d'Inézille.

Je suis née dans la fameuse ville de Salamanque. Il ne me sera pas si aisé de vous parler de mes parents que du lieu de ma naissance. Je fus élevée jusqu'à l'âge de dix-sept ans chez un médecin que je croyais mon père, et j'avais environ douze ans lorsque je m'aperçus pour la première fois qu'il me traitait mieux que ses autres enfants : mon peu d'expérience m'empêcha d'y faire réflexion, et je me flattai que je devais ces distinctions à ma beauté, parce que j'étais assez jolie, et que les enfants de mon prétendu père étaient fort mal faits.

On me parlait incessamment de mes charmes, et, bien loin que de pareils discours me déplussent, je prévenais ceux qui ne me les tenaient pas, et j'avais un soin extrême de demander aux personnes qui m'approchaient si elles ne me trouvaient pas à leur gré. Le médecin et sa femme, que je regardais comme mes parents, étaient les premiers à se divertir de ma petite vanité. Le peu de soin qu'ils prirent de me corriger contribua beaucoup à m'entretenir dans ma fausse gloire dont j'étais déjà remplie. Je trouvais même fort mauvais que, parmi un si grand nombre de jeunes gens de la première qualité qui sont élevés à Salamanque, et qui témoignaient de l'admiration pour moi toutes les fois qu'ils me voyaient passer dans les rues, il ne s'en trouvât aucun assez hardi pour me dire qu'il m'aimait.

J'avais un plaisir extrême à lire des romans et des nouvelles, et je me sentais si propre à fournir matière à des aventures semblables à celles que je lisais, que cela m'engageait à solliciter ceux qui avaient soin de mon éducation de me mener souvent dans les églises, bien moins par un principe de dévotion que par l'envie de me faire voir. J'avais déjà remarqué que les jeunes cavaliers ne manquaient jamais de s'approcher du lieu où je m'étais mise à genoux. L'attention que j'avais à leurs discours, quoique je feignisse de lire un livre de prières, me faisait entendre mille choses qui m'étaient avantageuses et qui flattaient agréablement ma vanité.

Je remarquai un jour qu'un cavalier de bonne mine, à qui tous les autres rendaient les respects, avait toujours la vue sur moi : je ne levais jamais les yeux sans rencontrer les siens, et, comme j'avais plus d'application à le regarder que mes prières, la même chose arriva plusieurs fois. Toute jeune que j'étais, je ne laissai pas de juger que ses regards signifiaient quelque chose.

Le cavalier ayant continué à se trouver tous les jours dans les églises où j'allais, je ne doutai plus qu'il ne m'aimât. Vous savez, dit-elle en riant, la disposition que la plupart des femmes ont à le croire aisément. La l'Étoile et Angélique en rougirent et se regardèrent ; je ne sais pas si Inézille en rougit aussi, car le vermillon qu'elle avait sur le visage empêcha celui qui m'a donné ces mémoires de le remarquer.

J'étais, continua-t-elle, fort surprise de ce qu'il ne me parlait pas ; car, quoique l'usage de notre nation n'autorise pas de pareilles libertés, je m'imaginais que, s'il était vrai que je lui eusse donné de l'amour, sa passion pouvait lui fournir des expédients pour me l'apprendre. Sa timidité me donnait du chagrin, et je commençais à craindre que peut-être j'avais mal expliqué ses regards, lorsqu'un jour, l'ayant vu sortir de l'église bien longtemps avant moi, il me tarda bien d'en être dehors, voyant qu'il n'y était plus.

Dès que la messe fut finie, sans attendre qu'il n'y eût plus de foule pour sortir, je me mêlai avec les plus pressés. Vous savez, ou peut-être vous ne savez pas, qu'en Espagne les mères marchent toujours après leurs filles, afin qu'elles puissent avoir toujours la vue sur elles.

On sortait de cette église par une porte fort étroite ; et, quoique j'eusse vu ma mère, ou du moins celle que je croyais l'être, qui me suivait, je me trouvai dehors sans elle, ce qui me donna d'abord de l'inquiétude ; mais le cavalier dont je vous ai déjà parlé se présenta devant moi, et me confirma, par des discours fort passionnés, tout ce que ses regards m'avaient déjà appris.

Son compliment me fit un peu rougir, sans pourtant me déconcerter; et, craignant d'être surprise par ma mère, je me pressai de lui répondre que, s'il venait ce soir-là sous mes fenêtres, je lui parlerais. Ma mère ayant tardé quelque temps à sortir, par le soin (comme je l'ai su depuis) que les amis du cavalier prirent à embarrasser la porte pour lui donner le temps de m'entretenir, il me tint encore d'autres discours qui ne me déplurent pas; et ma mère étant enfin sortie, je m'aperçus qu'il se retirait, aussi bien que moi, fort satisfait de cette conversation. Vous ferez peut-être des jugements désavantageux de ma facilité. Il est pourtant vrai que je m'embarquai dans cette intrigue sans autre dessein que celui de satisfaire ma vanité, m'imaginant qu'il était honteux à une jolie fille, comme je croyais l'être, de n'avoir point d'adorateurs.

Je ne manquai pas de me trouver le soir, après que tout le monde fut retiré, à une des fenêtres de ma chambre qui répondait sur la rue, ayant assez bonne opinion de moi pour croire que le cavalier y ferait la ronde plus d'une fois : aussi ne me trompai-je point, car, aussitôt que ma fenêtre fut ouverte, j'aperçus un homme qui leva la tête, et qui me demanda si c'était moi qui lui avais parlé ce jour-là à l'église.

Je répondis qu'il lui était honteux de me le demander, puisque, s'il m'aimait autant qu'il avait voulu me le persuader, son cœur ne pouvait pas se méprendre. N'en soyez pas surprise, me dit-il, puisque le seigneur don Antonio de Velasco, qui vous aime plus que sa vie, n'a pu se trouver ici, et m'a ordonné de m'y rendre pour vous donner un billet de sa part, parce que son gouverneur, qui est un homme fort sévère, l'a retenu par force. En me disant cela il me jeta le billet; et, m'étant un peu retirée pour le lire auprès d'une lumière, j'y trouvai ces paroles :

« Je suis au désespoir de ce que je n'ai pu me trouver sous vos fenêtres, comme vous me l'aviez ordonné : l'impatience que j'avais de vous obéir me donnait une inquiétude dont mon gouverneur s'est aperçu; il m'a empêché de sortir, et m'a fait par là le plus sensible déplaisir que je recevrai de ma vie. Le connétable de Castille, mon père, lui a donné un pouvoir absolu sur ma personne; mais soyez persuadée que vous seule en avez sur mon cœur. Dom Francisco Prado, qui vous rendra ce billet, est un ami fidèle, à qui je ne cache rien : trouvez bon qu'il vous entretienne; il me rapportera ce que vous lui aurez dit, et il vous dira que jamais il n'y a eu de plus forte passion que celle de

« Dom Antonio de Vélasco. »

D'abord j'avais été offensée de ce que mon amant ne s'était pas trouvé au rendez-vous, n'ayant jamais ouï dire qu'on fît l'amour par ambassadeur; mais je vous avoue qu'après la lecture de ce billet je demeurai satisfaite de ses raisons, et encore plus de sa qualité.

Le nom de dom Francisco Prado, que j'avais lu dans plusieurs livres de nouvelles, me donna envie de savoir s'il en était l'auteur, et j'étais si peu occupée de mon amour, que je songeai d'abord à satisfaire ma curiosité en le lui demandant : il m'avoua qu'il les avait composées; et, après que je lui en eus dit beaucoup de bien, il me répliqua avec esprit qu'il était trop récompensé de sa peine, puisque j'avais eu du plaisir à les lire.

La folie d'un auteur est d'entendre dire du bien de ses ouvrages; et, comme il était vrai que les siens m'avaient divertie, je fus longtemps sur ses louanges. Dom Francisco en fut si satisfait, qu'il en oublia presque à me parler en faveur de dom Antonio. Il m'apprit néanmoins que le connétable de Castille l'avait mis auprès de son fils pour avoir soin de son éducation, parce que son gouverneur était un homme de guerre, qui avait très peu de connaissance des belles-lettres, et qu'il s'était rendu complaisant à ses volontés, de peur qu'une conduite opposée n'eût obligé ce jeune cavalier à se mettre entre les mains de quelque autre, qui n'aurait pas fait un si bon usage de sa confidence.

Alors il m'exagéra avec tant d'éloquence la passion que dom Antonio avait pour moi, que je sentis dès ce moment qu'il m'aurait bien plus fait de plaisir de me parler pour lui-même. Il me pria de répondre au billet qu'il m'avait rendu, tâchant de me persuader que je devais cette réponse à l'amour de dom Antonio. Je m'en défendis sur le peu de commerce que j'avais avec ce cavalier; mais, m'en ayant instamment priée, je lui dis qu'il pouvait l'assurer de ma part que j'étais fort sensible à ses soins, et que je l'écouterais avec plaisir lorsqu'il se trouverait sous mes fenêtres; j'ajouterai encore que, prévoyant bien que son gouverneur ne lui en laisserait pas souvent la liberté, je recevrais ses excuses sans répugnance par un confident qui s'en acquittait aussi bien que lui. Je fermai ensuite ma fenêtre, et il se retira.

Le lendemain, à peu près à la même heure, dom Antonio ne manqua pas de se trouver sous mes fenêtres; il me demanda mille fois pardon de n'être pas venu la nuit précédente, et me fit plusieurs plaintes de la sévérité de son gouverneur. Je l'assurai qu'il avait sujet de se consoler, ayant un confident aussi habile et aussi zélé que dom Francisco Prado. Notre conversation fut assez longue; mais, soit que les premières impressions soient toujours les plus fortes, ou que dom Francisco eût plus d'esprit que dom Antonio, je fus moins satisfaite de lui que je ne l'avais été de son ambassadeur; je ne pus m'empêcher de le prier, en nous séparant, de me l'envoyer lorsqu'il ne pourrait pas venir lui-même.

La journée suivante me parut fort longue, bien moins dans l'espérance de revoir dom Antonio que par le plaisir que je trouvais à penser que son gouverneur pourrait le retenir, et qu'il serait obligé d'envoyer dom Francisco à sa place.

La nuit, que j'attendais avec tant d'impatience, étant venue, dom Francisco se trouva sous mes fenêtres; et, après m'avoir remercié de tout ce que j'avais dit d'obligeant pour lui à dom Antonio, il m'avoua qu'il était de concert avec son gouverneur pour le tromper, et qu'il feignait d'avoir de la complaisance pour tous ses désirs, afin d'empêcher que ce jeune seigneur, qui était fort susceptible, ne s'embarquât tous les jours dans de nouvelles galanteries; que cet artifice leur avait si bien réussi, qu'ils l'avaient déjà détourné de plusieurs intrigues, en y faisant naître des obstacles invincibles, sans qu'il se fût jamais défié de cette tromperie. Mais, en vérité, continua dom Francisco en changeant de ton, je trouve le dernier choix qu'il vient de faire si raisonnable, que, sans pouvoir démêler si c'est pour servir dom Antonio, ou par quelque autre sentiment que je n'oserais vous expliquer, je n'ai pu me résoudre à l'apprendre à son gouverneur, dans la crainte qu'il n'avertît vos parents de cette intrigue; et, au lieu de lui parler de bonne foi, je l'ai trompé; j'ai encore trompé dom Antonio, et peut-être me suis-je trompée moi-même, en me flattant que ma sincérité ne vous déplairait pas.

Dom Francisco attendit ma réponse, comme l'arrêt décisif de sa destinée. Je lui répondis donc, avec la même franchise qu'il m'avait parlé, que je lui étais obligée de la différence qu'il faisait de moi aux autres personnes que dom Antonio avait voulu aimer, et que l'avis qu'il venait de me donner m'apprendrait à ne pas m'embarquer si légèrement à l'avenir. Dom Francisco, s'enhardissant par le peu de colère que j'avais témoignée de sa déclaration, m'assura que rien ne pourrait l'empêcher de m'aimer toute sa vie, et me dit mille choses fort galantes.

Le plaisir que j'eus à les écouter, et la tranquillité que je conservai lorsqu'il m'apprit l'humeur inconstante de dom Antonio, lui firent juger que je n'aimais point ce cavalier. Cette pensée lui donnant de nouvelles espérances, il me pressa avec tant d'instance de lui apprendre plus particulièrement mes sentiments, qu'il m'échappa de lui dire que les siens ne me déplairaient jamais. Je fermai ma fenêtre, pour cacher le désordre où un aveu si libre m'avait mise; et, au lieu de dormir, comme j'avais accoutumé de faire à une pareille heure, je passai la nuit à lire les nouvelles de dom Francisco, que je trouvai beaucoup plus divertissantes que je n'avais encore fait.

Je n'entendis plus parler de dom Antonio; et, pour faire voir à dom Francisco que je n'y prenais point d'intérêt, je ne voulus jamais lui en demander de nouvelles.

J'étais fort satisfaite de mon nouvel amant, par les complaisances qu'il avait pour moi et par la conformité que je trouvais de sa condition et de la mienne, lorsque je vis arriver un jour dans notre maison un homme vêtu de deuil, qui demanda à voir mon prétendu père. Ils eurent une fort longue conférence, dont le médecin fit part à sa femme.

La tristesse qui se répandit en un moment sur leurs visages me donna de secrets pressentiments de mon malheur; mais j'en fus bientôt éclaircie, lorsque celui que je regardais comme mon père m'appela dans une chambre en particulier, où il m'apprit, les larmes aux yeux, que je n'étais point sa fille, et que le comte de San-Lucar, mon père et son seigneur, m'avait autrefois mise entre ses mains pour m'élever secrètement, ayant pris un soin extrême de cacher à tout le monde le nom de ma mère, parce qu'après cette galanterie elle avait épousé un cavalier de grande condition. L'homme que vous avez vu arriver, continua-t-il en pleurant plus fort qu'auparavant, est un fidèle domestique du comte votre père; il est venu m'apprendre sa mort, et s'acquitter en même temps de l'ordre qu'il lui a donné, avant de mourir, de me remettre ce billet entre les mains. Je n'ai pas la force de vous dire ce qu'il contient; lisez-le vous-même, ajouta-t-il en me le donnant. J'étais si étourdie de ce que je venais d'entendre, que je n'eus pas le courage de lire le billet; alors le médecin le prit de mes mains et lut ce qui suit:

« La connaissance que j'ai de votre fidélité m'oblige à vous nommer pour l'exécuteur de mes dernières volontés. J'ai laissé la meilleure partie de mon bien à l'abbaye royale de Sainte-Thérèse de Valladolid, à la charge et condition que ma fille, que vous avez élevée, y sera reçue religieuse. Je désire et vous ordonne de la conduire incessamment dans cette abbaye, afin qu'elle répare, par sa pénitence, les crimes qu'elle a coûtés à sa mère. Vous trouverez mon testament entre les mains de la mère prieure de Valladolid, et vous verrez que je n'ai pas oublié de vous dédommager des dépenses que vous avez faites pour l'éducation d'Inézille; mais aussi je charge votre conscience de tout ce qui manquera à l'exécution de mes dernières volontés.

Le comte DE SAN LUCAR. »

La femme du médecin, étant entrée dans ce temps-là, m'embrassa en pleurant, et son mari, sans consulter ma volonté, se mit en état d'exécuter celle de mon père. Il disposa sur l'heure les choses nécessaires pour notre voyage, et me dit qu'il voulait se mettre l'esprit en repos en partant ce même jour, puisqu'on ne pouvait trop se presser dans les affaires où la conscience était intéressée.

Un changement si précipité m'embarrassa si fort, et toutes mes pensées étaient si confuses, que je n'en avais aucune de distincte. On attribua mes inquiétudes au chagrin que je devais avoir de m'éloigner de ceux qui m'avaient élevée. Que vous dirai-je? Nous arrivâmes à Valladolid, et je me trouvai même environnée de religieuses avant que j'eusse formé aucune résolution, m'imaginant quelquefois que le testament du comte de San-Lucar, les discours du médecin et mon voyage, n'étaient qu'un songe. Je me faisais un plaisir de penser qu'à mon réveil j'irais à la messe, où je pourrais peut-être rencontrer dom Francisco. Mais la mère prieure me tira bientôt de cette erreur, en m'exagérant les grandes obligations que j'avais au comte de San-Lucar, puisque la plupart des autres pères ne songent qu'à procurer à leurs enfants des établissements où ils passent leur vie dans les inquiétudes ordinaires du tumulte du monde; au lieu que le mien, plus éclairé que les autres, m'avait mise tout d'un coup dans le chemin du ciel.

Elle finit ce beau discours en m'assurant qu'elle et ses sœurs me traiteraient avec beaucoup d'égards, et que toute la communauté me considérerait comme leur bienfaitrice. Elle m'embrassa en achevant ces paroles, et toutes les religieuses suivirent son exemple.

CHAPITRE XIV.

Comment l'histoire d'Inézille fut interrompue.

Inézille en était là, lorsque la servante morisque arriva fort éplorée, et lui dit : Ah! segnoura, notre monsiou est prisonnier! Cette nouvelle alarma tout l'auditoire, mais particulièrement Inézille, qui fit un grand cri, et se leva de son siége avec tant de précipitation, qu'elle s'embarrassa dans ses jupes et tomba assez rudement. La l'Étoile et Angélique l'aidèrent à se relever, et, s'apercevant qu'elle avait déchiré sa jupe en tombant, elles la visitèrent malgré sa résistance, et trouvèrent qu'elle s'était écorchée un peu au-dessous du genou. Elles l'empêchèrent de sortir jusqu'à ce qu'elle eût mis quelque chose à sa blessure, qui était dans un endroit fort sensible. Elle tâchait de se débarrasser des mains de ses charitables amies, lorsque Dostin entra dans la chambre. Inézille, qui était dans une posture un peu indécente, fit un cri plus fort que le premier.

Les comédiennes, occupées à porter remède à son mal, et prévenues qu'elle continuait à se tourmenter pour sortir, ne s'aperçurent pas de l'arrivée de Destin, et lui laissèrent voir, malgré tous les efforts d'Inézille, sa jambe et son genou; peut-être en aurait-il vu davantage, si la l'Étoile, ayant reconnu la voix de Destin, n'eût promptement abattu les jupes d'Inézille. Elle dit au comédien de s'en aller; mais Inézille le rappela pour lui demander s'il n'avait point ouï parler de l'affaire de son pauvre mari. Il est inutile de vous le cacher, puisque vous en êtes déjà informée, répondit Destin d'une voix triste; l'honnête homme de la Rappinière, accompagné de plusieurs archers, vient de le mener en prison, et s'est saisi d'une partie de ses hardes, sans que nous en sachions encore le sujet. Ah! le scélérat! voilà donc l'effet de ses menaces! s'écria l'opératrice en se levant. Personne ne comprit le sens de ses paroles.

Elle accourut à sa maison; les comédiennes voulurent l'accompagner, et Destin même s'y offrit; mais elle les pria tous de la laisser aller avec sa servante. La l'Étoile, Angélique et Destin firent divers jugements sur cette affaire, sans pouvoir pénétrer de quel prétexte le prévôt se serait servi pour arrêter l'opérateur. Ils savaient que Ferdinando avait un fusil parfaitement beau et curieux, dont il ne s'était point voulu défaire en faveur de la Rappinière, qui le lui avait demandé, et ils ne doutèrent point que ce refus ne fût le plus grand crime de l'opérateur.

Roquebrune entra pendant qu'ils en parlaient encore, et, s'étant aperçu du sujet de leur conversation, il leur dit d'un ton fier (si ordinaire aux gens de son pays) : Morbleu! on ne se moque pas impunément d'un homme de ma sorte! Les comédiennes, ne comprenant rien à ce discours, le prièrent de leur expliquer ce qu'il voulait dire par là. Alors le poète, faisant parade de son crédit, leur donna à entendre qu'il était la cause que l'opérateur avait été arrêté.

La l'Étoile, qui avait l'esprit bien fait, ne lui donna pas le temps de continuer; elle lui en fit des reproches fort outrageants, et lui dit même qu'il n'y avait pas moyen de vivre avec des gens si dangereux, et que, si la troupe voulait le croire, il ne serait pas longtemps avec eux. Le poète voulut s'excuser sur ce qu'il avait été averti du tour du singe que l'opérateur et sa femme lui avaient joué. Et pourquoi, répéta la l'Étoile en colère, êtes-vous assez fou pour vous imaginer qu'une jolie femme comme Inézille couchera avec vous? Son emportement, qui l'obligea à lui tenir ce discours, n'empêcha pas que sa pudeur ne la fît rougir. Angélique et Destin ne le traitèrent pas mieux que la l'Étoile.

Le poëte, voyant qu'ils étaient tous contre lui, avoua, pour la première fois de sa vie, qu'il avait tort; et cherchant à se justifier, il leur apprit qu'ayant fait connaissance avec le sieur de la Rappinière, par le moyen d'un archer qui était de Marmande, il lui avait plusieurs fois présenté de ses vers, qu'il avait fort approuvés; et que s'étant insensiblement attiré ses bonnes grâces, la Rappinière lui avait fait connaître qu'il était véritablement son ami, en se chargeant de le venger de l'opérateur et de sa femme, parce qu'il était fort honteux à un homme de son savoir et de sa qualité de souffrir les insolences de cette canaille, et qu'enfin il l'avait obligé de lui donner un placet en forme de plainte contre l'opérateur; mais ne trouvant pas que cela fût assez fort pour perdre Ferdinando, le sieur de la Rappinière avait tâché d'obliger Ragotin de l'accuser de magie; que le petit homme, soit qu'il fût encore prévenu du profond savoir de l'opérateur, ou qu'il craignit les poursuites d'une affaire criminelle, n'avait pas osé s'y embarquer, et s'était retiré pour quelque temps dans sa métairie; que le prévôt, s'étant ensuite adressé à d'autres gens sur qui il avait plus d'autorité, avait fait un procès-verbal signé de plusieurs personnes, qui déclaraient qu'ils avaient ouï dire que Ferdinando Ferdinandi était un fameux magicien; et qu'ayant joint toutes ces procédures ensemble, il s'était saisi de sa personne.

Cependant, puisque vous y prenez tant d'intérêt, continua Roquebrune, je suis persuadé que M. de la Rappinière est trop mon ami pour me refuser sa liberté. Les comédiennes l'assurèrent qu'elles lui en sauraient très bon gré s'il pouvait l'obtenir, et il sortit pour y travailler. Je vais sortir aussi, et demain je recommencerai un autre chapitre.

CHAPITRE XV.

Qui pourra bien ennuyer quelqu'un.

Destin et les comédiennes ne furent point surpris de tout ce que le poète leur apprit ; ils savaient tous trois, par expérience, quel homme était la Rappinière : et comme ils avaient de l'amitié pour Inézille, ils allèrent la visiter, et la trouvèrent fort éplorée. Destin, prenant la parole, l'assura que toute la troupe s'intéressait beaucoup à l'injustice qu'on faisait à Ferdinando, et que ces dames avaient même déjà envoyé Roquebrune pour en parler au lieutenant du prévôt, qui était de ses amis. Inézille, après avoir répondu civilement à ces honnêtetés, leur dit que sa vertu et les résistances qu'elle avait faites aux poursuites de la Rappinière, étaient tout le crime de son mari ; elle leur apprit encore qu'il l'avait souvent menacée de se venger de ses rigueurs, et qu'il lui avait même envoyé ce jour-là un de ses archers pour lui dire qu'il allait travailler au procès de son mari, et que si elle ne se déterminait bientôt à satisfaire son amour, il ne serait plus temps lorsque son mari serait condamné. Mais le perfide, continua-t-elle, n'en sera pas quitte pour cela, car je suis résolue de m'en aller à la cour, pour me jeter aux pieds de la reine-mère, qui ne hait pas les personnes de ma nation, et lui demander justice contre ce méchant homme. Les comédiennes approuvèrent son généreux dessein ; et la Caverne lui offrit une lettre de recommandation pour une fameuse actrice de l'hôtel de Bourgogne, de qui elle avait eu l'honneur d'être compagne.

Elles en étaient aux offres de service et aux remercîments lorsque Roquebrune entra, qui leur apprit que la Rappinière venait de recevoir un ordre de l'intendant de la province de se rendre à Alençon, où un autre prévôt lui remettrait un prisonnier d'État pour le conduire à Paris ; mais qu'il allait partir dans un moment, et qu'il avait remis l'affaire de Ferdinando jusqu'à son retour.

Inézille reçut cette nouvelle avec joie, espérant que son départ faciliterait la liberté de son mari. Destin, qui, comme vous l'avez vu, connaissait la Rappinière à fond, sortit pour lui parler en faveur de Ferdinando. Je ne sais pas s'il le menaça d'en écrire à M. de la Garouffière, conseiller de Bretage, ou s'il lui fit peur en lui apprenant la résolution qu'Inézille avait prise de s'aller jeter aux pieds de la reine; mais enfin il obtint sa liberté, à condition de payer les frais de la procédure, car il fut inexorable sur cela.

L'opérateur sortit de prison, et la Rappinière alla faire son voyage, qui lui fut fatal, comme vous verrez dans les suites de cette véritable histoire. Inézille fut si sensible aux soins obligeants de Destin, et lui en témoigna tant de reconnaissance, que des médisants ont dit qu'il ne tint qu'à lui d'en prendre ce qu'elle avait refusé à la Rappinière. Je ne saurais pourtant le croire d'une personne aussi vertueuse qu'Inézille. Roquebrune, cherchant à se raccommoder avec les comédiennes et l'opératrice, leur donna à souper à tous ce soir-là. Après le repas, qui ne fut pas des meilleurs, l'opérateur et la Rancune descendirent à la cuisine pour fumer, et la l'Étoile et Angélique prièrent Inézille de leur achever son histoire, ce qu'elle fit en ces termes.

CHAPITRE XVI.

Suite de l'histoire d'Inézille.

Je passai près d'un an dans des inquiétudes plus grandes que je ne saurais vous l'exprimer, l'idée toujours remplie de dom Francisco, quoique avec peu d'espérance de le revoir jamais.

La prieure de notre couvent, qui avait beaucoup de complaisance pour moi, m'exhortait quelquefois à me disposer à faire mon noviciat. J'avais toujours une excuse prête pour différer encore un mois, et elle ne m'avait pas sitôt accordé ce délai, que je songeais comment je pourrais en obtenir un autre après que celui-là serait expiré. Repassant dans mon esprit que je n'avais ni bien ni parents, et que peut-être dom Francisco ne songeait plus à moi, je voyais bien que c'était une nécessité que je fusse religieuse.

Ces tristes réflexions m'affligeaient, et cependant je ne pouvais me résoudre à prendre l'habit de novice. Dom Francisco, comme je l'ai su depuis, n'était pas plus tranquille que moi ; il avait été longtemps sans savoir ce que j'étais devenue ; mais il découvrit enfin que j'étais en religion à Valladolid ; on l'assura même que j'avais déjà pris l'habit, ce qui faillit à le faire mourir de douleur. Son premier mouvement fut de se faire religieux à mon imitation, n'ayant plus aucun attachement pour le monde, puisque j'y avais renoncé.

Cependant, comme il était homme de bon sens, il jugea que s'il entrait dans une communauté sans aucun esprit de religion, et par une espèce de désespoir, ce sentiment ne lui durerait pas toujours, et qu'il pourrait s'en repentir dans la suite, comme cela est arrivé à beaucoup d'autres, et particulièrement en Espagne : il différa à se déterminer ; et s'étant excusé, sur d'autres prétextes, de suivre dom Antonio de Vélasco à la cour, il eut quelque consolation lorsqu'il s'imagina qu'il pourrait passer sa vie dans la même ville où j'étais.

Il vint demeurer à Valladolid, sans qu'il trouvât jamais, pendant plus de six mois, occasion de me donner de ses nouvelles, ni d'en apprendre des miennes. Il ne savait encore quel parti il prendrait. Dans cette incertitude, il s'appliquait toujours aux lettres avec beaucoup de succès. Il avait un talent admirable pour prêcher ; et quoiqu'il n'eût d'autre ordre que la tonsure, qui n'engage à rien, il ne laissait pas de prêcher quelquefois, à la prière de ses amis.

Je ne sais pas s'il affecta de lier commerce avec le directeur de notre couvent, ou si le hasard seul y contribua ; mais ce directeur l'ayant entendu prêcher, en parla plusieurs fois à notre prieure avec éloge, et lui fit souhaiter de l'entendre : elle le fit prier instamment de venir prêcher à notre couvent ; il y consentit sans peine, sachant bien que j'y étais.

Il parla fort avantageusement de l'excellence de la vie religieuse, et du bonheur des personnes qui y sont appelées par une véritable vocation ; mais il blâma beaucoup l'injustice des pères qui forcent leurs enfants à l'embrasser, sans se mettre en peine s'ils n'ont point des inclinations opposées, et il fit un discours fort docte par lequel il prouva que le scandale et le relâchement qu'on avait vus quelquefois dans les religions, n'étaient venus que par des personnes qui avaient été sacrifiées à l'avarice de leurs parents, exhortant les religieuses à examiner de près les vocations de celles qu'elles recevraient dans leur communauté.

Je ne voyais point le visage du prédicateur parce que la prieure et les anciennes religieuses étaient à la grille; le ton de sa voix ne m'était pas entièrement inconnu, mais il ne me vint jamais dans la pensée que ce fût dom Francisco; cependant il me semblait que je n'avais jamais ouï si bien prêcher ; toutes nos religieuses en furent fort satisfaites. Je témoignai beaucoup de curiosité d'entretenir ce grand homme, et la prieure jugeant bien que je profiterais beaucoup de ses doctes raisonnements, me promit de me donner cette consolation. Elle le fit prier d'aller à sa grille, et l'ayant entretenu sur toutes les choses qu'elle désirait qu'il m'insinuât, elle m'envoya quérir dans le parloir, et se retira après m'avoir exhorté à ouvrir mon cœur à ce grand personnage sans aucune réserve. Jamais elle n'a été mieux obéie.

La grande curiosité que j'avais de le voir m'obligea à jeter les yeux sur lui; mais comment pourrai-je vous exprimer tous les mouvements que je ressentis lorsque je vis dom Francisco? Quelle surprise! quelle joie! quelle crainte! et combien de pensées confuses me passèrent dans ce moment dans l'esprit! Dom Francisco, qui jugeait bien que j'étais cette obstinée dont on lui avait parlé, se flatta qu'il avait quelque part à la répugnance que je témoignais à être religieuse. Nous fûmes longtemps sans parler, et nos yeux ne laissaient pas d'expliquer nos sentiments réciproques; enfin nous nous rendîmes compte du chagrin où nous avions été l'un et l'autre depuis que nous étions séparés. Il m'apprit qu'il avait été sur le point de se retirer du monde, parce qu'il m'avait crue religieuse; et je l'assurai que je n'avais pu me résoudre à y renoncer, parce que je savais qu'il y était.

Enfin, après plusieurs discours qui m'attendrirent plus d'une fois, nous convînmes qu'il disposerait toutes choses pour m'enlever, qu'il m'épouserait ensuite aussitôt qu'il pourrait le faire commodément, et que nous passerions notre vie ensemble. J'étais si occupée de mon amour que je n'eus jamais la moindre inquiétude de ma fortune, persuadée, comme le sont tous les amants, qu'on ne manque jamais de rien quand on est avec la personne qu'on aime.

La prieure étant revenue dans le parloir, dom Francisco se retira après l'avoir assurée qu'il était fort content de ma docilité, et qu'il en espérait un bon succès. Je le lui confirmai encore lorsque nous fûmes seules, l'assurant que j'étais persuadée des raisons de ce grand homme, et que j'étais résolue de m'abandonner entièrement à ses conseils.

La bonne prieure, ravie de joie, m'embrassa et me dit : Inézille, mon enfant, vous ne pouvez jamais manquer en vous laissant conduire par un homme aussi éclairé. Comme toute la communauté s'intéressait beaucoup à ma personne à cause du bien que mon père leur avait laissé, il fut délibéré le lendemain en plein chapitre qu'on ferait un présent à dom Francisco de plusieurs curiosités et confitures qui se font dans les couvents, du moins en Espagne.

Peu de temps après il revint me voir pour m'apprendre que tout était prêt, et qu'il m'enlèverait quand je voudrais. L'exécution nous donna quelque inquiétude, parce qu'il était assez difficile de trouver un prétexte pour sortir seulement jusqu'à la porte. Enfin je me souvins que nos religieuses vivaient dans une si grande régularité, qu'elles ne souffraient pas qu'un homme entrât dans leur couvent ; l'infirmerie en était même détachée, afin que les médecins visitassent les malades sans entrer dans le couvent ; et lorsqu'une religieuse ou pensionnaire avait besoin d'un habit, elle allait au parloir pour s'en faire prendre la mesure. J'avertis donc mon amant de se trouver le lendemain avec un carrosse et un habit de cavalier à notre porte, parce que je prévoyais qu'il me serait aisé de sortir en feignant que j'avais donné rendez-vous à un tailleur pour me prendre la mesure d'un habit de novice. Cet artifice eut tout le succès que nous pouvions souhaiter.

Je sortis le jour suivant, j'entrai dans le carrosse qui m'attendait à la porte, et nous étions déjà retirés chez un ami de dom Francisco dans le temps qu'on me croyait encore au parloir, donnant des ordres pour mon habit. Le cavalier qui nous avait donné retraite alla s'informer de ce qu'on disait de moi : il nous apprit que toute la justice de Valladolid était en campagne, et qu'on avait envoyé des gens sur les routes de Madrid et de Salamanque pour tâcher de me joindre. Cependant un aumônier de notre protecteur nous épousa.

Nous étions résolus à demeurer quelque temps retirés, et à consulter ensuite les plus habiles jurisconsultes du pays pour demander le bien de mon père aux religieuses, mais nous fûmes contraints d'abandonner tout, trop heureux encore de pouvoir mettre nos personnes en sûreté.

Huit jours après notre mariage, nous fûmes avertis qu'on avait découvert que dom Francisco m'avait enlevée; que les religieuses en faisaient grand bruit, criant au sacrilège, et publiant que dom Francisco s'était servi de plusieurs voies saintes pour commettre une action profane et criminelle; que l'inquisition avait pris connaissance de notre affaire, et qu'on faisait une recherche exacte pour découvrir où nous étions. Celui qui nous avait donné retraite, effrayé du nom d'inquisition, craignait déjà de se perdre en voulant nous sauver.

Enfin dom Francisco, à qui l'esprit ne manquait jamais au besoin, s'avisa de faire apporter secrètement deux habits de religieux avec deux fausses barbes fort vénérables, et à la faveur de ces habits et de ces barbes, nous sortîmes de Valladolid; et après avoir marché à pied près d'une lieue, nous trouvâmes une litière que notre protecteur avait envoyée pour nous conduire en Aragon. Quoique ce royaume ait de grands priviléges dont ces peuples sont fort jaloux, on nous avertit que, puisque notre affaire était en matière d'inquisition, nous n'étions point en sûreté, ce qui nous obligea à nous rendre à Barcelone, et à profiter de l'occasion d'une galère de Gênes qui partait pour passer en Italie.

Je ne vous parlerai point des risques que nous courûmes sur mer; je fus si rebutée de ce premier voyage que je résolus de ne voyager jamais que par terre. Nous séjournâmes quelque temps à Gênes, où mon mari reçut des lettres de recommandation pour le comte de Lémos, qui était en ce temps-là ambassadeur à Rome, ce qui nous obligea à nous rendre dans cette capitale du monde. Le comte de Lémos, qui avait déjà ouï parler de mon mari, le reçut obligeamment, et lui donna une pension pour subsister en attendant qu'il eût une place vacante dans sa maison. Six mois après il renvoya un de ses secrétaires à Madrid, et donna son emploi à dom Francisco.

Nous passâmes assez tranquillement les trois premières années de notre séjour en Italie, et je puis vous assurer que l'habitude et la liberté du mariage ne diminuèrent point la passion que nous avions l'un pour l'autre. Enfin l'ambassadeur fut nommé vice-roi de Naples, ce qui nous donna beaucoup de joie à cause des grands avantages que mon mari en attendait. Mais ce qui devait faire notre bonheur causa notre perte. Le comte de Lémos, qui était fort galant, me donna sa litière pour faire le voyage. Il aimait à dire des équivoques en notre langue, et mon humeur enjouée lui donnait occasion de s'adresser toujours à moi pour me dire quelque plaisanterie. Ces distinctions firent de la peine à la comtesse, qui était avec son mari ; elle s'avisa même de donner des avis à dom Francisco, qui ne laissèrent pas de le chagriner, sans qu'il eût néanmoins la force de m'en parler.

A Naples, le comte me traita encore mieux qu'il n'avait fait à Rome, et me fit donner un logement dans le palais, qui n'avait jamais été occupé par des domestiques ; ce qui acheva d'irriter la comtesse. Le vice-roi ayant été obligé d'envoyer un homme de confiance en Calabre, pour y régler des affaires importantes, jeta les yeux sur mon mari, et le fit partir avec beaucoup de diligence. Cet emploi, qui lui était fort utile, l'attachait agréablement, lorsqu'il reçut une lettre de la jalouse comtesse, qui lui donnait de nouveaux avis plus positifs que les premiers. Mon mari, qui m'aimait avec passion, en fut si pénétré de douleur, qu'il abandonna sa commission, et revint secrètement à Naples, croyant peut-être de me surprendre avec mon amant prétendu. Je ne savais rien de ses inquiétudes, et j'étais couchée avec une fille qui me servait, lorsque j'entendis frapper à la porte de ma chambre, à deux heures du matin.

Dom Francisco avait une clef qui ouvrait toutes les portes de mon appartement ; et comme je craignais que quelque autre n'en pût avoir une comme lui, je fermais d'ordinaire ma porte en dedans quand j'étais seule. La résistance qu'il trouva à la porte augmenta ses soupçons ; il se fit connaître, et je réveillai celle qui était couchée avec moi pour lui aller ouvrir la porte.

Elle se leva, et ayant vu au travers de la serrure que dom Francisco avait une bougie allumée, elle ouvrit la porte, et ne voulant point être vue en cet état par un homme, elle se retira avec précipitation dans une autre chambre, qui était à côté de la mienne, qu'elle ferma aussi de son côté.

Dom Francisco, qui avait l'idée remplie de mon infidélité, crut que c'était le comte qui se retirait; un reste de respect qu'il avait encore pour son maître l'empêcha de le suivre; il s'approcha de mon lit, ayant toujours les yeux sur la place qu'il voyait vide à côté de moi. Le désespoir que je remarquai sur son visage augmenta le trouble où j'étais de le voir revenir à une pareille heure. Je le baisai, je l'embrassai, je lui fis cent demandes différentes, sans qu'il me répondît que par des soupirs. Il continuait toujours à soupirer, donnant une autre explication à mes empressements : je le conjurai de m'apprendre le sujet de ses inquiétudes; mais au lieu de répondre à mes innocentes caresses : De grâce, ne m'insultez pas davantage, me dit-il, et du moins laissez-moi mourir en repos; ce sera toute la vengeance que je prendrai de votre infidélité, et je croirai vous punir assez en vous privant d'un mari qui vous a tendrement aimée dans le temps où vous en étiez si indigne.

Je vous avoue que ces paroles me percèrent le cœur, et j'en fus d'autant plus vivement touchée, que ma conscience ne me reprochait rien. Je me mis en colère à mon tour, je lui reprochai son injustice; et voyant qu'il n'écoutait ni mes plaintes ni mes reproches, je m'abandonnai aux larmes. Alors, craignant peut-être d'être attendri par mes pleurs, il se retira dans son cabinet; je le suivis, je le suppliai, pour l'amour de lui-même, de se mettre l'esprit en repos, et de me dire tout ce qui lui faisait de la peine, l'assurant qu'il serait satisfait de mes raisons : il fut inexorable, et ne me répondit pas une parole. Mes plaintes et mes cris attirèrent deux femmes qui me servaient : elles me remirent dans mon lit presque malgré moi.

Cependant il était jour. Dom Francisco se jeta sur un lit de repos qui était dans son cabinet. Une de mes femmes, le voyant pâle et défait, appela en diligence un médecin du palais, qui lui trouva une fièvre fort violente : il le fit saigner, et lui donna quelque autre remède; mais malgré tous ses soins, il lui prit un transport au cerveau, et il mourut en trois jours. J'étais dans un si grand désespoir du peu de cas qu'il avait fait de mes raisons, qu'à peine étais-je assurée de sa maladie lorsque j'appris sa mort. Ce triste souvenir arracha des larmes à la pauvre Inézille qui l'empêchèrent de continuer.

La l'Étoile et Angélique la prièrent de passer ces cruelles circonstances qui l'affligeaient, et de leur apprendre comment elle s'était mariée au sieur Ferdinando. Inézille, s'étant un peu remise, reprit ainsi son histoire.

Je passerai donc, puisque vous le voulez, mille circonstances désagréables, et tous les bruits ridicules que la comtesse eut soin de répandre sur la mort de mon mari. Le comte de Lémos me continua la pension qu'il lui donnait, et me fit payer tout ce qui lui était dû. On ne fut pas longtemps sans me proposer des mariages; mais j'étais si rebutée des hommes, et surtout de ceux de ma nation, que je résolus de ne me remarier jamais. Le comte fut rappelé en Espagne, et je demeurai à Naples.

Il y avait près de six ans que j'étais veuve, lorsque le comte Dognate y arriva en qualité de vice-roi. Ferdinando, qui était Français, et non pas Vénitien, comme vous l'avez cru, et qui s'appelait en ce temps-là la Ferrière, était à la suite de ce vice-roi. (Les comédiennes s'étant regardées en sourirent.) Ne soyez point surprises de ce changement de nom et de pays, continua Inézille; Ferdinando n'a pas eu trop de tort d'en user ainsi : il faut en imposer aux peuples qui ont toujours plus de foi pour ce qui leur est inconnu et nouveau que pour ce qui leur est ordinaire. Il était dans une si grande réputation à la cour du vice-roi, qu'on était persuadé qu'il avait des recettes infaillibles pour toutes sortes de maux.

J'avais déjà fait des habitudes avec les dames de la suite de la comtesse, et je puis dire qu'on trouvait à dire aussitôt que je passais un jour sans aller au palais, lorsque je fus affligée d'un mal de dents qui me causa des douleurs cruelles. Les dames du palais, en étant averties, m'envoyèrent Ferdinando, qui me donna d'une eau qui me fit cesser la douleur en moins d'un quart d'heure.

Le prompt effet de ce remède me fit concevoir beaucoup d'estime pour lui ; j'en remerciai celles qui me l'avaient envoyé, et j'eus un soin extrême de publier la vertu de ce secret. Il m'en témoigna de la reconnaissance, et, quelque aversion que j'eusse pour les hommes, je ne fus pas fâchée d'avoir de l'obligation à celui-là, m'imaginant bien qu'il n'avait pas les mêmes défauts de ceux de ma nation. Enfin, je le trouvai à mon gré, je ne lui déplus point, et nous nous mariâmes avec l'agrément du vice-roi, qui était ravi d'attacher un si grand homme à son service. Mais, le comte Dognate étant mort un an après, je suivis mon mari à Venise, où il eut quelques petites affaires qui nous obligèrent à passer en France ; et je serais satisfaite d'un voyage qui m'a donné occasion de faire connaissance avec vous, si, pour mon repos, le scélérat de la Rappinière eût été pendu il y a un an.

CHAPITRE XVII.

Qui traite de la passion de la Guyardière pour l'Etoile.

Le lendemain, les comédiens s'assemblèrent pour délibérer sur une lettre que M. de la Garouffière, conseiller de Bretagne, avait écrite à Destin, par laquelle il lui donnait avis que la noblesse de Bretagne s'assemblerait bientôt à Vitré, pour y tenir les états, et que, si la troupe voulait y aller, il leur donnerait de bonnes recommandations auprès du sénéchal, qui était son parent.

Les sentiments furent partagés : la Rancune et l'Olive voulaient absolument qu'on y allât ; Destin était soumis aux volontés des dames, et la Caverne, qui avait déjà voyagé en Bretagne, et qui apparemment s'y était embourbée plus d'une fois, craignait si fort les mauvais chemins de ce pays-là, qu'elle n'était point d'avis qu'on y allât. Léandre n'osait pas dire le sien devant tout le monde ; mais, ayant appelé Destin en particulier, il lui déclara qu'il serait obligé de quitter la troupe si elle allait en Bretagne, de peur qu'il n'y fût reconnu de quelqu'un de ses parents. Destin trouva ses raisons bonnes, et l'assura qu'il empêcherait bien qu'on y allât. La Rancune s'opiniâtra à son sentiment, bien moins pour le faire valoir que par le plaisir qu'il trouvait à contredire tout le monde. Enfin, après plusieurs contestations, ils se séparèrent sans rien décider, comme il arrive presque toujours dans de pareilles assemblées. Cela donna occasion au bruit qui se répandit que la troupe allait partir du Mans.

Les comédiens représentèrent en ce temps-là *Bérénice*. La l'Étoile, qui représentait cette princesse, s'en acquitta si dignement que la Guyardière en perdit le peu de raison qu'il avait naturellement. Ce n'est pas qu'il ne l'aimât déjà beaucoup ; mais on avait résolu dans sa famille d'acheter du mariage de sa femme un moulin qui était fort à sa bienséance, et cette raison avait longtemps contre-balancé son amour. Cependant, depuis la représentation de *Bérénice*, il n'eut plus la liberté de raison, et c'est ce qui a fait juger qu'il était fort amoureux. Enfin, il se détermina à l'épouser, et il alla chez sa maîtresse pour lui apprendre cette bonne nouvelle, ne doutant pas qu'une comédienne de campagne ne fût ravie de trouver un gentilhomme de deux ou trois mille livres de rente qui voulût l'épouser ; mais sa présence le déconcerta ; et, comme il était fort amoureux, il oublia le compliment qu'il avait résolu de lui faire ; et, ne sachant par où débuter, il la pria d'ôter son gant, après l'avoir assurée que, s'il voyait sa main, il lui apprendrait des choses merveilleuses.

La l'Étoile, qui n'ajoutait pas beaucoup de foi à ces paroles, et savait que tous les provinciaux sont de grands patineurs, lui refusa cette complaisance ; ce qui n'empêcha pas la Guyardière de lui dire, en regardant avec attention tous les traits de son visage, qu'elle ne jouerait pas longtemps la comédie, et qu'elle se verrait bientôt dans un état qui surpasserait ses espérances. Quelque mauvaise opinion qu'elle eût de ce physionomiste, soit qu'on aime à entendre ce qu'on désire, ou qu'elle eût de secrets pressentiments qu'elle changerait quelque jour de condition, elle écouta avec plaisir des discours qui flattaient ses espérances. La Caverne étant entrée dans ce temps-là, la Guyardière sortit, et alla chercher Destin pour l'informer de la résolution où il était d'épouser sa sœur. Il l'appela en particulier, et, après un long préambule, il lui dit que, malgré l'inégalité de leurs conditions, il était si charmé de la beauté et de l'esprit de sa sœur, qu'il était résolu de l'épouser. Destin, surpris de ce discours, lui répondit qu'il lui était fort obligé de l'honneur qu'il voulait bien faire à sa famille, mais qu'il n'y avait pas d'apparence qu'un homme de sa qualité fît une alliance si inégale. Le noble se servit de toute son éloquence pour persuader au comédien qu'il agissait de bonne foi. Il fit semblant de ne pas le croire; et, après l'avoir assuré qu'il était son serviteur, il lui déclara qu'il ne consentirait jamais à ce mariage, parce qu'on ne manquerait pas de dire dans le monde que les comédiens l'avaient suborné et que ses parents pourraient même sur ce prétexte, faire casser le mariage. La Guyardière lui fit des serments horribles qu'il était majeur, et qu'il se moquait de ses parents, offrant même de lui apporter un extrait de son baptistaire certifié de son curé. Destin fut inexorable, et le quitta, l'assurant qu'il lui ferait trop d'honneur.

Un moment après, Destin en rendit compte à la l'Étoile, qui lui apprit aussi la conversation qu'elle avait eue avec la Guyardière, ce qui leur donna occasion de se dire mille choses tendres et de renouveler les assurances réciproques qu'ils s'étaient déjà données de vivre l'un pour l'autre sans s'abandonner jamais.

CHAPITRE XVIII.

Retour de Ragotin au Mans.

La Guyardière ayant fait part à ses amis du dessein qu'il avait d'épouser mademoiselle de l'Étoile, le public en fut bientôt informé, et tout le monde en témoigna de la joie, par l'amitié qu'on avait pour la comédienne. Toutes les personnes considérables du Mans lui en firent compliment, et blâmèrent l'opiniâtreté de Destin, qui voulait s'opposer au mariage si avantageux à sa sœur. La l'Étoile répondit à ceux qui lui en parlaient que, pour être heureux dans le mariage, il fallait qu'il y eût de l'égalité dans les personnes mariées ; et qu'étant fort persuadée de cela, elle ne hasarderait point son repos pour se donner un établissement fort au-dessus de sa condition. La Guyardière l'assurait par des serments horribles (que les nobles de campagne savent mieux faire que le reste des hommes) qu'il ne se souviendrait ni de sa naissance ni de sa profession, et qu'il l'aimerait passionnément toute sa vie. Il semblait que toute la ville prît intérêt à cette affaire : les dames même s'en mêlèrent, et il y en eut d'assez officieuses pour promettre à la Guyardière d'y faire consentir la l'Étoile.

Enfin ce mariage était si généralement souhaité au Mans par les personnes de l'un et de l'autre sexe, qu'on croit encore aujourd'hui que, si la Guyardière eût su profiter de cette favorable disposition, les magistrats lui auraient donné main-forte pour épouser sa maîtresse malgré Destin et malgré elle-même. La comédienne et son frère commençaient à être fort embarrassés de l'infructueuse et fatigante affection des Manceaux, aussi bien que des importunes assiduités du noble passionné, lorsque Ragotin, qui était allé à sa métairie (peut-être en attendant que les sourcils et la barbe lui fussent revenus), ayant ouï parler de ce prétendu mariage, s'en retourna au Mans, fort alarmé de cette nouvelle.

Le petit homme, sentant réveiller son amour par la crainte de voir sa maîtresse entre les bras d'un autre, se rendit promptement chez la l'Étoile, où il trouva Destin ; et, après leur avoir exagéré combien il était de leurs amis, il leur parla de la Guyardière comme d'un rival qu'il haïssait beaucoup, et qu'il estimait peu : il leur apprit ensuite qu'il était un emporté, et que ses affaires étaient fort ruinées. La l'Étoile le remercia de ses avis d'un air fort gracieux ; et Destin, qui était bien aise de se servir de ce prétexte pour se délivrer des Manceaux qui l'exhortaient incessamment à finir ce mariage, anima le petit homme, et lui donna de grandes espérances, l'assurant que sa sœur faisait une grande différence de sa personne à celle de la Guyardière ; mais que les grands biens de ce gentilhomme avaient ébloui tout le monde.

Ragotin jura que la Guyardière n'était qu'un gueux qui renoncerait sans doute à la qualité de gentilhomme si on faisait quelque jour une recherche exacte de toute la noblesse, et pour faire voir à Destin qu'il disait vrai, il alla feuilleter les registres de tous les notaires du Mans ; je crois même qu'il envoya quelqu'un dans le Perche, pour être plus particulièrement informé des affaires de son rival. Deux jours après il rapporta trois ou quatre feuilles d'écritures, certifiées par plusieurs notaires du pays, par lesquelles il fit voir que la Guyardière devait considérablement ; que les légitimes de ses sœurs n'étaient pas encore payées, et que l'abbé de la Trappe avait de grandes prétentions sur son bien, qu'il assurait avoir été abusivement aliéné de son abbaye.

La Guyardière étant informé des mauvais offices que lui rendait Ragotin, le menaça de lui donner des coups de bâton. Le petit homme en prit des témoins, et trouva moyen de faire décréter contre lui ; et, comme il était fort offensé de ses outrageantes menaces, il mit tant de gens à ses trousses pour l'arrêter, que la Guyardière fut contraint de s'absenter pour quelque temps.

Ce ne fut pas sans menacer le ciel et la terre ; car Ragotin lui paraissait déjà une trop petite victime pour apaiser sa fureur.

Ragotin étant demeuré maître du champ de bataille, jugea, par les bons traitements qu'il reçut de la l'Étoile et de son frère, qu'il était parfaitement bien avec eux, et s'imagina qu'ils avaient quelque dessein sur sa petite personne. Il se rendit fort assidu chez l'Étoile ; et, après lui avoir offert plusieurs fois inutilement de lui donner à souper, elle lui permit, à la prière de Destin, de faire porter deux plats dans sa chambre. Inézille et Angélique en furent priées.

Après le souper, le petit homme, qui savait qu'elles étaient fort curieuses d'entendre le récit de quelque jolie nouvelle, les assura qu'un marchand de Saint-Malo qui, en revenant de Rouen, avait couché une nuit dans sa métairie, lui avait appris une historiette qu'elles auraient du plaisir à écouter. Les comédiennes et Inézille l'assurèrent qu'elles lui donneraient toute l'attention qu'il pourrait souhaiter. Il cracha, il toussa à diverses reprises, et, les ayant instamment priées de le bien écouter, il commença en ces termes.

CHAPITRE XIX.

La fidèle Bretonne.

NOUVELLE.

Les habitants de Saint-Malo ont toujours eu un génie particulier pour le commerce : ils s'y attachent avec application, et réussissent d'ordinaire avec beaucoup de succès. Les hommes y vivent dans une grande union, les femmes y sont civiles et ont de l'esprit, et l'on peut dire, à leur louange, qu'il n'y a point de port de mer en Europe où les étrangers soient mieux reçus qu'à Saint-Malo.

Un marchand de cette ville ayant voulu entrer dans les grandes affaires, se fit banquier, et laissa la conduite de son magasin à sa femme. Un de ses correspondants lui fit banqueroute; et comme un malheur n'arrive jamais seul, un navire qui revenait des Indes, chargé de barres d'argent, et dont la meilleure partie lui appartenait, fût arrêté et confisqué à Cadix par les Espagnols, je ne sais sur quel prétexte. Ces grandes pertes étonnèrent notre marchand; mais il acheva de perdre l'espérance de se rétablir, lorsqu'ayant examiné les affaires de son magasin, il trouva qu'elles n'allaient pas mieux que les autres, parce que sa femme, qui en avait la direction, aimait beaucoup la dépense, et n'avait pas la force de se défendre de faire crédit.

Ses créanciers, avertis du désordre de ses affaires, voulurent être payés. Le marchand, qui était galant homme, et d'une famille fort honorable, se piqua d'honneur, et vendit tout ce qu'il avait de plus précieux pour s'acquitter ; enfin il se trouva en peu de temps sans biens et sans crédit. Sa femme, ne pouvant plus soutenir la grande dépense qu'elle avait accoutumé de faire, en fut si vivement touchée, qu'elle en mourut de regret; et lui laissa un petit garçon, qui était tout le fruit de leur mariage.

Le marchand qui avait de l'esprit, ne s'abandonna point à un désespoir inutile, et résolut de s'en aller aux Indes, où il espéra qu'il pourrait aisément passer pour un Espagnol, parce qu'il avait été élevé en Espagne, et qu'il en parlait la langue comme ceux qui étaient nés dans le pays. Ayant pris cette résolution, il pria un de ses frères, qui était un des plus riches marchands de Saint-Malo, d'avoir soin de l'éducation de son fils, qui avait environ sept ou huit ans. Le frère s'en chargea avec plaisir, et lui promit de le traiter comme ses propres enfants.

Faustin (c'est le nom du fils) fut élevé avec une de ses cousines, qui était fille unique et à peu près de son âge. Son oncle lui trouvant de l'esprit et de la docilité, en eut beaucoup de soin ; il lui recommanda seulement d'avoir un peu de complaisance pour sa cousine. Faustin ne se fit aucune violence en lui obéissant, il y était déjà disposé par sa propre inclination ; Agathe (c'est le nom de la cousine) était d'un si bon naturel et d'une humeur si douce, qu'elle se faisait aimer de tous ceux qui la connaissaient ; et soit qu'elle se laissât gagner par les complaisances de son petit cousin, ou qu'elle eût naturellement de l'amitié pour lui, elle ne s'ennuyait jamais lorsque Faustin était avec elle, et ses parents, qui l'aimaient tendrement, prenaient soin qu'il y fût toujours. Aussitôt qu'on la contrariait en quelque petite chose, toute sa ressource était de s'en plaindre à son cousin, qui seul pouvait lui faire entendre raison. Leur amitié augmenta avec leur âge.

Aussitôt que Faustin commença à entendre un peu les affaires, son oncle l'employa à des commissions qui l'obligeaient à sortir quelquefois de la ville, et Agathe était dans des inquiétudes extrêmes si elle passait un jour entier sans le voir : son retour lui donnait de la joie et de l'émotion ; ils se rendaient un compte réciproque de tout ce qu'ils avaient fait ou vu depuis leur séparation, et ne se privaient d'aucun de ces plaisirs innocents que le sang et l'amitié autorisent.

Cependant ils s'aimaient déjà avec passion, quoiqu'ils ne connussent point l'amour, attribuant à l'amitié les secrets mouvements qu'ils sentaient l'un pour l'autre. Faustin, qui entendait parler dans la ville des grands biens de son oncle, et des projets que le public faisait déjà de marier sa cousine, revenait quelquefois fort rêveur auprès d'elle. Agathe, qui voulait savoir toutes ses pensées, le voyant un jour plus chagrin qu'à l'ordinaire, le pria de lui apprendre le sujet de sa mélancolie. Faustin, qui ne lui refusait rien, lui avoua naïvement qu'elle était la cause de ses inquiétudes, puisqu'il prévoyait bien que sa grande fortune et les grands biens de son oncle allaient lui procurer bientôt un époux d'un rang au-dessus de sa condition, qui sans doute lui ferait oublier le malheureux Faustin. Agathe, qui n'avait jamais rien trouvé d'aimable que son cousin, et qui n'avait pas prévu qu'ils pourraient être séparés quelque jour, ne put soutenir cette conversation sans verser des larmes : elle lui fit des reproches de l'avoir crue capable d'une pareille dureté, et ils se donnèrent des assurances réciproques d'une amitié inviolable, sans s'apercevoir qu'ils se promettaient que leur passion durerait toute leur vie.

Un gentilhomme de Bretagne, qui avait un fils conseiller au parlement de Rennes, ébloui des richesses du père d'Agathe, avait déjà jeté les yeux sur elle pour la marier à son fils. Le conseiller fit, par ordre de son père, un voyage à Saint-Malo; et, ayant vu Agathe, il demeura aussi satisfait de sa beauté que ses parents l'étaient déjà de ses grands biens, et pressa son père de finir bientôt ce mariage.

Le gentilhomme en parla au père d'Agathe, qui se trouva fort honoré de cette recherche, et y répondit avec beaucoup de civilité. Le conseiller en étant averti par son père, en conçut de nouvelles espérances, et ne douta point que son affaire ne réussît. Faustin, alarmé des bruits qui couraient déjà sur ce mariage, en informa sa cousine; et c'est dans cette occasion que leur amour, qui s'était toujours déguisé sous le nom d'amitié, se déclara.

Ils se dirent tout ce qu'une passion violente et sincère peut inspirer de plus tendre; et Agathe, qui n'était point touchée comme son père des dignités et des biens du conseiller, assura son cousin qu'elle ne consentirait jamais à ce mariage, faisant fort peu de cas d'un rang qu'il lui fallait acheter par le repos de toute sa vie.

Son père, qui était fort satisfait de Faustin, lui faisait part de toutes ses affaires. Il l'appela un jour en particulier; et après un long préambule, où il lui exagéra les soins qu'il avait pris de son éducation, et les autres obligations qu'il lui avait, il lui dit qu'il voulait lui donner une marque sensible de sa confiance et de son estime en lui apprenant une chose qui sans doute le réjouirait beaucoup, puisqu'il s'agissait du bonheur de sa cousine, qui allait être mariée à un homme fort riche et d'une grande considération dans la province; qu'il avait même engagé déjà sa parole, et qu'il espérait d'en passer le contrat le lendemain.

Faustin, cachant les secrets mouvements de son cœur, représenta à son oncle qu'il devait du moins en parler à Agathe : car enfin, quoiqu'elle fût fort soumise aux volontés de ses parents, il se rencontre quelquefois des antipathies dans l'humeur des personnes qu'on veut unir, qui ne laissent pas de les rendre malheureuses toute leur vie. Le marchand approuva l'avis de son neveu, et se détermina d'en parler le même jour à sa fille. Il lui dit que, l'ayant toujours aimée avec tendresse, il avait souhaité de lui procurer un établissement considérable, et qu'il avait été assez heureux pour trouver un homme d'un grand mérite, et d'une condition fort au-dessus de la sienne, qui lui avait fait l'honneur de la lui demander en mariage.

Agathe, l'ayant écouté avec attention, lui répondit, les larmes aux yeux, qu'elle le suppliait de ne la marier pas sitôt, et de la laisser encore quelque temps auprès de lui et auprès de sa mère, parce qu'elle sentait bien qu'il lui serait impossible de se résoudre à quitter des parents à qui elle avait de si grandes obligations, pour suivre un mari qui la conduirait dans une autre ville, et qui peut-être ne lui laisserait pas la liberté de les voir aussi souvent qu'elle le voudrait. Son amour lui donnait tant d'éloquence, qu'elle persuada son père, qui, atribuant cette répugnance à l'amitié et au grand attachement qu'elle avait pour lui, n'eut plus la force de lui en parler davantage. Il en fit part à sa femme, et admirant l'un et l'autre le bon naturel de leur fille, ils en versèrent des larmes de joie.

Agathe se sut bon gré de sa résistance : elle en rendit compte à son cousin, qui la remercia en des termes qui marquaient et son amour et sa reconnaissance : elle y répondit avec beaucoup de tendresse, et ils se promirent de nouveau de s'aimer toute leur vie. Cependant le conseiller était dans des impatiences extrêmes de voir la fin d'un mariage qu'il souhaitait avec passion ; il se plaignit à son père de ce retardement ; et lui ayant représenté le tort que cela lui ferait dans le monde, lorsqu'on saurait qu'un marchand avait fait difficulté de lui donner sa fille, son père, persuadé de ses raisons, alla voir les parents d'Agathe, et les pressa avec tant d'instance qu'enfin ils lui promirent de conclure ce mariage le lendemain.

Le marchand, qui craignait d'être encore attendri par les discours et par les larmes de sa fille, s'avisa d'appeler son neveu. Faustin, lui dit-il, je suis résolu à ne différer pas davantage à marier Agathe ; je viens même d'en donner ma parole au père de celui que je lui ai destiné pour époux, et il ne s'agit plus que de l'obliger à m'obéir de bonne grâce : je ne veux pas lui en parler moi-même, de peur de me mettre en colère si elle résistait à mes volontés. Vous avez de l'esprit, et je ne doute pas que vous ne compreniez fort bien les grands avantages de cette affaire ; je l'ai examinée avec beaucoup de soin, et j'ai trouvé que c'était le plus grand bonheur qui pouvait arriver à votre cousine. Il faut que vous lui en parliez, et que vous lui fassiez bien entendre tout ce que je viens de vous dire. Je suis assuré que si vous vous servez de toute votre adresse, vous n'aurez point de peine à lui persuader tout ce que je viens de vous dire ; je veux même avoir le plaisir d'écouter votre conversation.

Il ne donna pas le temps à Faustin de répondre ni de délibérer ; car il fit appeler sa fille, et se cacha derrière une tapisserie, d'où il pouvait voir leurs actions et entendre leurs discours. Jamais homme ne s'est trouvé plus embarrassé que le malheureux Faustin le fut en cette occasion. Cependant il fallut se résoudre à satisfaire son oncle, de peur qu'il ne s'aperçût de son amour, et qu'il ne l'éloignât de sa cousine pour toute sa vie. Voici à peu près les discours qu'il lui tint, qui étaient bien éloignés de ses véritables sentiments.

« Vous savez, ma chère cousine, la soumission aveugle que

les enfants bien nés doivent avoir pour les volontés de leurs pères : le vôtre vous a toujours aimée avec tant de tendresse, qu'il semble que vous lui ayez des obligations particulières, et vous seriez moins pardonnable qu'une autre si vous vous opposiez aux choses qu'il désire de vous. Cependant il se plaint que vous faites quelques difficultés à recevoir de sa main un mari, qu'il a cru digne de vous par sa qualité, par son mérite et par ses biens. Vous êtes d'un sexe qui ne vous permet pas d'examiner le choix de vos parents, sans blesser votre pudeur. Mon oncle désire ce mariage avec empressement, il en a déjà donné sa parole, et vous ne sauriez plus le dédire sans lui faire un affront sensible : ainsi je vous en conjure, ma chère cousine, ne lui donnez pas ce chagrin, et laissez-vous conduire par un père qui ne cherche que votre satisfaction. »

Jamais il n'y eut de surprise pareille à celle d'Agathe, lorsqu'elle entendit tenir ce langage à son cousin. Il lui passa dans ce moment mille choses par la tête; et s'imaginant qu'il aimait peut-être ailleurs, puisqu'il lui conseillait de se donner à un autre, cette pensée la toucha si vivement, qu'elle l'interrompit, et l'assura, d'un ton tranquille, qu'elle affectait avec beaucoup de peine pour se venger de lui, que, puisqu'il le lui conseillait, elle obéirait à son père, avouant qu'elle avait eu tort de s'en défendre.

Son dépit et sa colère, qui commençaient à la trahir, l'empêchèrent d'en dire davantage : elle se retira dans sa chambre, où elle s'abandonna sans contrainte à tous les mouvements de son désespoir. Son père sortit du lieu où il était caché, et embrassa Faustin avec des témoignages d'une grande reconnaissance : il porta cette agréable nouvelle au conseiller, et le présenta dès le lendemain à sa fille, qui le reçut assez froidement, et ne le regarda presque point ; mais le conseiller, attribuant la retenue de sa maîtresse à sa pudeur, n'en fut point surpris : sa modestie augmenta son amour, et sa grande beauté l'impatience de le satisfaire. Il obtint, par son crédit, une dispense des bans, et le jour des noces fut fixé pour le dimanche suivant.

Pendant que leurs parents et leurs amis se préparaient à de grandes réjouissances, le malheureux Faustin était si accablé de voir que toutes choses se disposaient au bonheur de son rival, qu'il ne savait plus quel parti prendre pour l'empêcher. Il voulut inutilement se justifier auprès de sa cousine, on lui apprenant que son père l'avait forcé à lui tenir les discours qu'elle avait entendus. Mais Agathe, qui ne pouvait pas comprendre qu'il eût aucune bonne raison à lui dire, après lui avoir conseillé si positivement de se donner à un autre, refusa de l'écouter, et évita sa rencontre, étant résolue de se venger de son ingratitude, quoiqu'il lui en coûtât le repos de toute sa vie.

Comme ils mangeaient ensemble, elle ne laissa pas de jeter quelquefois les yeux sur lui; mais elle les détournait aussitôt, parce qu'elle rencontrait toujours ceux de son amant, ce qui lui fit juger qu'il se repentait peut-être de ce qu'il avait dit : elle cachait néanmoins ses inquiétudes avec beaucoup de soin, et Faustin était au désespoir de la trouver si tranquille. Ils souffraient tous deux beaucoup. Cependant elle devait être mariée le lendemain : Faustin, voyant que c'était un mal sans remède, entra dans la chambre de sa cousine, et lui apprit la tromperie que son oncle l'avait contraint de lui faire, lorsqu'il lui avait donné des conseils si contraires à son amour et aux véritables sentiments de son cœur : elle n'eut pas de peine à le croire; elle en fut vivement touchée, et elle se justifia à son tour : ils s'attendrirent tous deux; mais ils étaient si étourdis, quand il leur revenait dans l'esprit qu'ils seraient séparés le lendemain, et qu'il ne leur serait plus permis à l'avenir de s'aimer sans crime, qu'ils n'avaient pas la force de se rien dire : ces tristes réflexions les affligeaient au-delà de tout ce qu'on pourrait imaginer.

Agathe ayant été avertie que plusieurs dames de la ville l'attendaient dans la chambre de sa mère pour lui faire compliment sur son mariage, ils se séparèrent sans rien résoudre. Le jour si redoutable aux deux amants, et si souhaité du conseiller, étant venu, Faustin, n'ayant pas le courage de voir, sans mourir, le pompeux appareil des noces, qui était pour lui mille fois plus lugubre que celui d'un enterrement, sortit de la maison de sa cousine, et se retira chez un de ses amis, qui était le seul à qui il avait confié le secret de son amour. Marcel (c'était le nom de l'ami) voulut inutilement le consoler. Faustin lui déclara qu'il était résolu de s'en aller à la Rochelle, dans le dessein de s'y embarquer, et de chercher quelque pays fort éloigné, où il n'eût jamais la douleur d'apprendre des nouvelles du sien. Marcel lui dit de bonnes raisons pour le détourner de cette dernière résolution; il approuva néanmoins son voyage de la Rochelle, espérant que le temps et l'absence guériraient sa passion.

Ce fidèle ami lui ayant donné toutes les choses dont il avait besoin, il partit, après l'avoir prié de rendre, ce même jour, une lettre de sa part à sa cousine. Marcel s'en acquitta fort fidèlement, et la rendit à Agathe dans le temps qu'elle était en peine de Faustin, pour chercher ensemble quelque expédient, afin de différer du moins d'un seul jour ce cruel mariage. Elle se retira en particulier pour lire son billet, où elle trouva ces paroles.

« Mon désespoir ne m'a laissé du jugement que pour me faire connaître que ma présence pourrait vous embarrasser; et quoiqu'en vous perdant je n'aie rien à ménager, la passion que j'ai pour vous est si respectueuse, que j'aime mieux aller mourir loin de vous que de vous fatiguer de mes malheurs; car enfin, puisque je vous perds, je n'aurai aucune peine à mourir, et il me serait impossible de vivre sans vous aimer : ainsi il serait inutile de vous opposer à ma perte, puisque je prévois que je ne pourrais jamais me résoudre à vous voir entre les bras d'un autre sans me porter à quelque chose de funeste; et je veux éviter tout ce qui pourrait donner du chagrin. Quoi! il ne me serait plus permis de vous parler de mon amour sans blesser votre vertu! Cette seule pensée me désespère. Mais je me tourmente inutilement, lorsque je me fais une image affreuse des maux que je ne ressentirai jamais; car je sens bien que je ne survivrai pas longtemps à votre mariage. »

Agathe ne put achever de lire cette lettre sans verser un torrent de larmes : elle se représenta le désespoir où elle serait lorsqu'elle ne verrait plus son cher cousin; et prévoyant bien qu'elle ne pourrait jamais aimer son mari, après avoir donné son cœur à son cousin, qu'elle trouvait si digne de ses affections, elle fut combattue de mille pensées différentes. Tantôt elle voulait tout quitter pour suivre Faustin; un moment après sa pudeur et la crainte de s'attirer la colère de son père, lui faisaient désapprouver ce qu'elle venait de résoudre; mais lorsqu'elle considérait qu'elle allait épouser un autre homme que son amant, et renoncer en même temps à l'espérance de le posséder jamais, son amour prenait le dessus de tous ces mouvements, et toutes les autres raisons lui paraissaient faibles et de peu de conséquence; et quoiqu'elle se fît une idée effroyable des persécutions qu'elle devait attendre de son père, appuyé du crédit du conseiller, elle trouvait bien plus de consolation à penser qu'elle mourrait avec son cousin, s'il était nécessaire, qu'à se résoudre à vivre sans lui.

Après cette dernière réflexion, elle n'écouta plus ni crainte, ni devoir, ni bienséance, ni rien de tout ce qui s'opposait à son dessein; et s'abandonnant à son amour, elle se dépouilla des habits magnifiques dont elle était vêtue ce jour-là, et ayant pris toutes les pierreries que son père lui avait données pour se parer, elle sortit, enveloppée d'une cape, par une porte de derrière, et s'en alla chez Marcel, espérant d'y trouver encore son cousin. Marcel lui apprit qu'il était parti, et Agathe lui déclara qu'elle voulait absolument le suivre. Mais Marcel lui ayant fait connaître qu'elle serait infailliblement arrêtée en chemin par ses parents, elle consentit qu'il la menât chez une de ses tantes, où il l'assura qu'elle pourrait demeurer en sûreté, et que personne n'aurait connaissance de sa retraite; il lui promit même de faire revenir secrètement son cousin, et d'écrire incessamment à Rome, afin d'obtenir une dispense pour leur mariage.

Cependant tout était en confusion chez le père d'Agathe : la compagnie était nombreuse, et chacun se tourmentait à trouver la mariée, ou du moins celle qui devait l'être : son père en était dans une colère qu'il serait difficile d'exprimer, et son prétendu mari faisait une fort désagréable figure, au milieu de tant de personnes qu'il avait priées à ses noces.

Toute la nuit se passa à prendre des soins inutiles pour découvrir ce qu'elle était devenue; mais lorsqu'on s'aperçut le lendemain que son cousin ne paraissait pas, personne ne douta qu'ils ne fussent ensemble. Le père d'Agathe ne respirait que vengeance; tous les supplices les plus cruels lui semblaient trop doux pour punir l'ingratitude et l'insolence de son neveu. Le conseiller était si offensé de cette injure, qu'il se joignit au marchand pour tirer raison de cet enlèvement, qu'il appelait déjà rapt, et écrivit en plusieurs endroits contre ce prétendu ravisseur.

Faustin, qui continuait son voyage, accablé de douleur, fut arrêté à Nantes, et se trouva chargé de fers avant qu'on lui eût appris son crime. On lui demanda des nouvelles de sa cousine, et le nom du conseiller ayant été mêlé dans les demandes qu'on lui faisait, il ne répondit que par des soupirs : il lui échappa même des larmes, ce qui fit juger qu'il se repentait de son crime.

On voulut savoir de lui ce qu'était devenue Agathe; mais il fut impossible de lui arracher une parole, parce qu'il était prévenu qu'on lui faisait cette insulte par ordre du conseiller, pour le punir de ce qu'il aimait sa cousine. Agathe étant informée par Marcel des persécutions qu'on faisait à son cousin pour l'amour d'elle, en fut sensiblement affligée. Cet ami fidèle lui conseilla d'entrer dans un couvent, et de faire déclarer à son père qu'elle voulait être religieuse, et que son cousin n'avait aucune part à la résolution qu'elle en avait prise. Agathe ayant suivi l'avis de Marcel, surprit tout le monde. Son père et le conseiller y furent trompés les premiers, et n'oublièrent rien pour la faire changer de résolution.

Faustin fut mis en liberté par les soins de son ami, qui lui fit savoir ce qui se passait à Saint-Malo, sans néanmoins lui apprendre qu'il eût quelque part à la feinte résolution de sa cousine, de peur que les lettres ne fussent surprises. Ces nouvelles l'étonnèrent, et il eut quelque consolation de penser qu'Agathe lui avait toujours été fidèle, quoique étant religieuse elle ne fût pas moins perdue pour lui : mais faisant réflexion qu'il était la cause qu'elle renonçait au monde, et prévoyant bien qu'elle serait malheureuse toute sa vie, puisque son désespoir l'obligeait à prendre ce parti, sa reconnaissance lui reprocha les malheurs où sa cousine serait exposée pour l'amour de lui, et il aima encore mieux la voir entre les bras de son rival que dans un couvent par désespoir.

Toutes ces réflexions le firent résoudre à retourner à Saint-

Malo, pour contribuer de tout son pouvoir à la retirer de ce couvent : il était prêt à partir, lorsque Marcel arriva à Nantes, qui lui apprit les nouvelles obligations qu'il avait à sa maîtresse ; et après lui avoir montré la dispense qu'il venait de recevoir de Rome, il lui dit qu'il avait accompagné Agathe dans un château à deux lieues de là, où elle l'attendait avec impatience pour l'épouser. Faustin sentit dans cette occasion tous les mouvements de joie que tant de bonnes nouvelles à la fois peuvent causer à un homme amoureux ; il embrassa son fidèle ami avec des témoignages d'une reconnaissance parfaite. Son impatience et le plaisir qu'il se faisait par avance de penser qu'il allait revoir sa chère maîtresse, et s'unir avec elle par des liens éternels, ne lui permirent pas de faire de longs raisonnements avec son ami ; ils partirent sur l'heure et arrivèrent peu de temps après dans le château où Agathe les attendait.

Jamais entrevue n'a été si tendre que celle de nos deux amants. Un bon prêtre, que Marcel avait gagné, les épousa le même jour, sans aucune cérémonie. Il y a apparence qu'ils profitèrent des libertés du mariage : mais ces douceurs furent bientôt mêlées de mille chagrins. Le père d'Agathe, ayant été informé de leur mariage, les poursuivit avec des rigueurs qu'on aurait peine à croire. Le conseiller l'appuya de son crédit, et le pauvre Faustin fut mis en prison une seconde fois. L'affaire fut poursuivie avec beaucoup d'animosité ; le conseiller employa tous ses amis, et le marchand n'y épargna aucune dépense.

Agathe, cependant, sollicitait ses juges avec beaucoup d'assiduité. Elle vendit ses pierreries pour fournir aux frais du procès. Tous ses soins n'empêchèrent pas qu'après une longue poursuite elle ne fût avertie que l'affaire tournait fort mal pour son mari. Les juges, touchés de ses larmes, différaient toujours à prononcer un arrêt sévère, qui était pourtant fondé sur les lois du royaume.

Agathe, voyant que la justice lui était contraire, se flatta que la nature lui serait peut-être plus favorable ; et quelque risque qu'il y eût pour elle à se présenter devant son père, elle se détermina, dans cette extrémité, à l'aller chercher dans l'hôtellerie où il était, et à se jeter à ses pieds pour lui demander la grâce de son mari. Elle arriva à la porte de sa chambre; mais elle n'eut pas le courage d'y entrer. Ayant aperçu, dans ce temps-là, un homme d'une mine vénérable, qui était dans une chambre voisine de celle de son père, elle s'approcha de lui, et après lui avoir appris ses malheurs en peu de paroles, elle le conjura d'aller dans la chambre de son père, incontinent après qu'elle y serait entrée, afin de lui aider à obtenir ce qu'elle demandait, ou du moins pour détourner les funestes effets de sa colère. Cet inconnu la consola autant qu'il put, et lui promit de se tenir à la porte de la chambre, et d'y entrer lorsqu'il serait temps. Agathe, se confiant à ce secours, se jeta aux pieds de son père, qui la repoussa d'abord assez rudement : alors l'inconnu entra, et reconnaissant son propre frère dans la personne de ce père impitoyable, il ne lui donna pas le temps de suivre les mouvements de sa fureur, car il se fit connaître à lui pour le père de Faustin, ce qui le troubla tellement qu'il demeura immobile et interdit.

Son frère lui apprit, en peu de paroles, que la fortune lui avait été plus favorable aux Indes que dans son pays, ce qui ne fit qu'augmenter la confusion du père d'Agathe. Enfin il demanda pardon à son frère, il embrassa sa fille, et jamais on n'a passé, en si peu de temps, d'un grand emportement à une joie extrême. Agathe accourut à la prison pour porter ces agréables nouvelles à son mari, dans le temps que les deux frères allaient demander sa liberté, qu'il reçut avec d'autant plus de joie qu'on lui avait déjà fait craindre un honteux supplice.

CHAPITRE XX.

Où il est parlé de Verville et de Saldagne.

Ragotin ayant achevé de lire sa nouvelle, se retira, et Destin se préparait à le suivre, quand une servante l'avertit qu'on le demandait à la porte : il sortit aussitôt, et trouva un homme qu'il reconnut pour le même valet de Verville qui lui avait aidé à tromper les valets de Saldagne, lorsqu'ils conduisaient la l'Étoile à une terre de leur maître. Il lui dit que Verville l'envoyait pour l'avertir qu'un gentilhomme du Perche, nommé la Guyardière, avait demandé la protection et le secours de Saldagne pour enlever la l'Étoile, qu'il voulait épouser, et que Saldagne lui avait promis de le servir : il lui apprit encore qu'ils devaient l'enlever ce même soir, lorsqu'elle reviendrait de jouer la comédie; que Verville ne laisserait pas d'y apporter tous les obstacles qu'il pourrait pour les en détourner; mais qu'il avait jugé à propos de l'en faire avertir, afin que de son côté il prît quelques mesures pour empêcher leur mauvais dessein. Le valet s'en retourna après lui avoir appris plusieurs autres circonstances, et Destin, rêvant à ce qu'il venait d'entendre, entra une seconde fois dans la chambre de la l'Étoile, qui s'aperçut aisément de son inquiétude, et le pria avec instance de lui en apprendre le sujet.

Le comédien était trop en colère pour pouvoir se déguiser : il lui fit part, en présence d'Inézille, de l'avis qu'on venait de lui donner, et de la résolution où il était de prévenir Saldagne, de l'aller chercher jusque dans sa maison, et même de périr ou de la délivrer de ce cruel persécuteur. La l'Étoile, effrayée de ce discours, le conjura de trouver quelque autre expédient moins dangereux, et de ne l'abandonner pas dans un temps où elle avait tant besoin de lui. Le comédien, animé contre Saldagne et attendri par les larmes de sa maîtresse, était fort embarrassé, prévoyant bien qu'il lui serait difficile de la défendre contre un si puissant ennemi, lorsque Inézille, qui avait une présence d'esprit admirable, s'avisa de leur dire que, s'ils voulaient suivre ses conseils, ils tromperaient ces ravisseurs avec adresse.

Il faut, dit-elle en s'adressant à la l'Étoile, que ma servante more, qui est à peu près de votre taille, s'habille de vos habits ordinaires. La Guyardière, qui vous les a vue porter souvent, la voyant masquée, y sera trompé ; Angélique, qui la suivra au retour de la comédie, lui fera juger que c'est vous qu'elle accompagne ; et je vous réponds que ma servante ne me refusera pas de faire le personnage que je voudrai, et même de se laisser enlever sans dire mot. La l'Étoile approuva fort la proposition d'Inézille. Destin n'en fut pas tout-à-fait si content : il leur promit néanmoins de ne s'y opposer pas. Inézille sortit pour y disposer la servante, qui s'engagea à tout ce qu'on voulut; elle était assez laide pour s'exposer à toutes sortes de risques, sans rien hasarder. Après la comédie, la l'Étoile ne quitta point ses habits de théâtre, et fit habiller la More de ceux qu'elle portait d'ordinaire. Angélique accompagna sans masque la servante masquée.

Le lecteur s'attend ici à voir arriver Saldagne et la Guyardière, qui enlèveront la dame de Guinée : rien moins que cela; ils ne parurent ni l'un ni l'autre. Mais Ragotin, qui ne perdait point d'occasion de rendre service aux dames, ayant rencontré par hasard la fausse l'Étoile et la véritable Angélique, leur donna la main malgré qu'elles en eussent, et, s'apercevant qu'elles avaient quelque chagrin, il voulut inutilement en pénétrer la cause. Angélique lui en donna quelque mauvaise raison pour s'en défaire; mais Ragotin voyant que la l'Étoile ne se démasquait pas ni ne disait rien, quoiqu'ils fussent arrivés dans sa chambre, où Inézille les attendait, ce silence augmenta la curiosité du petit homme.

Destin, qui entra dans ce moment, parla en particulier à Inézille, et lui apprit que Verville venait de lui mander qu'il avait enfin détourné Saldagne d'exécuter le beau projet qu'il avait fait avec la Guyardière. Inézille ne put s'empêcher de le dire à Angélique, sans que Ragotin l'entendît.

Le petit homme, voyant que tout le monde se parlait à l'oreille, enrageait de n'être point du secret; Inézille, qui s'en aperçut, feignit de lui en faire confidence, et l'assura qu'il était arrivé le plus grand malheur du monde à la pauvre l'Étoile. Ragotin, qui se faisait honneur de s'intéresser beaucoup aux affaires de la comédienne, conjura l'Espagnole de s'en informer.

Alors elle lui apprit, d'un ton fort composé, avec un visage fort triste, que cette pauvre fille avait demandé à Ferdinando d'une eau admirable qu'il avait pour empêcher le hâle, et que son coquin de valet, au lieu de lui donner la bouteille que lui, Ferdinando, avait préparée, lui avait apporté d'une eau diabolique qui rendait le visage noir comme du jais. Le petit homme en témoigna beaucoup de chagrin, et, s'étant approché de la l'Étoile pour la consoler, il la supplia de lui laisser voir son visage. La More ne répondit jamais une parole; mais Inézille fit semblant de la prier de lui donner cette satisfaction; et, lui ayant presque arraché son masque avec une violence affectée, elle lui laissa voir la moitié de son visage, dont le crédule Ragotin demeura si surpris, qu'on m'a assuré que cela seul l'avait entièrement guéri de sa passion.

NOTE DE L'ÉDITEUR

Sans parler du grand monarque qui acheva seul une besogne laissée fort imparfaite par le pauvre cul-de-jatte du Marais, Scarron a trouvé plus d'un continuateur de son œuvre principale. Les plus connus sont les sieurs Offray et Preschac. A part le mérite de l'exécution et du style, on doit leur reprocher à tous deux d'avoir consulté des documents inexacts et incomplets touchant l'histoire de la noble compagnie des comédiens du Mans. Sans se connaître mutuellement, ils se sont donné plus d'un démenti, et ni l'un ni l'autre ne paraît avoir pris le souci ou le temps de délier les nœuds laborieusement formés par l'auteur primitif, et malheureusement non débrouillés par lui.

Toutefois, en combinant ensemble les deux récits, on peut se faire une idée assez nette de toutes les révolutions qui agitèrent le petit cercle comique depuis l'aventure de Ragotin avec le bélier, point commun de départ, jusqu'au mariage de Destin et de mademoiselle de l'Étoile. Mais dans quel ordre se sont passés les faits? Il paraît évident que la deuxième suite renferme des événements presque tous antérieurs à ceux de la première. Il faudrait donc, en général, lire l'écrit du sieur Preschac avant celui d'Offray; car c'est uniquement pour nous conformer à l'ordre adopté par tous les éditeurs que nous n'avons pas fait plus haut de la première suite la deuxième, et de la deuxième la première.

On peut affirmer, de plus, que le désespoir de Ragotin, après le mariage de sa belle, n'eut point le résultat funeste indiqué par le sieur Offray. Pour la satisfaction de ses amis, et peut-être bien de quelques lecteurs, le désopilatif avocat manceau fut préservé, comme il sera dit tout à l'heure, d'une fin prématurée.

Ces lecteurs complaisants, et qui souffrent volontiers qu'on les amuse, admettront sans peine qu'un fureteur a pu découvrir dans les archives de l'État, où l'on trouve aisément tout ce qu'on ne cherche point, des papiers provenant de madame de Maintenon, laquelle, comme on sait, eut pour premier mari le célèbre cul-de-jatte. C'est là qu'ont été puisés les renseignements nécessaires pour conduire l'intrigue de ce livre jusqu'au dénouement complet que l'auteur avait en vue et qu'il a indiqué dans ses brouillons. On ne peut admettre qu'un esprit aussi ingénieux et aussi fertile n'ait point su ou n'ait point voulu tirer parti des éléments de grandes péripéties et de reconnaissances touchantes qu'il avait semés çà et là dans les premières parties de son œuvre. Dans la pensée de Scarron, comment Destin et la l'Étoile étaient-ils enfants de condition? Pourquoi ce portrait entouré de diamants, volé à Destin sur le Pont-Neuf et repris longtemps après à la Rappinière? Comment l'histoire de la Caverne et d'Angélique se rattache-t-elle au sujet principal? Questions que l'auteur pose implicitement, que les continuateurs ne paraissent point avoir comprises, et qui vont être résolues par l'écrivain qui tente cette conclusion.

Rappelons les derniers événements dans leur ordre naturel.

Ce fut avant de quitter la ville du Mans, et après sa lutte terrible contre le bélier, que Ragotin essuya vingt autres infortunes, comme la perte du mulet que lui extorquèrent l'opérateur et la Rancune; ce fut là que le poète Roquebrune reçut l'extrême faveur de se mettre au lit près d'un singe; que Ragotin, se croyant invisible, eut le poil brûlé comme volaille qu'on flambe ou porc que l'on échaude. Ce fut encore dans l'hôtellerie du Mans que le doyen de Montfort vit son valet emporté par le diable, que la Guyardière fut éconduit par mademoiselle de l'Étoile, aidée du babil du petit bonhomme, et qu'enfin Verville et Saldagne revinrent un moment sur la scène, dans le seul but apparent d'aboucher Ragotin avec la morisque, circonstance qui, comme on le verra, eut une certaine influence sur les événements.

Alors seulement les comédiens partirent pour Alençon, et, dans la route, Ragotin eut avec sa monture et sa carabine une difficulté pareille à celle qui s'était déjà présentée aux portes du Mans (1re part., chap. 19 et 20). Une autre partie du chemin fut faite par lui dans la crotte.

Le séjour dans la ville d'Alençon est marqué par la triste fin de Saldagne. C'est là que la Caverne raconte à ses amis le reste de son histoire, en omettant toutefois quelques circonstances qui lui semblaient insignifiantes, mais qui ne laissent pas d'avoir leur importance, comme on le verra en temps et lieu. Alors MM. de Verville et la Garouffière vinrent trouver les comédiens pour leur annoncer le frère de la Caverne. Puis les mariages projetés eurent lieu, et, à cette occasion, notre godenot, comme l'appelle Scarron, se jeta dans mille folies, telles que celle des cloches, de son épitaphe, où se montre bien la manie de rimer, un pied dans la tombe, et enfin de son suicide, qui aurait pu se trouver la plus grande et la dernière de toutes.

Que si le lecteur trouvait encore quelque contradiction ou anachronisme dans ces divers récits ainsi conciliés, il est prié d'excuser ces fautes, non des auteurs, mais des intermédiaires infidèles par qui ils se sont fait renseigner.

Peut-être aussi des critiques, à qui l'histoire du langage français n'est point chose trop familière, s'arrêteront-ils à certaines expressions ou tournures insolites et, pour eux, assez obscures. Mais ils sauront que les continuateurs ont essayé, autant qu'il était en eux, d'imiter le style de l'auteur primitif. Tellement que, là où certains verront une tache, il se pourrait que d'autres trouvassent une beauté. En conséquence de quoi nous les prions de se défaire d'une précipitation qui mène souvent en de fâcheuses méprises.

Ceci bien entendu, c'est à l'immersion de Ragotin que l'on va reprendre les aventures véritables des comédiens, des comédiennes et de leurs amis; et à partir de là une suite attachante d'événements résoudra d'une manière naturelle toutes les questions qui précédemment laissaient le lecteur en suspens. La présente édition sera en conséquence la seule qui offre le *Roman comique* complet et achevé.

P. BRY.

LE ROMAN COMIQUE

SUITE ET CONCLUSION

PAR LOUIS BARRÉ

CHAPITRE PREMIER.

Où le noyé ressuscite

Le petit corps de Ragotin, qui ne figurait ni plus ni moins qu'une assez laide charogne, fut rapporté dans l'hôtellerie d'Alençon, où les comédiens et Verville ordonnèrent toutes choses pour qu'on lui rendît convenablement les suprêmes devoirs. Sa petite âme se fût encore gonflée de vanité, si elle eût pu voir la pompe qui se préparait; mais son pourpoint n'en eût plus crevé comme naguère. Or, parce que les ensevelisseurs n'étaient point prêts, on l'avait laissé tout nu sur une table en une salle basse. Entre temps, le malicieux la Rancune, qui, comme on l'a vu, ne respectait guère les morts, imagina de se divertir à sa manière aux dépens de celui-ci. Peut-être n'agit-il pas à si mauvaise intention; il avisa seulement que si le petit homme gardait une étincelle de vie, il se réveillerait dans une posture assez amusante. Et de fait, je crois que le sombre la Rancune n'était du tout si méchant qu'il en avait l'air : il s'était épris du godenot en raison des bons tours qu'il avait chance de lui faire, ainsi qu'un enfant se peut complaire dans son jouet.

Pendant le temps que le corps mort était là, une servante devait repasser quelque linge dans la cuisine ; et, suivant l'usage des servantes, elle s'en était allée jaser dans une chambre du haut ou y faire je ne sais quoi, laissant là tout son attirail. La Rancune fit chauffer les deux fers à outrance, enflamma sa propre pipe au fourneau, et revint poser les fers sous les pieds froids du prétendu défunt et la pipe entre ses lèvres pâles.

Ragotin, qui n'était du tout mort, mais privé de sentiment, remua d'abord ses petites jambes pour éloigner les fers brûlants ; puis il éternua, toussa, et fit même quelque chose de pis, bien excusable en ce cas, vu qu'il n'avait nullement accoutumé d'user de la fumée du pétun. Enfin, s'étant frotté les yeux, il s'élança, poussant de furieux hurlements, et sautillant à cloche-pied par toute la salle. Je suis damné ! criait-il ; le soufre du grand diable d'enfer me dévore les pieds et m'entre dans la gorge. Sur ce, il s'arrêta dans un coin pour rendre toute l'eau qu'il avait bue, la rendre par la bouche, s'entend. Alors, il courut vers la porte, et, toujours titubant et sautillant, grimpa les degrés en beuglant de plus belle. La Rancune, après le succès de son invention, ne s'étonna point et rit moins encore, mais suivit pas à pas le petit revenant devant qui tout le monde fuyait. Les comédiennes, accourues au bruit, eurent elles-mêmes un mouvement de frayeur ; mais la pudeur seule les contraignit à rentrer dans leur chambre, quand elles eurent vu le petit homme *in naturalibus*, et aussi vivant et remuant qu'on puisse être.

Destin seul aperçut d'un coup d'œil ce dont il s'agissait. Il prit Ragotin entre ses bras et le porta, malgré lui, dans son lit ; il lui entoura les pieds de linges mouillés pour apaiser la douleur des brûlures, et le couvrit d'un matelas, après qu'il eut avalé une large tasse de vin chaud bien épicé. Le petit ressuscité huma le piot en faisant les doux yeux qu'une chatte fait à qui on gratte la tête. A la suite, il s'endormit, ronfla, sua comme une éponge que l'on presse, rêva un peu, et en rêvant se démena et marmota ses jurements ; bref, il ne se réveilla que le lendemain à midi, ne se sentant pas trop malade pour un homme qui devait être en terre.

CHAPITRE II.

Voyage qui conduira loin.

Cet événement tragi-comique resserra les liens de la petite troupe. Ragotin et la Rancune parurent guéris de leur folle passion, et devinrent amis comme cochons; et, parce que l'un et l'autre servaient au divertissement et à l'utilité de la compagnie, hors de laquelle, aussi bien, ils n'auraient su vivre, l'un portant l'autre, on les admit de nouveau dans le tripot comique.

Ce même jour arriva un exprès envoyé du château d'Hervilly, au voisinage d'Alençon, pour demander aux comédiens qu'ils voulussent bien venir se joindre à la noblesse du pays assemblée dans ce manoir. Le seigneur du lieu, ayant encouru la disgrâce du monarque, était depuis longtemps en exil dans les pays étrangers; mais ses amis venaient de lui obtenir la permission de visiter ses terres, et, en lui mandant cette faveur, ils témoignaient l'espoir qu'il rentrerait en grâce auprès du roi, ses ennemis étant maintenant morts ou éloignés du soleil. A l'occasion de cet heureux retour du marquis d'Hervilly, ses amis, tant du voisinage que ceux venus de Paris et de la cour même, voulaient lui donner un régal. Un d'eux avait composé une manière de pastorale en allégorie, et on appelait les comédiens pour l'apprendre et la réciter.

Il se trouva que Verville et la Garouffière, en visite chez les comédiens, étaient eux-mêmes des amis du marquis. Ils s'acheminèrent donc, avec toute la caravane, vers le château d'Hervilly, et Ragotin ne rencontra dans son chemin aucune nouvelle disgrâce, dont le lecteur s'étonnera peut-être.

Ils trouvèrent au château un accueil fort honnête : on les traita et logea comme les maîtres; et la bonne mine et le grand air de quelques-uns d'entre eux y fut pour quelque chose. En peu d'heures la pièce fut apprise et répétée.

Le jour d'après, entre dix et onze de la matinée, on apprit que le carrosse du marquis s'approchait : aussitôt tous les comédiens, en habits de bergers et de bergères, s'avancèrent dans l'avenue. Je laisse à penser de quel ragoût le petit homme devait être sous ce costume. On y avait dressé une arche de feuillages et de fleurs, sous laquelle on devait saluer et complimenter le maître de ces lieux, dans un intermède en dialogue, varié de danses et de chansons. Après qu'on eut chanté un chœur général au son des instruments de musique, dans le temps que le marquis descendait de son carrosse, mademoiselle de l'Étoile, qui devait dire seule un petit motet, s'avança, rayonnante de parure et de beauté, telle que chaque soir la déesse des mers vient au devant d'Apollon, dont les chevaux piaffent à sa porte.

A l'étonnement général, au lieu que la charmante bergère commençât son récit de cette voix douce et sonore qui charmait les cœurs plus encore que l'oreille, on la vit tout-à-coup hésiter, s'arrêter comme frappée de stupeur, les traits altérés par un mélange de terreur et de joie, et les yeux invariablement fixés sur le seigneur qu'elle aurait dû saluer. Entre temps, elle avait tiré de sa poche le portrait orné de diamants qu'elle portait fréquemment sur elle : elle y jeta ses regards, les reporta encore sur le visage du marquis; alors elle devint blanche comme neige, et s'affaissa sur elle-même, tellement qu'elle fût tombée en terre, si Destin ne s'était avancé pour la soutenir. Pour ce qui est du marquis, il eut d'abord l'air étonné, et ensuite il se troubla en considérant le visage de l'aimable bergère. Enfin, ayant ramassé le portrait que celle-ci avait laissé choir, et l'ayant bien regardé, il ne parut guère en meilleure posture que la demoiselle. Toutefois, se sentant homme enfin, il donna ordre que la jeune personne, toujours inanimée, fût portée dans le carrosse, où Angélique et la Caverne montèrent avec elle pour lui donner leurs soins. Lui-même, à la tête de la compagnie, il prit de son pied le chemin du château, disant que toutes choses s'y expliqueraient à la satisfaction générale. On le suivit, chacun selon son caractère, faisant à part soi ses conjectures. La Rancune et Ragotin selon le leur, c'est-à-dire arrivant à des conclusions pour l'un très malignes, et des plus follettes pour l'autre.

CHAPITRE III.

Où l'on voit les effets de la voix du sang et une reconnaissance que d'aucuns appelleront touchante.

Quand on eut passé la grille et la cour d'honneur, la l'Étoile se trouva mieux et descendit de voiture avec l'aide de ses amis. Dans le premier vestibule, le comte pria les invités d'entrer au grand salon, où on leur offrirait des rafraîchissements, et où il ne tarderait guère d'aller les joindre. Alors il s'adressa aux comédiens, que leur costume signalait assez, et pria les plus intéressés au sort de la jeune demoiselle de le suivre dans son cabinet. L'assemblée se composa ainsi : Destin, par une sorte de pressentiment, se donna encore pour le frère de mademoiselle de l'Étoile, et sa bonne mine lui ouvrit toutes les portes; la Caverne pouvait passer comme la mère, et ses soins pouvaient encore être utiles; Verville et la Garouffière entrèrent comme gens de condition et amis des comédiens. Le reste de la troupe fut laissé en dehors, bien que trois eussent voulu pour grand'chose être introduits : c'est à savoir, la Rancune, par curiosité; Ragotin, par envie de se fourrer en tout lieu, et Roquebrune, par importance. Le comte amena en outre avec lui un homme d'église aumônier du château, et deux amis à lui, des plus chers qu'il eût au monde.

Après que toute la compagnie eut pris des siéges, le marquis, en termes fort polis, mais d'une voix émue, pria la l'Étoile de lui dire d'où elle tenait ce bijou qu'il avait ramassé. De ma mère, répondit la pauvre demoiselle, ayant encore bien de la peine à parler et à se tenir droite (car elle s'était levée aussitôt), de mademoiselle de la Boissière, ajouta-t-elle ; je puis montrer les papiers qui attestent ma naissance, et malheureusement son décès... J'ai encore les lettres que mon père lui écrivit de Hollande, et ce père, si j'en crois mon cœur... En disant avec effort ces paroles entre-coupées de soupirs, elle observait le visage du marquis, dont l'émotion croissait à chaque mot. Enfin, au moment où ce seigneur se levait en lui tendant les bras et en criant : Ma fille ! elle s'était déjà jetée à ses pieds, et la réponse :

Mon père! partait en même temps de sa belle bouche. Le marquis, la relevant, la couvrit de caresses. Il ne se vit jamais rien de plus touchant au monde et même sur le théâtre.

En effet, le marquis d'Hervilly était bien ce même seigneur qui avait aimé mademoiselle de la Boissière, et en avait eu cette fille. Sa disgrâce, son exil en Hollande, son récent voyage en Angleterre, l'avaient tenu éloigné de ce qu'il avait de plus cher. De retour en France, il se trouvait trop vieux et trop éprouvé pour songer à une nouvelle union, et il vit d'un coup d'œil qu'une aussi aimable fille lui serait désormais une famille tout entière. Tout en donnant une larme au souvenir de son amante, il se sentait parfaitement heureux; car il avait appris à ne point trop demander à la fortune. Et parce qu'il était prompt et en même temps prudent dans ses décisions, il résolut aussitôt de reconnaître cette fille et de la légitimer; mais il voulut, pour cela faire, être assuré de son rappel à la cour, ou du moins se voir à l'abri de toute nouvelle disgrâce. Il voulut aussi en savoir davantage sur les rapports entre mademoiselle de l'Étoile et les autres membres de la troupe comique. Par ces causes, il pria la petite assemblée de garder le secret sur les résultats de cette conférence.

On se sépara donc, sans autre pensée en apparence que le bonheur d'un père et d'une fille si dignes l'un de l'autre. Mais bien des doutes se soulevaient au fond des esprits : Qu'allait-il advenir de Destin? Le marquis ne voudrait-il point rompre un mariage disproportionné? Lequel est-ce que la l'Étoile voudrait sacrifier? Son mari ou son père? Le marquis lui-même, ne pouvant plus croire à l'histoire d'un prétendu frère, devint soucieux et réservé.

CHAPITRE IV.

Situation pénible, que le lecteur trouvera peut-être insupportable, mais qui ne durera pas.

Tous les hôtes du château se trouvèrent bientôt réunis, et prirent part aux divertissements préparés, comme si rien d'extraordinaire ne fût advenu. Tous furent assez avisés pour ne demander aucune information sur le conseil privé qui s'était tenu; ce n'est pas que beaucoup d'esprits, dans le genre féminin surtout, ne brûlassent de curiosité; mais, en femmes comme en hommes, il n'y avait là que d'honnêtes gens. Léandre et Isabelle virent avec joie, mais non sans étonnement, la tendre admiration du marquis à toutes les marques de talent et de goût que mademoiselle de l'Étoile continua de donner. Aussi faut-il dire que, pour le chant, la déclamation et la danse, elle se surpassa ce jour-là. Toutes les allusions à la bienvenue du maître furent exprimées par la comédienne comme si elle eût été réellement la personne de son rôle. Combien de fois ne pensa-t-elle point tomber aux genoux de son père, surtout en un moment où elle devait lui mettre sur la tête une couronne de fleurs? Combien de fois lui-même ne se leva-t-il pas pour serrer sa fille dans ses bras, à chaque trait sensible que lui dictait son rôle, et qu'elle accompagnait de gestes, de sourires inimitables, et même de larmes qui coulaient lentement sur sa joue. Les étrangers ne savaient que penser d'une affection qui se manifestait par tant de signes : les plus hardis en conjectures y voyaient un amour tout profane, et plaignaient le pauvre Destin, lequel faisait une mine assez triste, mais non pour la raison que les ignorants pouvaient croire. Parmi les mal informés, la Rancune seul creusait trop avant toutes choses pour s'arrêter aux apparences, et peut-être devina-t-il le fond. Quant à Ragotin et au poète, ils étaient trop occupés de leur propre importance pour pénétrer aucune espèce de mystère.

Entre temps, la Caverne et le vieil aumônier, assis dans deux coins opposés de la chambre, semblaient étrangement occupés l'un de l'autre. Sans donner aucune attention à ce qui se passait à l'entour, ils s'observaient comme des gens qui croient s'être déjà rencontrés, mais qui craignent de se commettre trop tôt. On verra bientôt pourquoi.

CHAPITRE V.

Nouvel incident plus bizarre que tout le reste.

Le divertissement venait de prendre fin, quand un nouveau personnage fut annoncé, dont l'apparition, comme celle d'un gros nuage pendant la nuit, obscurcit encore les présentes ténèbres. Un valet vint dire que le neveu de monsieur le marquis, le comte de Glaris, arrivait à l'instant et demandait à offrir son respect. A ce nom exécré, Destin frémit; les comédiens se regardèrent entre eux, et mademoiselle de l'Étoile pâlit de nouveau, comme par un effet de sympathie ou d'antipathie, et peut-être des deux. Le marquis, voyant leur embarras sans en comprendre la cause, se retira vers eux, dans le coin de la salle, où on leur avait fait une manière de théâtre. Il leur dit en peu de mots qu'il avait eu deux frères, l'un qui était mort dans ses terres en Périgord, l'autre né d'un second lit, possédant des biens et un titre en Écosse et ayant laissé un fils unique, caché d'abord chez des paysans et reconnu ensuite par un mariage contracté au lit de mort de la mère, ce qui lui avait assuré les biens paternels et le titre de comte de Glaris.

Sur le temps, le comte entra dans le salon : il vint d'abord complimenter son oncle sur l'heure de son retour. Ayant fait le tour du cercle, il arriva enfin aux comédiens, dont il devina la profession, et desquels il aurait à peine pris note, si le marquis ne les lui eût présentés comme de très honnêtes gens, dont il faisait grand cas. Ce fut alors seulement qu'il reconnut dans la l'Étoile celle qu'il avait insultée à la vigne du cardinal, et dans la personne de Destin ce jeune Français qui avait défendu la demoiselle et que lui, Glaris, avait voulu ensuite assassiner. Au lieu que cette rencontre lui inspirât du regret, elle excita dans son cœur un redoublement de deux passions furieuses, c'est à savoir la haine et dans le même temps l'amour, ou plutôt le désir brutal de la possession. Destin et son amie comprirent qu'ils retrouvaient dans le même homme le méchant frère de lait du petit Garigues et l'insolent spadassin des rues de Rome. Dans cette ville, à la vérité, Destin et Glaris ne s'étaient point reconnus, tant parce qu'ils s'étaient quittés étant enfants que par la chaleur de l'action : ici tout se devait éclaircir de soi. La posture de toutes ces personnes en face l'une de l'autre en devint insupportable; toute la journée ne fut que trouble au sein des plaisirs, et, si elle parut longue à tout le monde, elle fut grandement abrégée de fait par l'empressement que chacun mit à se retirer en son particulier. L'auteur en fera autant de son côté.

CHAPITRE VI.

Contenant des choses que le lecteur intelligent a peut-être prévues.

Vers le soir, Glaris, tout enflammé de rage et de concupiscence, prit à part quelques-uns de ses intimes dans les charmilles du jardin. Il paraissait tellement occupé de projets funestes, que la morisque, qui s'était prise d'affection pour sa belle maîtresse, et conduite par cet instinct fidèle qu'on remarque chez ceux de sa race, suivit de loin l'ennemi commun, bien résolue d'épier les traîtres et de tout écouter pour tout redire. On verra tout à l'heure ce qu'elle apprit et comment elle le répéta.

Le marquis, ayant hâte de se livrer sans contrainte aux élans de sa tendresse paternelle, alla bientôt rejoindre les comédiens dans la chambre des dames. A l'entrée du maître, tout le monde se leva par respect, et la jeune demoiselle fit quelques pas au devant de son père qui la baisa au front, après quoi il fit rasseoir la compagnie et commença un discours où il dit à peu près ce qui suit. Il ne voulait plus que rien troublât le bonheur commun; il voyait bien qu'entre mademoiselle de l'Étoile (pour le présent mademoiselle d'Hervilly), et une certaine personne de la compagnie, il s'était formé, sous l'apparence de frère et de sœur, un sentiment plus tendre, sans doute dirigé vers une fin légitime ou ayant déjà atteint ce terme. Ses longues disgrâces, ajouta-t-il, l'avaient dépouillé d'une bonne partie de ses idées de grandeur; certainement, le jeune cavalier, connu sous le nom de Destin, portait en lui des talents et des qualités qui semblaient ou révéler quelque naissance ou suppléer à son défaut.

A ces derniers mots, les fronts se déridèrent et les cœurs battirent moins péniblement; mais l'anxiété revint quand le marquis ajouta : Et néanmoins!

Mais ici l'aumônier, qui de plus en plus attentivement observait les traits de la Caverne, prit la parole et dit :

Je prie humblement monsieur le marquis de me pardonner la licence que je prends en l'interrompant : mais j'ai à faire connaître des choses qui pourraient rendre ses paroles inutiles et même du tout regrettables.

Le marquis ne fit qu'un signe d'assentiment et l'homme d'église continua : Ayant bien considéré les traits du visage de cette respectable dame, dit-il en désignant la mère d'Angélique, je puis affirmer que nous ne vous voyons point pour la première fois.

La Caverne approuva de la tête ou, comme on dit, du bonnet.

Nous nous sommes rencontrés ensemble, reprit le vieil aumônier, dans un château du Périgord?

Nouveau signe affirmatif.

Mademoiselle était avec sa mère, jeune encore et elle-même tout enfant? Autre coup de tête ou de bonnet (dores en avant je n'en noterai plus que la quarte partie).

Et le curé d'une paroisse voisine fut chargé par le maître du château...

Par le baron de Sigognac, s'écria la bonne dame.

Oui, reprit l'homme d'église. Il fut chargé de plusieurs démarches auprès de la mère à cette fin de lui faire agréer de la part du baron le titre de baronne. Or, ce curé c'était moi.

La Caverne signifia qu'elle ne le méconnaissait nullement.

Cette digne dame, continua le prêtre, refusa une alliance aussi inégale; et même effrayée du naturel violent et emporté du baron, elle profita d'un temps où ce seigneur était malade et alité, pour s'éloigner presque clandestinement du château avec sa fille.

Ces mots furent encore appuyés d'un mouvement de tête. Les assistants admiraient l'exactitude de ces rapports, mais s'étonnaient grandement à quoi pouvait mener cet interrogatoire pour l'importante affaire du moment.

Le curé vit cet étonnement et reprit : Vous allez admirer, mes frères, les voies de la Providence. Voilà en effet toute la partie de cette aventure qu'a pu connaître la digne personne que vous appelez du nom de la Caverne. Mais ce qu'elle ignore et qui va vous frapper tous d'étonnement et plus encore de joie, c'est ce qui me reste à vous apprendre.

Tout l'auditoire brûlait d'impatience à ces interruptions continuelles. Comptant qu'il en est ainsi de l'aimable lecteur, nous le laisserons dans cette posture et irons faire un tour par la ville en songeant à la prochaine conclusion de ce roman.

CHAPITRE VII.

Où les révélations se complètent et se dénouent.

Le baron de Sigognac, dit le vieil aumônier, celui dont il s'agit maintenant, était frère de monsieur le marquis d'Hervilly ici présent et du comte de Glaris, père du jeune homme tout nouvellement arrivé dans ce château ; c'est ce troisième frère dont il n'a été fait tantôt qu'une brève mention.

Ce fut le tour du marquis de hocher la tête pour dire oui, comme il se fait au sermon.

Or, reprit le curé, le baron, se trouvant proche de la mort, quelques jours après le départ de la dame, me fit mander au milieu de la nuit, quoique je lui fisse visite tous les soirs, et me tint ce discours : J'ai confié à la femme avec laquelle vous m'auriez épousé si elle l'eût voulu, une cassette contenant des papiers de famille. Elle se trouvait ainsi assurée d'être toujours la bienvenue, munie de ce que j'avais au monde de plus cher après elle. Mais je vois qu'elle reviendra trop tard, si jamais elle s'en avise, et qu'elle ne trouvera ici que ma tombe. Cette cassette...

Elle existe, interrompit la Caverne ; et je l'ai conservée parmi de vieilles hardes, quoique ma mère ne m'en eût point découvert le secret.

Votre mère elle-même l'ignorait, répondit le curé ; et moi seul au monde je sais ce qu'elle contient et j'en possède la clef. Mais je continue à vous rapporter le discours du moribond : Cette cassette, dit-il, contenait, outre une donation faite à cette dame d'une partie de mes biens, la déclaration authentique d'un paysan qui fut chargé autrefois d'élever et de nourrir le fils du comte de Glaris, mon neveu à moi et celui du marquis d'Hervilly. Cet homme, villageois des environs de Paris et nommé Garigues (à ce nom une partie de l'auditoire redoubla d'attention), cet homme, pendant une maladie grave, se trouva pressé d'un remords de conscience. Après sa convalescence, il chercha inutilement le comte déjà passé de vie à trépas et le marquis alors en exil. Ayant appris qu'un troisième frère vivait dans le midi du royaume, il vint de son pied me trouver ici et me déclarer qu'à l'époque où on lui remit son nourrisson, il avait un fils à peu près du même âge ; en cet état, le démon de l'avarice lui avait conseillé d'opérer un échange des deux enfants pour faire de son propre fils un comte et du fils du seigneur un vilain. Garigues signa cette déclaration et partit. Or, mon cher prieur, me dit ensuite le baron, je vous charge et vous enjoins de ne rien épargner après ma mort pour retrouver et la dame, et la cassette, et l'enfant dépouillé. Vous direz à la dame que je meurs en l'aimant ; vous ouvrirez la cassette à l'aide de cette clef (qu'il me remit), et vous rétablirez chacun dans ses droits. Ainsi parla le baron de Sigognac, et il rendit l'âme entre mes bras. Pour obéir au dernier vœu d'un mourant, j'ai d'abord fait de vaines recherches dans la province ; mais la mort prématurée de la dame dépositaire de la cassette me déroba ses traces et celles de sa fille. La fortune ne m'a point offert jusqu'à ce jour l'occasion de reconnaître le véritable héritier des Glaris. Mais par une admirable dispensation de la Providence, je trouve ici réunies toutes les personnes que je cherchais. L'heureuse indiscrétion d'un membre de cette compagnie m'en a désigné une.

Ici le poète et Ragotin devinrent rouges comme braise, et la Rancune parut un peu plus jaune que de coutume, ce qui veut dire plus jaune que citron. On reconnut que pour un indiscret, il y en avait eu trois : mais quelle apparence de leur en savoir mauvais gré !

Donc, continua le curé, je trouve ici, comme dit l'affiche, les *dramatis personæ*, les masques de la comédie. Je suis délié de la promesse faite *sub sigillo confessionis*, sous le sceau de la confession, de ne révéler qu'en pareille conjoncture le mystère qu'on m'a confié. Je vois ici le noble rejeton des Glaris, dont le fils odieux du paysan Garigues a trop longtemps usurpé la place.

A ces derniers mots, Destin, qui de longtemps ne se possédait plus, tomba aux genoux de son oncle et de sa cousine ou de sa femme, et réunit leurs mains dans les siennes, qu'il arrosa de larmes. Comment ils se relevèrent et le reste, je ne le sais, et eux-mêmes ne le surent pas davantage. Ce n'était par toute la chambre qu'un concert d'admiration et de joie. Cependant la Caverne et Angélique, qui s'étaient dérobées dans cette confusion, revinrent avec la bienheureuse cassette. Le curé l'ouvrit, et en tira des papiers que la Garouffière se mit à contre-roller *illico*, c'est-à-dire incontinent.

Léandre, furieux contre le faux Glaris, ne parlait de rien moins que de lui couper un peu les deux oreilles; et le marquis lui-même inclinait de ce côté. La Garouffière obtint enfin le silence, et il allait proposer un expédient plus en harmonie avec les us et coutumes du palais, lorsqu'on ouït gratter à la porte. Le marquis cria que l'on ouvrît, et aussitôt entra la morisque, toute hors d'haleine et frappée d'épouvante, laquelle raconta ce que le lecteur apprendra plus loin.

CHAPITRE VIII.

Qui est le plus sérieux, le moins amusant, le plus nécessaire, mais heureusement un des plus courts.

Derrière l'abri d'une charmille, l'ingénieuse et fidèle mauricaude avait suivi pas à pas le faux Glaris et ses deux affidés. Dans un sombre cabinet de verdure, ils avaient rencontré un des valets du marquis, manière d'espion que l'indigne neveu apostait auprès de son oncle, sans contredit pour quelque mauvais dessein. Ce traître, comme ses pareils, qui avait écouté aux portes, mit au jour le mystère de la reconnaissance d'une fille du marquis dans la personne de la comédienne. Cette découverte ne fit qu'enflammer davantage toutes les passions de l'immonde personnage. Il ne parlait que poison et que meurtre. Mais, après délibération, il fut arrêté de corrompre, avec quelque drogue soporifique, le vin des comédiens qui assurément souperaient en particulier avec le marquis et ses intimes. Pendant la nuit, Morphée leur versant à tous des pavots trempés dans les flots du Léthé (ce qu'en aussi bons termes ne rapporta point la morisque), le valet acheté ouvrirait une fenêtre, par où Glaris entrant en ferait à son caprice : c'est à savoir qu'il enlèverait la l'Étoile, se déferait de Destin et se mettrait en posture d'hériter bientôt de son oncle.

Toutes choses ainsi réglées entre les conjurés, la morisque les avait laissés prendre le chemin du château, et, certaine de ne pas être aperçue, y était entrée elle-même dans le but que l'on voit.

Les auditeurs restèrent stupéfaits dès l'abord ; mais la vengeance, ou mieux, la justice, s'éveilla bientôt dans les cœurs : Destin, le marquis, Léandre (comme le moins intéressé dans cette affaire), se disputaient l'heur d'attendre le traître l'épée à la main. Mais ce fut encore la Garouffière, le prudent homme de loi, qui prit le commandement suprême.

Il régla qu'on souperait tous ensemble dans cet appartement qui prenait jour sur le jardin. Dans le plus grand secret, et par un intendant fidèle, il se procura des vins autres que ceux qui devaient être apportés par les gens de service. En attendant la nuit, chacun dut faire bon visage et soutenir la conversation comme il le pourrait. Je n'assure point qu'elle fut spirituelle et enjouée ; mais je ne jurerais non plus le contraire.

CHAPITRE IX.

Où le traqueur se prend en son propre piège.

Après que le souper fut servi, les convives prirent les bouteilles cachées sous la table, et les mirent adroitement en la place de celles que les valets avaient apportées. Tout le monde but donc une liqueur qui n'était point adultérée, sauf pourtant le malencontreux Ragotin.

Car la Rancune, qui, en nulle circonstance, tant sérieuse fût-elle, ne perdait l'occasion d'un bon tour, ne put se dispenser de verser à son voisin quelques coups du nectar ou de l'ambroisie soporifique. (Je ne sais lequel des deux messieurs de l'Académie ont déclaré être liquide.) Ragotin, préoccupé ce jour-là, s'abreuva comme un tas de chaux vive ; au lieu que, dans son état naturel, il ne buvait autrement qu'une éponge bien sèche.

Enfin onze heures sonnèrent. Chacun fit mine de se retirer en son particulier ; les femmes s'enfermèrent dans un cabinet voisin. Ragotin ne fut point un embarras : il dormait déjà sous la table. Les hommes emportèrent les flambeaux comme pour gagner leurs chambres ; mais bientôt le marquis, Destin ou le vrai Glaris, Verville et Léandre, revinrent à tâtons dans l'obscurité, et se distribuèrent en silence aux quatre coins de la chambre.

A la mi-nuit, la porte s'ouvrit doucement, et le perfide valet, une lanterne sourde à la main, fut ouvrir la fenêtre par laquelle le prétendu Glaris s'introduisit, étant monté par une échelle de jardinier. A peine les traîtres étaient-ils au milieu de la chambre, que deux des guetteurs s'étant glissés vers les fenêtres et deux autres vers l'huis pour clore toute retraite, le marquis frappa trois coups dans la main, et sur le dernier coup un cabinet s'ouvrit, dont la porte vomit des flots de lumière.

La Garouffière entra par là, suivi de valets porteurs d'armes et de flambeaux. Revêtu de sa robe de magistrat, il prit siége à une table au milieu du salon; et s'adressant au faux Glaris, lequel restait immobile et comme pétrifié : Jacques Garigues, dit-il d'une voix stentorienne, faux comte de Glaris, vous êtes coupable de l'usurpation de ce titre, attendu que, pour récompense de l'état dont vous jouissiez frauduleusement, vous avez payé des sommes considérables à votre prétendu père nourricier, lequel était votre père véritable, ainsi qu'il appert des pièces que je tiens au dossier. Jacques Garigues, le marquis d'Hervilly, ici présent, et le véritable héritier des Glaris, autrefois le comédien Destin, ici présent également, vous remettent tous vos crimes envers eux, tant dans le passé qu'à ce moment même où vous prépariez le plus abominable de tous. Ils vous pardonnent, moyennant que, muni d'une somme qui vous sera remise, vous quittiez sans délai ce château, la province, le royaume : sous peine, si vous y remettez le pied, d'être jugé par suite de l'instruction que j'entame ici même, et pendu haut et court, comme le seront sous huitaine ce coquin que voilà et deux autres qui vous ont aidé.

Ce discours achevé, pendant lequel tous les hôtes du château, étant réveillés, arrivèrent l'un après l'autre, comme chanoines à matines, deux laquais garrottèrent le mauvais valet pour le conduire, en attendant le reste, au donjon du château. Quatre autres, avec leurs flambeaux et leurs armes, entourèrent le ci-devant comte. Celui-ci se préparait à faire un bond en avant; mais, jetant autour de soi un regard farouche, et voyant la pointe des épées beaucoup plus proche de sa poitrine que les papiers et la table du juge n'étaient proches de sa main, il se laissa conduire aux portes du château.

Après quelques minutes, on ouït au lointain une décharge d'arme à feu. C'était Jacques Garigues, qui, au bout de l'avenue, ayant acheté un pistolet d'un des valets, se punissait lui-même, non à cause de ses crimes, dont sa brutalité lui ôtait toute conscience, mais pour sa maladresse, à l'endroit de laquelle il détestait son âme. Les hommes entendirent le coup de feu et conjecturèrent le fait ; quant aux dames, on leur donna de ce bruit quelque raison bonne pour les femmes, et plus oncque n'y pensèrent.

CHAPITRE X.

Le dernier et sans contredit le moins mauvais. Conclusion du livre et achèvement des disgrâces de Ragotin.

Le dénoûment qui vient d'être rapporté satisfit tout le monde, comme je pense qu'il fera du lecteur. Toutes ces personnes de distinction se trouvaient des personnes heureuses, chose rare dans le même temps. Les unes jouissaient d'un état reconquis pour quoi elles se sentaient faites dès longtemps ; les autres d'avoir élevé jusqu'à elles des êtres que, par avance, elles avaient jugés dignes de cet honneur. Les mariages et naissances furent rendus publics, approuvés, certifiés par qui de droit et légitimés, en tant que besoin était, par le curé et par le juge, avec renfort de paraphes et d'eau bénite. Une partie de la nuit s'écoula en agréables devis. Puis on fut se mettre au lit, chacun selon ses qualités reconnues, ce qui pour quelques-uns, et peut-être pour quelques-unes, ne fut pas le moins doux moment de la journée.

La matinée qui suivit, quoiqu'il fît beau, fut un peu languissante, et pour cause. La gaîté manquait, lorsqu'un des comédiens se chargea de la fournir à haute dose. Et quel autre aurait-ce été que notre incomparable Ragotin ?

Tout à coup, une irruption se fit dans le pavillon du jardin où la compagnie déjeunait. On vit paraître un petit homme à peine vêtu, mais dont la nudité était masquée par une teinte du plus bel ébène. Le visage, le cou et la poitrine, les mains et les bras, les pieds et les jambes, en un mot tout ce qu'on apercevait de ce chétif individu, tout était noir. Il fallut deviner que c'était Ragotin, car ses amis eurent beaucoup de peine à reconnaître son imperceptible personne ; mais le moyen de se tromper longtemps à ses grimaces, à ses contorsions accoutumées et aux affreux juremens par lesquels il maugréait ciel et terre pour chaque fois qu'il tombait dans quelque malencontre? A cette apparition, un éclat de rire homérique éclata par toute la salle, et l'on demeura un temps sans entendre les raisons du godenot, plus risibles encore que sa posture.

Ragotin s'était réveillé, disait-il, dans le lit et aux côtés de la morisque, où l'on avait mis en son lieu un Africain ou un beau diable d'enfer, comme il l'avait bien vu en se regardant à la glace. Ou, ce qui se peut bien être, Satan l'avait-il lui-même transmuté en moricaud, comme le lui avait souvent prédit la Rancune, depuis qu'il avait été si malheureux que de paraître courtiser une négresse.

A cette explication, l'hilarité redoubla ; et parce que le myrmidon se mit en tête qu'on ne le croyait pas, il reprit aussi de fureur, tant qu'il monta de ses pieds sur un siége et du siége sur la table, où monté il semblait presque grand comme un homme. Et là il montrait ses bras, ses jambes, plus noirs que plaque de cheminée. Il en aurait montré bien davantage, si les dames faisant mine de fuir, les cavaliers n'eussent arrêté son courage.

Alors la pauvre morisque s'avança, qui dit, de façon assez confuse, comment Ragotin l'avait d'autres fois priée d'amour (ce fut, si le lecteur a bonne mémoire, à l'occasion de la dernière entreprise de Saldagne contre la l'Étoile); comme quoi le matin, en s'éveillant, elle avait trouvé cette espèce d'homme à côté d'elle, profondément endormi et tout noir des pieds à la tête ; qu'enfin elle réclamait la seule justice qui puisse être faite à une femme en pareille occurrence.

Et ce disant, elle pleurnichait de la plus plaisante manière. Sur quoi les rires commencèrent de nouveau. On rit dans le salon, dans l'antichambre, sur l'escalier et dans les cuisines, à la seule pensée de ce charmant hyménée.

Toutefois, en regardant l'important service que la bonne morisque avait rendu à toute la famille dans la nuit précédente, le marquis voulut lui faire une dot magnifique. Si bien que Ragotin qui, comme on sait, était fort avare, et persuadé qu'il devait rester nègre à tout jamais, commença de trouver la morisque moins laide. Et celle-ci eut contentement d'épouser un homme qui avait été blanc, grand honneur pour ceux de sa race! Bref, le mariage fut conclu.

La Rancune vint après, et confirma gravement avoir toujours enseigné à Ragotin que l'amant d'une femme noire prenait infailliblement la même couleur. Sur ce propos, on comprit de reste que l'impitoyable farceur n'était point étranger à la métamorphose. En effet, ayant soûlé et endormi, comme nous l'avons vu, son bon petit ami, son inappréciable jouet, il l'avait par après noirci de la tête aux pieds avec une bonne teinture de sa façon, étant un peu chimiste au besoin; puis il l'avait porté dans le lit de la morisque, et le reste.

On ne sait quand Ragotin commença de blanchir, et si même ses cheveux restèrent noirs aussi longtemps que sa peau.

Le poëte Roquebrune fit l'épithalame, où il compara les époux nègres à Mars et à Vénus.

Un autre personnage de notre tragi-comédie, le fieffé coquin de la Rappinière, aurait pu convenablement figurer dans la pénultième scène, et monter au gibet de compagnie avec les complices du faux Glaris; mais on sait de bonne part qu'il perdit cette occasion, et ne fut pendu que l'année suivante à Melun, pour avoir volé une de ces anguilles qui crient avant qu'on les écorche.

Pour conclure, nous laissons tous nos héros situés selon leur naissance et leurs services : les premiers heureux de leur union et de leurs nobles sentiments; les plus inférieurs, bien rentés et bien hébergés dans les diverses terres du marquis. Pour ce qui est de ce seigneur, il renonça définitivement à la cour, pour jouir de sa famille et de ses amis. Tous se plaisaient encore à jouer la comédie ou à la voir jouer; mais tous s'accordaient à dire que le métier de comédien est bien beau pour qui n'est pas tenu de le faire.

FIN.

TABLE

Premier Volume.

Portrait de Scarron fait par lui-même. 5
Testament de Scarron en vers burlesques. 7

PREMIÈRE PARTIE.

Chapitre PREMIER. — Une troupe de comédiens arrive dans la ville du Mans. 17
Chapitre II. — Quel homme était le sieur de la Rappinière. 19
Chapitre III — Le déplorable succès qu'eut la comédie. 23
Chapitre IV. — Dans lequel on continue de parler du sieur de la Rappinière et de ce qui arriva la nuit en sa maison. 25
Chapitre V. — Qui ne contient pas grand'chose. 27
Chapitre VI. — L'aventure du pot de chambre. La mauvaise nuit que la Rancune donna à l'hôtellerie. L'arrivée d'une partie de la troupe. Mort de Doguin, et autres choses semblables. 31
Chapitre VII. — L'aventure des brancards. 33
Chapitre VIII. — Dans lequel on verra plusieurs choses nécessaires à savoir pour l'intelligence du présent livre. 38
Chapitre IX. — Histoire de l'amante invisible. 40
Chapitre X. — Comment Ragotin eut un coup de busc sur les doigts. 55
Chapitre XI. — Qui contient ce que vous verrez, si vous prenez la peine de le lire. 60
Chapitre XII. — Combat de nuit. 64
Chapitre XIII. — Plus long que le précédent. Histoire de Destin et de mademoiselle de l'Etoile. 69
Chapitre XIV. — Enlèvement du curé de Domfront. 85
Chapitre XV. — Arrivée d'un opérateur dans l'hôtellerie. Suite de l'histoire de Destin et de l'Etoile. Sérénade. 89
Chapitre XVI. — L'ouverture du théâtre, et autres choses qui ne sont pas de moindre conséquence. 112
Chapitre XVII. — Le mauvais succès qu'eut la civilité de Ragotin. 115
Chapitre XVIII. — Suite de l'histoire de Destin et de l'Etoile. 121
Chapitre XIX. — Quelques réflexions qui ne sont pas hors de propos. Nouvelle disgrâce de Ragotin, et autres choses que vous lirez, s'il vous plaît. 129
Chapitre XX. — Le plus court du présent livre. — Suite du trébuchement de Ragotin, et quelques choses de semblable qui arriva à Roquebrune. 134
Chapitre XXI. — Qui peut-être ne sera pas trouvé fort divertissant. 136
Chapitre XXII. — A trompeur, trompeur et demi. 138
Chapitre XXIII. — Malheur imprévu qui fut cause qu'on ne joua pas la comédie. 155

DEUXIÈME PARTIE.

Chapitre PREMIER. — Qui ne sert que d'introduction aux autres. 162
Chapitre II. — Des bottes. 165
Chapitre III. — Histoire de la Caverne. 168
Chapitre IV. — Destin trouve Léandre. 180
Chapitre V. — Histoire de Léandre. 182

TABLE.

Chapitre VI. — Combat à coups de poing, mort de l'hôte, et autres choses mémorables. 185
Chapitre VII. — Terreur panique de Ragotin, suivie de disgrâces. Aventures du corps mort. Orage de coups de poing et autres accidents surprenants, dignes d'avoir place en cette véritable histoire. 189
Chapitre VIII. — Ce qui arriva du pied de Ragotin. 196
Chapitre IX. — Autre disgrâce de Ragotin. 202
Chapitre X. — Comment madame de Bouvillon ne put résister à une tentation, et eut une bosse au front. 204
Chapitre XI. — Des moins divertissants du présent volume. 209
Chapitre XII. — Qui divertira peut-être aussi peu que le précédent. 213
Chapitre XIII. — Méchante action du sieur de la Rappinière. 217
Chapitre XIV. — Le juge de sa propre cause. 221
Chapitre XV. — Effronterie du sieur de la Rappinière. 246
Chapitre XVI. — Disgrâce de Ragotin. 252

Deuxième Volume.

Chapitre XVI. — Disgrâce de Ragotin. 5
Chapitre XVII. — Ce qui se passa entre le petit Ragotin et le grand Baguenodière. 11
Chapitre XVIII. — Qui n'a pas besoin de titre. 16
Chapitre XIX. — Les deux frères rivaux. 18
Chapitre XX. — De quelle façon le sommeil de Ragotin fut interrompu. 39

TROISIÈME PARTIE.

Chapitre PREMIER. — Qui fait l'ouverture de cette troisième partie. 41
Chapitre II. — Où vous verrez le dessein de Ragotin. 44
Chapitre III. — Dessein de Léandre. Harangue et réception de Ragotin dans la troupe comique. 46
Chapitre IV. — Départ de Léandre et de la troupe comique pour aller à Alençon, disgrâce de Ragotin. 51
Chapitre V. — Ce qui arriva aux comédiens entre Vivain et Alençon. Autre disgrâce de Ragotin. 58
Chapitre VI. — Mort de Saldagne. 65
Chapitre VII. — Suite de l'histoire de la Caverne. 78
Chapitre VIII. — Fin de l'histoire de la Caverne. 73
Chapitre IX. — La Rancune désabuse Ragotin sur le sujet de l'Etoile. L'arrivée d'un carrosse plein de noblesse, et autres aventures de Ragotin. 76
Chapitre X. — Histoire du prieur de Saint-Louis, et arrivée de M. Verville. 82
Chapitre XI. — Résolution des mariages de Destin avec l'Etoile, et de Léandre avec Angélique. 92
Chapitre XII. — Ce qui se passa pendant le voyage de la Fresnaye. Autre disgrâce de Ragotin. 94
Chapitre XIII. — Suite et fin de l'histoire du prieur de Saint-Louis. 96
Chapitre XIV. — Retour de Verville, accompagné de M. de la Garouffière. Mariage des comédiens et comédiennes, et autres aventures de Ragotin. 117
Chapitre XV. — Histoire des deux jalouses. 123
Chapitre XVI. — Histoire de la capricieuse amante. 129
Chapitre XVII. — Désespoir de Ragotin, et fin du Roman comique. 135
Suite au Roman comique par Preschac. 140
Note de l'éditeur. 217
Suite et conclusion du Roman comique par Louis Barré. 221

Paris, imp. Bny aîné, boulevart Montparnasse, 84.

www.ingramcontent.com/pod-product-compliance
Lightning Source LLC
Chambersburg PA
CBHW071909160426
43198CB00011B/1226